巴渝石刻文獻兩種合校

[清] 姚覲元　錢保塘　編著

劉興亮　校補

白鶴梁

題刻研究叢書之二

程武彦　主編

上海古籍出版社

圖書在版編目(CIP)數據

巴渝石刻文獻兩種合校 /（清）姚覲元等編著；劉
興亮校補. —上海：上海古籍出版社，2020.5
（白鶴梁題刻研究叢書）
ISBN 978-7-5325-9589-1

Ⅰ. ①巴… Ⅱ. ①姚…②劉… Ⅲ. ①石刻—文獻—
研究—重慶 Ⅳ. ①K877.404

中國版本圖書館 CIP 數據核字(2020)第 070936 號

白鶴梁題刻研究叢書
巴渝石刻文獻兩種合校
（清）姚覲元、錢保塘　編著
劉興亮　校補
上海古籍出版社出版發行
（上海瑞金二路 272 號　郵政編碼 200020）
(1) 網址：www.guji.com.cn
(2) E-mail：guji1@guji.com.cn
(3) 易文網網址：www.ewen.co
常熟市新驊印刷有限公司印刷
開本 787×1092　1/16　印張 18　插頁 10　字數 322,000
2020 年 5 月第 1 版　2020 年 5 月第 1 次印刷
ISBN 978-7-5325-9589-1
K·2826　定價：88.00 元
如有質量問題,請與承印公司聯繫

"十三五"國家重點圖書、音像、電子出版物出版規劃項目

2018 年度國家古籍整理出版專項經費資助項目

《白鶴梁題刻研究叢書》編輯委員會

白鶴梁題刻圖版

白鶴梁題刻照片

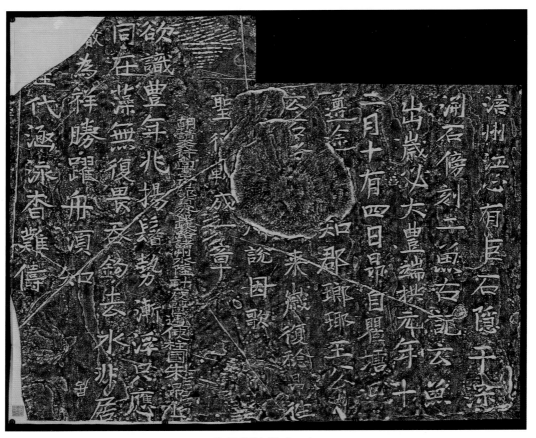

朱昂題詩記（二）

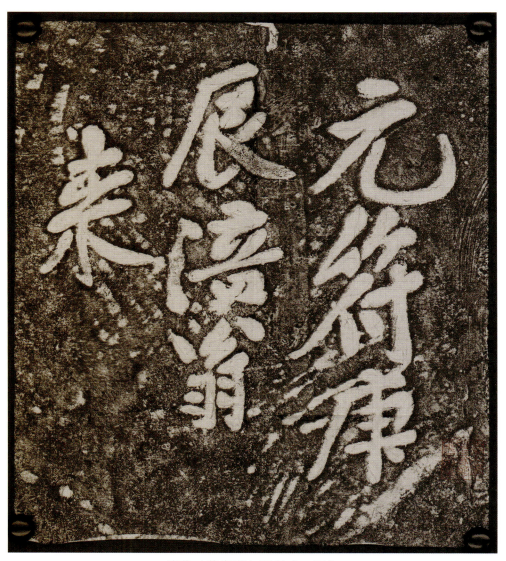

涪翁（黄庭坚）题名（一四）

涪州石魚題名記　　　　海甯錢保塘編

謝口口題記　正書徑寸餘十三行行十八字下似闕二字前
　　　　　記後七行銜名徑寸許多磨滅錄其可見者

武騎尉口口

武騎尉口口

武騎尉口口口

口口口口

口口口口口口

口口口口口大夫檢校太子賓客兼監察御史

黔南左都口口銀青光祿大夫檢校太子賓客兼監察御史

武騎尉口口

知黔州事銀青光祿大夫檢校工部尚書上柱國謝口口、

據左都押衙謝昌瑜等狀申大江中心石梁上古記及水際

有所鐫石魚兩枚古記云唐廣德春二月歲次甲辰江水退

石魚出見下去水四問古老咸云江水退石魚見卽年豐稔

時刺史州團練使鄭令珪記自廣德元年甲辰歲至開寶四

涪州石魚題名記　　　一　　　清風室校刊

《涪州石魚題名記》書影

龍脊石題刻圖版

龍脊石題刻照片 典史題詩（補遺三〇）

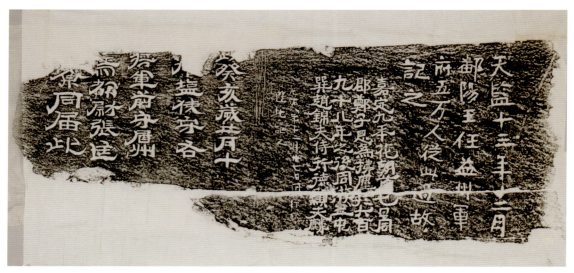

鄱陽王題名（一）

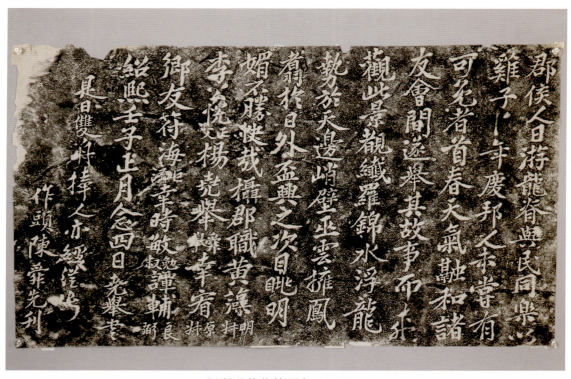

攝郡職黃藻等題名（三五）

素亦勢遐必陳　俞舉　書

春事只如然也小孩丘梅

足觀山色風波景意想

張待制詩石凡五日畢

知縣朝奉　毋　使轄匠刻

建炎戊申正月望日

毋丘知縣題名（一三）

龍脊石題刻

梁

鄱陽王題名

鄱陽王題名

天監十三年十二月

鄱陽王任益州軍

府五萬人從此過故

記之

附宋鄱于恩忠孝題名

嘉定九年花朝範卲昺

《龍脊石題刻》書影（引自《石刻史料新編》第三輯）

前　　言

《白鶴梁題刻研究叢書》編委會

　　白鶴梁題刻位於中國重慶市涪陵區城北,烏江匯入長江處上游約 1 公里的地方。這裏的長江中有一道與該段長江河道大致平行的天然石梁,石梁分爲東、中、西三段,以中段石梁的石面最爲寬闊和平整,適宜於雕刻,因而古人在這段石梁上鐫刻了兩尾魚形圖案"石魚",人們也因此將這道石梁稱爲"石魚";又因傳説有修行者在這道石梁上乘坐白鶴升仙,清代以來這道石梁又有了"白鶴梁"之名。名爲白鶴梁的石梁位置很低,幾乎長年淹没於江中,只有在冬春時節才部分露出江面。唐代的人們已經注意到長江枯水時水位綫在石梁上的高低變化,有無名氏以平均年份石梁斜面上的最低枯水綫爲基準,雕刻石魚作爲標準水位,以後的人們則通過測量當時水位與石魚的高低距離,用在石魚附近梁面鐫刻文字的辦法將水位記録下來。平時隱入江水中的石魚在枯水年份露出水面的現象,引起了歷代文人和游客的注意,他們在白鶴梁的石魚水標旁刻下了大量的吟咏詩文或游記題名。久而久之,白鶴梁的梁面就滿布不同時期的題刻,其中不乏著名文人學士的留題。這些石刻又引起當地民衆的興趣,在枯水時節前往觀看白鶴梁水文石刻及石魚,就成爲涪陵當地一項重要的民俗。

　　由於長期遭受江水的冲刷、船隻的碰擦及游人的踩踏,白鶴梁上不少題刻已經不存,保留到近代有記録的題刻,有石魚 14 組 18 尾,其他圖像雕刻 3 幅(其中白鶴雕刻 1 幅、觀音及人物綫刻 2 幅),文字題刻 187 則約 12 000 字。不過,由於近代以來又有所損壞,現存於世的白鶴梁題刻只有 175 則,石魚 14 組 18 尾。在所有年代明確的題刻中,最早的一則是唐廣德元年(763)前的石魚及"石魚"二字,最晚的兩則已經到1963 年。文字題刻的年代分布包括唐代 1 則、宋代 103 則、元代 5 則、明代 20 則、清代 21 則、民國 12 則、現代 3 則,年代不詳者 22 則。這些題刻均刻於面向長江主航道的傾斜石面上,以唐代石魚和清代蕭星拱重鐫石魚爲中心展開,越靠近這兩組石魚水標,題刻就越密集。各題刻的大小幅面差異很大,大者兩米見方,小者幅不盈尺。題刻的主刻者大都爲歷代涪陵地方官吏、涪陵當地人士、途經或寓居涪陵的官宦和文人,有名可稽者超過 300 人,其中不乏歷史上的名人。題刻主要有三方面的内容:一是記述石魚出水的枯水現象和枯水程度,二是就石魚出水現象與本年或來年農業豐收的關係發表議論和感言,三是觀看石魚者的題名。此外,還有少許其他内容的題刻。這些題刻記録了自唐廣德二年(764)至清宣統元年(1909)近 1 200 年間 60 個年份的枯水數據,是長江上游建立現代水文觀測站前枯水水文信息的來源,堪稱中國古代不可移動的實物水文檔案庫,具有重要的歷史價值、科學價值和藝術價值。

白鶴梁題刻因位於江心,登臨和摹拓不便,外界了解不多,引起學術界的關注較晚。清光緒元年(1875)冬,金石學家、藏書家繆荃孫受時任川東兵備道道員姚覲元之托,對白鶴梁的宋元題刻進行了椎拓。這些拓片經錢保塘、姚覲元、繆荃孫、陸心源等人的整理和刊印,白鶴梁題刻才廣爲學術界所知悉。中華人民共和國成立後,20 世紀60 年代初,原重慶市博物館副研究館員龔廷萬等兩次調查白鶴梁題刻,除了統計題刻數量和捶打拓片外,還給題刻編號、拍攝照片、測量繪圖,並注意到石魚與古代題刻所示枯水水位的關係,首次發現了白鶴梁題刻的水文價值,爲日後長江上游的"水文考古"提供了綫索。20 世紀 70 年代前期,爲了給規劃中的長江三峽水利樞紐工程提供歷史水文資料,長江流域規劃辦公室和重慶市博物館組成枯水調查組,對宜昌到重慶河段的其他歷史枯水題記做了調查和研究,其中白鶴梁題刻是其核心和重點。其調研成果《渝宜段歷史枯水調查報告》及簡報,刊布了以白鶴梁枯水題刻爲主體的長江枯水題刻資料,並通過白鶴梁所存與水文有關的 103 段題刻,推算出從唐代以來72 個年份的枯水水位高程數字,得到長江上游涪陵白鶴梁段歷代枯水水位高程紀録表。此項研究結論儘管還存在一些需要繼續討論的問題,但其成果爲葛洲壩和三峽水利樞紐工程的設計提供了千年以來的枯水數據,這些數據在其他相關人文和自然科學領域裏也得到了應用。

從那以後,不少研究者開始對白鶴梁題刻產生的歷史背景、文化特徵進行考察,通過將白鶴梁題刻與其他題刻比較分析,對白鶴梁題刻的價值作了更加廣泛的研究。尤其是 1993 年長江三峽水利樞紐工程啟動後,研究者除了進一步對白鶴梁歷史枯水題刻在科學研究和工程建設中的應用進行研討外,更多研究的關注點已經轉移到白鶴梁題刻的保護和展示上。由於長江三峽水庫建成蓄水後,長江涪陵河段的水位將發生改變,從原來的 137—170 米海拔高程,變爲 145—175 米海拔高程,白鶴梁石梁頂端最高海拔僅 139.96 米,三峽水庫蓄水後將永久淹没於水下,不再露出水面,人們很可能無法再看到白鶴梁題刻。不僅如此,三峽水庫正常運行後,涪陵段長江水動力環境也將發生很大變化,泥沙淤積和主槽位置擺移都會影響到題刻的安全。爲了消除白鶴梁題刻在三峽水庫蓄水後可能面臨的隱患,也爲了使後來的人們能够繼續欣賞這處重要的文化遺産,白鶴梁題刻的保護和展示研究就成爲當務之急。國家文物行政主管部門因此組織國内各大科研機構和高等院校,對白鶴梁題刻保護和展示的方法和途徑進行研究,並組織權威專家對這些保護方案進行論證,試圖尋找出一種最科學的保護和展示方式。因此,在世紀之交前後這些年間,涌現出了一大批研究成果,白鶴梁題刻的研究也進入了一個高峰期。

正是基於大量的基礎和應用研究,通過反復論證和研討,白鶴梁題刻的保護和展示方案得以最後論定。這個方案是中國科學院武漢岩土力學研究所葛修潤在 2001 年提出的,其基本構想,是在擬保護的白鶴梁題刻集中區覆罩一座無壓覆室,其内注滿清水,覆室内外采用專設的循環過濾系統與長江水連通,使題刻處在無壓覆室的保護中,而覆室本身基本處於水壓平衡的狀態;另修建一條耐壓的水下管道通過無壓覆室,游人通行於管道中,透過耐壓玻璃或水下攝像系統實時觀賞水中的題刻。可以這樣説,目前實施的白鶴梁題刻的保護展示方案,應該是一個考慮較爲周全且費效比較低的水下博物館方案。它以"無壓覆室"爲"展室",以大部分題刻實物爲展品,實現了白鶴梁主要題刻的原址保護與展示;它以水下加固封護的方式,將白鶴梁題刻的次要部分緊閉在水下的"庫房"中,以較少的經費投入實現了這部分題刻的保護而未實現展示。有學者批評白鶴梁題刻的保護工程未能達到保護該遺産完整性的目標,這種批評是不準確的。經歷了保護展示工程的白鶴梁題刻,實現了遺産保護的真實性和完整性,只是展示的完整性未能實現而已。

白鶴梁水下博物館建成開館後,重慶中國三峽博物館和重慶涪陵白鶴梁題刻保護管理處召開過多次學術研討會,交流新的研究成果,提出新的研究問題,集思廣益,通過各種方式改進白鶴梁題刻的保護措施,調整展示内容以優化展示效果,完善管理制度,提高管理水平。在這期間,根據保護規劃和保護方案,白鶴梁題刻保護管理部門在無壓覆室外的上游方向修建了防撞墩,解決了可能存在的外部安全問題。白鶴梁覆室内部也更換了參觀廊道的雙層耐壓舷窗,再加上覆室内水中照明燈光的重置,在提高安全系數的同時,也使得水下題刻的觀覽清晰度顯著提高。白鶴梁題刻的管理者通過長時間的管理實踐,也摸索出了覆室内清水更換的最佳時間間隔,在運行成本與參觀效果之間達成了較好的平衡。白鶴梁水下博物館的地面展廳面積很小,原先的二樓展廳上下出入口與進入水下展廳的出入口相鄰,可能帶來擁堵等問題,保護管理部門根據專家的建議,在博物館改動陳列時調整了地面展廳二樓的出入口位置,消除了安全隱患。除此以外,涪陵區人民政府還拆除了白鶴梁水下博物館側沿江的休閒餐飲設施,拓展了博物館水面展廳一側的室外空間,改善了參觀環境。客觀地説,白鶴梁題刻是文博行業迄今爲止保護、管理難度最大的文物遺迹,白鶴梁題刻保護管理部門很好地完成了國家和公衆賦予的保護職責和管理任務。

回顧白鶴梁題刻的著録、研究和保護歷程,我們不難發現,經過學術界的不懈努力,白鶴梁題刻的價值意義、保護展示和管理利用等方面已經取得了很大的進展,白鶴梁題刻本身也被列入全國重點文物保護單位和中國世界文化遺產預備名單。不過,由於白鶴梁題刻記録和刊布的不全面,有的題刻文字還有殘損,不少題刻的名稱、録文、句讀和釋讀都還存在一些問題。白鶴梁題刻的保護,儘管實施了堪稱目前世界科技水平最高的文物保護和展示工程,但對該工程的作用和價值的認識還需要時間,題刻的地面復原展示目前還没有實現,題刻的水下原址展示效果還有進一步優化的空間。白鶴梁題刻博物館開館以後,由於這是目前世界唯一的非潛水可達的文物原址原狀保護的水下博物館,管理難度相當大。比如如何徹底消除安全隱患並有效應對可能出現的突發事件,如何應對可能出現的更大游客量,以及如何在有限的場地空間中更全面地展示和闡釋白鶴梁題刻的自身價值以及國家爲保護白鶴梁所付出的巨大努力。所有這些,都有待進一步的基礎研究和應用研究。因此,編寫一套白鶴梁題刻研究叢書,完整準確地記録、描述和校釋白鶴梁題刻的全部信息,全面系統地分析、闡釋和提煉白鶴梁題刻的歷史和價值,恰當公允地回顧、歸納和評價白鶴梁題刻的保護、管理和展示的歷程,以及在此基礎上研討白鶴題刻今後進一步的保護、管理、展示等工作的方略,應該很有必要。

"白鶴梁題刻研究叢書"擬由三部分組成,包括報告、專著和文集等 8 部著作,其基本情況如下:

1. 白鶴梁題刻文本研究

白鶴梁題刻的著録和校釋是早在清代末期就已經開始的基礎研究。不過,過去的著述在題刻的命名、録文、句讀、斷代等方面都還存在着一些問題。題刻命名錯誤的例子,如第 103 號《朱仲隱題記》,原先的記録者和研究者都名之爲《符直夫題記》,從該題記"崇寧元年正月廿四日,同雲安符直夫、臨江 宇文 深之來觀 故 相朱公留題,襄 回久 之,四世孫仲隱□□。孫義叟敬書。致□侍行"録文,以及留題者是"同雲安符直夫""來觀"等内容來看,留題的應該是朱昂四世孫朱仲隱,不是涪陵縣令符直夫。題刻録文錯誤的例子,包括誤録和漏録兩種情況。誤録文字的情況較多,此不例舉;漏録的如第 5 號《李寬題記》,該題記因受後來增刻陰綫邊框的影響,現代諸家録文都以爲最上端的陰綫就是題刻範圍的上限,故均漏録了每行陰綫以上的兩個字,從而造成題刻録文不全。題刻句讀錯誤的例子,如第 10 號《黄仲武題記》"濮國黄仲武梁公、壽春明宋子應小艇同來"一句,除李勝外的所有著述都誤斷作"濮國黄仲武、梁公壽春明、宋子應小艇同來"(李勝斷句也有錯誤)。題刻年代錯誤的例子,包括年代可明而未明的,如第 59 號《都儒主簿題名》,該題刻未署年代,或以爲屬於南宋題刻,但從留題者官職爲都儒縣主簿代理縣令,而都儒縣在北宋嘉祐八年已廢的狀況看,該題刻當在北宋嘉祐八年(1063)前。題刻解釋錯誤的例子,如第 57 號《孫海題白鶴梁》,該題刻落款籍貫爲"鹵州",不少研究者都將其誤讀作"瀘州";而孫海在白鶴梁題刻第 150 號《孫海白鶴梁銘》落款的籍貫明明是"秦州",顯然此"鹵州"應讀作"西州"而非"瀘州"(《説文》"鹵,西方咸地也","東方謂之庰,西方謂之鹵")。類似問題在現有的白鶴梁題刻著録和研究著作中還存在不少。因此,需要針對先前著録和整理中存在的問題,對白鶴梁題刻本身以及先前的著述分别進行整理,力圖通過摹録題刻、校正失誤、考辨事實,形成白鶴梁題刻研究中最系統和最準確的材料集成。

這一部分由三本專著組成,它們的基本狀況如下:

(1)《白鶴梁題刻摹録校論》。該書是白鶴梁題刻内容的全面概述、記録和校論。題刻概論部分是對白鶴梁題刻歷史、現狀、價值和問題的全面闡述,重點考證白鶴梁題刻的數量、損壞情況、現存字數、枯水題刻和歷史背景等問題。題刻摹録校論部分則主要以淹没前夕的白鶴梁題刻的拓本爲基礎,參照北京大學圖書館、貴州省博物館、重慶中國三峽博物館所藏不同時期的白鶴梁題刻拓本,利用不同的記録手段儘可能客觀、全面、準確地反映全部白鶴梁題刻的信息,並在校記中針對題刻名稱、年代、人名互見情況等進行分析和論述。

(2)《巴渝石刻文獻兩種合校》。該書是對清人所編著《涪州石魚文字所見録》所載白鶴梁題刻以及《龍脊石題刻》所載龍脊石題刻兩種石刻文獻的釋讀和校注,並廣泛搜集材料,對於舊著所缺題刻,分列"石魚文字補遺"、"龍脊石題刻文字補遺",加以輯補。全書校注,除校勘文字、釐正題刻篇次外,主要以史實及年代的考訂爲主,凡著者所作考語,均盡力搜集現有史料,廣爲疏證,以期爲學者研究題刻内容提供較爲系統的原始資料。此外,題刻原文中所涉及的人物仕履及與題刻内容相關的史事,亦擇要録入。

(3)《白鶴梁題刻史料輯録》。該書主要匯集了自唐代以來,歷代文獻中有關白鶴梁題刻的諸多記載,舉凡題刻區位描述、人物仕履、題刻詩詞引録、内容考校等方面的文獻均原文收録,涉及正史、别史、文集、筆記、雜記,以及近現代報紙、期刊等多種文獻,力争爲研究者查證資料提供便利。

2. 白鶴梁題刻專題研究

我們曾經這樣評估白鶴梁題刻的價值："白鶴梁題刻是開始年代較早、延續時間很長、記録手段比較科學、相關信息最爲豐富的古代枯水水文石刻,是中國長江上游枯水水文記録數據的石刻檔案庫。來自白鶴梁的長達 1138 年的歷史枯水記録,是長江上游修建現代水文觀測站前枯水水文信息的主要來源,是研究長江上游水文史的重要史料。它對長江上游現代航運和水利工程的建設具有應用價值,對於研究北半球的氣候學、氣象學和環境變遷也有參考價值。""白鶴梁題刻采用的以石魚水標作爲基準點、以石刻文字記録水位距離基準點尺度的記録方式,與世界已知記録水位方式皆不同,是一種基於中國文化傳統的獨特發明創造,同時具備了科學和藝術價值。創造這種獨特水位記録方式的人們,把枯燥的數字記録變成富有文化和藝術内涵的藝術創作,並將其與觀看石魚出水、預測豐收等當地民俗活動結合起來,使這些記録成爲當地人們的自覺行爲,從而具有長久的生命力。"這種評價的依據是什麽,評價是否全面和準確,都有待於匯集證據,並作比較分析,才具有説服力。由於文物保護學界、水利工程學界和社會公衆對白鶴梁題刻不同於一般題刻的科學價值已經有所認識,當長江三峽水利樞紐工程開始建設,白鶴梁題刻將要永久淹没水底,不能再被人們觀看的時候,大家都既希望這些水文題刻能夠在水下原址被永久保護,又希望子孫後代今後還能夠繼續看到這些石刻。水下原址保護題刻是比較容易的,只要對題刻所在石梁進行加固和封護,就能夠做到;岸上异地保護石刻,儘管失去了位置和環境的真實性,却也很容易實現;難就難在既要水下原址保護石刻,又要兼顧公衆繼續觀看石刻的需求。文物保護學界通過大量的前期研究,終於基本圓滿地解決了這一矛盾,所以對白鶴梁題刻的保護展示工程進行回顧、描述和評價,當然也很有必要。

這一部分也由三本專書組成,它們的基本情況如下:

(4)《白鶴梁題刻的歷史與價值》。這是基於白鶴梁題刻申報世界文化遺產文本初稿,補充相關論證材料而形成的全面介紹白鶴梁歷史背景、保存現狀、價值意義、保護工程、展示工程和管理工作的專書。該書吸納了現有白鶴梁題刻基礎研究、應用研究和綜合研究的主要成果,書後還附有白鶴梁題刻大事記,閱讀此書就可以對白鶴梁題刻有相對全面的了解。該書可以在今後白鶴梁題刻申報世界文化遺產時,作爲修改完善文本的基礎。

(5)《白鶴梁題刻比較研究》。白鶴梁題刻屬於具有科學價值的水文遺產,以具有特色的枯水水位記録爲特點。白鶴梁題刻的科學價值,需要通過與長江流域其他水文題刻(主要是枯水題刻)、中國其他地區的水文文物以及世界其他地區與水文相關的遺產進行對比才能呈現出來。本書全面收集了長江流域自四川都江堰的石人和水尺設立以來所有與枯水水位記錄相關的文物、中國其他流域古代用於水位測量的文物，以及埃及尼羅河上著名的水位測量遺產——尼羅尺等資料，通過與這些資料的比較分析，從水文方面展現白鶴梁題刻的價值。

（6）《白鶴梁題刻保護研究》。該書按照白鶴梁題刻的保護歷程，全面收錄了關於白鶴梁題刻前期的保護方案、實施的保護方案和補充的保護規劃，比較全面地反映了白鶴梁題刻的保護研究狀況。將已經實施的保護方案與其他方案進行比較研究，既有助於更恰當地評價白鶴梁保護工程，也能夠爲今後相關文物的保護提供借鑒。此外，該書闡述的關於白鶴梁題刻保護的管理規劃，也爲進一步深化和優化白鶴梁題刻的展示利用提供了新的思路。

3. 白鶴梁題刻綜合研究

自 20 世紀 60 年代初期白鶴梁題刻的科學價值被學術界認識以後，除了石刻專家和地方史家以外，考古學家、水利史家和水利工程專家都很關注白鶴梁題刻，他們各自從自己學科和專業的角度，撰寫了調研報告和學術論文。這些研究成果既有對白鶴梁題刻的現狀、歷史和價值的總體闡述，也有對單則代表性題刻的歷史事實和社會背景所作的分析；既有對白鶴梁題刻歷史和文化的宏觀闡釋，也有對白鶴梁題刻水文記錄的專門研究；既有對白鶴題刻保護方法的思考，也有對白鶴梁題刻展示的具體設計。這些研究成果，有的已經刊布但分散在不同的刊物上，有的只有摘要發表（如《渝宜段歷史枯水調查》），以及一些新的會議論文還沒有結集出版。學術界對於白鶴梁題刻的研究全貌，尤其是近年的研究進展，還缺乏了解。匯集先前白鶴梁題刻研究的代表作，編輯新近跟白鶴梁題刻有關的會議文集，將有利於信息交流，亦有助於學術進步。

本部分由兩部學術文集組成，它們的基本情況如下：

（7）《白鶴梁題刻探研集》，即白鶴梁題刻研究論文選。該書精選自 20 世紀 50 年代白鶴梁題刻水文價值發現以來至 2015 年發表的代表性研究論文，分爲五個部分：一是白鶴梁題刻研究狀況的學術綜述，二是白鶴梁題刻基本歷史信息的考證，三是白鶴梁題刻遺產價值的梳理，四是白鶴梁題刻保護方案的探討，五是白鶴梁題刻管理問題的分析。這些論文基本反映了 2015 年以前白鶴梁題刻的研究狀況。

（8）《白鶴梁題刻求索集》，即 2016 年在重慶涪陵召開的白鶴梁題刻文化與保護管理學術研討會論文集。這次學術會議的主題，除了繼續白鶴梁題刻歷史和文化研究外，重點是白鶴梁題刻的保護、展示和管理。所收論文按照歷史研究、保護研究、展示研究和管理研究的順序排列,還有若干海洋考古和博物館管理等方面的相關論文,是新形勢下應對白鶴梁題刻保護和管理新要求的最新研究成果的匯集。

除了上述八種論著,歷年積累的白鶴梁題刻本身的照片、考古工作(包括水下考古)的照片、保護工程建設期間的照片以及白鶴梁水下博物館運行期間的照片,都是白鶴梁題刻研究、保護和管理歷程的影像記錄,具有重要的歷史和文化價值,將來也應該分類整理、標目排序和撰寫説明,形成一本白鶴梁題刻的"圖志"予以刊布。

我們希望,這套白鶴梁題刻研究叢書能夠最全面地反映迄今爲止有關白鶴梁題刻的著録、研究、保護和管理狀況,糾正過去關於白鶴梁題刻本身及其保護工程的不當認識,爲進一步做好題刻的保護、展示和管理工作,以及撰寫和修訂白鶴梁題刻申報世界遺産文本,奠定堅實的學術基礎。

感謝所有爲白鶴梁題刻做出貢獻的學者,感謝所有關心白鶴梁題刻的人們。

目　　録

前言 1

緒言 1

凡例 1

涪州石魚文字所見録
涪州石魚文字所見録（上） 3
一、謝□□題記 3
二、朱昂題詩記 5
三、劉忠順等倡和詩 6
四、武陶等題記 8
五、劉仲立等題名 9
六、馮玠等題名 10
七、徐莊等題名 11
八、韓震等題名 12
九、黃覺等題名 13
一○、吳縝題記 14
一一、王珪直等題名三段 15
一二、楊嘉言題名 16
一三、姚珏等題名 16
一四、涪翁題名 17
一五、符直夫題名 18
一六、楊元永題記 19
一七、龐恭孫等題名 20
一八、王蕃題詩 21

一九、蒲蒙亨等題記 ………………………………………………… 22

二〇、又（蒲蒙亨等題記）………………………………………… 23

二一、吳革題記 ……………………………………………………… 23

二二、毋丘兼孺等題名 ……………………………………………… 24

二三、陳襲卿題記 …………………………………………………… 25

二四、文悦等題名 …………………………………………………… 26

二五、劉公亨等題名 ………………………………………………… 27

二六、趙子遹等題名 ………………………………………………… 28

二七、何夢與等題名 ………………………………………………… 29

二八、王擇仁題記 …………………………………………………… 30

二九、劉意等題名 …………………………………………………… 31

三〇、李宜仲等題名 ………………………………………………… 33

三一、張宗憲題名 …………………………………………………… 33

三二、賈公哲等題名 ………………………………………………… 34

三三、蔡興宗等題名 ………………………………………………… 35

三四、邢純等題名 …………………………………………………… 35

三五、賈思誠題記 …………………………………………………… 36

三六、又（賈思誠題記）…………………………………………… 37

三七、戊午己未題記 ………………………………………………… 38

三八、張仲通等題名 ………………………………………………… 39

三九、孫仁宅題記 …………………………………………………… 39

四〇、晁公武等題名 ………………………………………………… 42

四一、張仲通等題名 ………………………………………………… 42

涪州石魚文字所見録（下）…………………………………………… 45

四二、潘居實等題名 ………………………………………………… 45

四三、周詡等題名 …………………………………………………… 45

四四、張宗崟等題名 ………………………………………………… 46

四五、李景孚等題名 ………………………………………………… 47

四六、杜肇等題名 …………………………………………………… 48

四七、張珫等題名 ………………………………………………… 48

四八、李景旉等題名(再題) ……………………………………… 49

四九、晁公遡題記 ………………………………………………… 50

五〇、楊諤等題名 ………………………………………………… 51

五一、杜與可題記 ………………………………………………… 52

五二、鄧子華等題名 ……………………………………………… 52

五三、何憲盛辛唱和詩 …………………………………………… 53

五四、吳克舒題名 ………………………………………………… 54

五五、高祁等題名 ………………………………………………… 55

五六、張維題名 …………………………………………………… 56

五七、又(張維題名) ……………………………………………… 56

五八、張松兌等題記 ……………………………………………… 57

五九、黄仲武等題名 ……………………………………………… 58

六〇、向之問等題名 ……………………………………………… 58

六一、王宏甫題名 ………………………………………………… 59

六二、賈振文等題名 ……………………………………………… 59

六三、趙彦球題記 ………………………………………………… 60

六四、向仲卿題記 ………………………………………………… 61

六五、馮和叔等題記 ……………………………………………… 62

六六、朱永裔題記 ………………………………………………… 63

六七、夏敏彦等題名 ……………………………………………… 64

六八、徐嘉言題名 ………………………………………………… 65

六九、趙時儵題名 ………………………………………………… 66

七〇、賈復等題名 ………………………………………………… 67

七一、禄幾復等題名 ……………………………………………… 68

七二、曹士中題名 ………………………………………………… 69

七三、李公玉題記 ………………………………………………… 69

七四、又(李公玉題記) …………………………………………… 70

七五、寶慶題字 …………………………………………………… 71

七六、□鎬等題名 ………………………………………………… 71

七七、謝興甫等題名 ……………………………………………… 72

七八、張霽等題記 73

七九、王季和題記 74

八〇、鄧剛等題名 75

八一、趙汝廩題詩 76

八二、蹇材望題詩記 77

八三、劉叔子題詩記 78

八四、李可久等題名 79

八五、盛芹等題名 79

八六、周品級等題名 80

八七、姚昌遇等題名 81

八八、銅鞮徐朝卿太原 81

八九、無諍居士王漢老來觀 81

九〇、遂寧傅端卿游此 82

九一、董時彥游 82

九二、楊公題詩 82

九三、安固題記 83

九四、宣侯題記 84

九五、淶陽□等題字三種 84

九六、張八歹木魚記 85

九七、蒙古題字 85

跋一 86

跋二 87

石魚文字補遺

一、劉沖霄詩并序 91

二、黃思誠題記 91

三、雷穀題記 92

四、戴良□題記 93

五、晏瑛詩并序 93

六、成化鈔寫古文詩記 94

七、李寬觀石魚記 …………………………………………………… 95

八、黃壽石魚詩 ……………………………………………………… 96

九、聯句和黃壽詩 …………………………………………………… 96

一〇、張楫題詩 ……………………………………………………… 97

一一、和涪守黃壽詩 ………………………………………………… 98

一二、涪州同知題記 ………………………………………………… 98

一三、羅奎詩并序 …………………………………………………… 99

一四、江應曉詩記 …………………………………………………… 100

一五、金國祥詩記 …………………………………………………… 101

一六、七叟勝游 ……………………………………………………… 101

一七、秦司正題記 …………………………………………………… 102

一八、張栱題記 ……………………………………………………… 103

一九、王士禎石魚詩 ………………………………………………… 103

二〇、蕭星拱觀石魚記 ……………………………………………… 104

二一、張天如鑴石魚題記 …………………………………………… 105

二二、蕭星拱重鑴雙魚記 …………………………………………… 105

二三、高應乾題記 …………………………………………………… 107

二四、徐上升、楊名時詩記 ………………………………………… 107

二五、董維祺題記 …………………………………………………… 108

二六、羅克昌題記 …………………………………………………… 109

二七、乾隆乙未題記 ………………………………………………… 110

二八、張師范詩記 …………………………………………………… 111

二九、張師范題詩并記 ……………………………………………… 111

三〇、陳鵬翼等題名 ………………………………………………… 112

三一、姚覲元題記 …………………………………………………… 113

三二、婁棫題記 ……………………………………………………… 113

三三、濮文昇題記 …………………………………………………… 114

三四、孫海白鶴梁銘 ………………………………………………… 115

三五、孫海題白鶴梁 ………………………………………………… 116

三六、謝彬題記 ……………………………………………………… 116

三七、蔣蘅等題記 …………………………………………………… 117

三八、蔣薌再題 ··· 117

三九、范錫朋觀石魚記 ··· 118

四〇、辛亥殘題 ··· 119

四一、聯句詩 ·· 119

四二、施紀雲題記 ··· 120

四三、王叔度等題記 ·· 121

四四、顏愛博等題記 ·· 122

四五、民生公司盧學淵等題記 ·· 122

四六、文德銘等題記 ·· 123

四七、劉鏡沅題記 ··· 124

四八、劉鏡沅題詩 ··· 124

四九、劉鎔經游白鶴梁詩 ··· 125

五〇、何耀萱白鶴梁記 ·· 125

五一、"世道澄清"題刻 ·· 127

五二、抗戰佚名題記 ·· 127

五三、龔堪貴《卜算子·游白鶴梁》 ····································· 127

五四、林樵題詩 ··· 128

五五、涪陵縣文化館題記 ··· 129

五六、通州觀石魚 ··· 129

五七、李從義題記 ··· 130

五八、南陽公題記 ··· 130

五九、文儀等題記 ··· 131

六〇、李□元題記 ··· 131

六一、傅春題記 ··· 131

六二、古泉詩 ·· 132

六三、彭松年題記 ··· 132

六四、高聯題記 ··· 133

龍脊石題刻

梁 ·· 137

一、鄱陽王題名 ··· 137

附：宋鄭子恩等題名 …………………………………………………………… 138

蜀 ……………………………………………………………………………… 139

二、張匡翊題名 ………………………………………………………………… 139

宋 ……………………………………………………………………………… 140

三、張告等題名 ………………………………………………………………… 140

四、張袞臣等題名 ……………………………………………………………… 140

五、知軍事劉士堯等題名 ……………………………………………………… 141

六、鄧沖等題名 ………………………………………………………………… 142

七、唐言題名 …………………………………………………………………… 143

八、唐言再題名 ………………………………………………………………… 144

九、□□淳夫、歐陽忠□等題名 ……………………………………………… 144

一〇、郡守王翯等題名 ………………………………………………………… 145

一一、使吏周明叔題名 ………………………………………………………… 146

一二、判官李造道等題名 ……………………………………………………… 147

一三、毋丘知縣題名 …………………………………………………………… 147

一四、判官李造道等再題名 …………………………………………………… 148

一五、盧能父等題名 …………………………………………………………… 149

一六、郡人周明叔等題名 ……………………………………………………… 150

一七、軍使鄭國宋渙等題名 …………………………………………………… 150

一八、邑宰宋渙等題名 ………………………………………………………… 151

一九、穎昌朱醇父等題名 ……………………………………………………… 152

二〇、安公傳等題名 …………………………………………………………… 153

二一、眉山蔡德方等題名 ……………………………………………………… 153

二二、固陵康性之等題名 ……………………………………………………… 154

二三、袁進叔等題名 …………………………………………………………… 154

二四、趙庚詩 …………………………………………………………………… 155

二五、郡人袁進叔等題名 ……………………………………………………… 156

二六、邑尉權教官韓子展題名 ………………………………………………… 157

二七、邑尉開封賈遘等題名 …………………………………………………… 157

二八、董伯高等題名 …………………………………………………………… 158

二九、郡人張時傑題名 ………………………………………………………… 159

三〇、郡人趙庚等題名 ··· 159

三一、西州郭公益等題名 ··· 160

三二、郡人袁彦選等題名 ··· 160

三三、東里遺民段作等題名 ··· 161

三四、郡人黄藻等題名 ··· 162

三五、攝郡職黄藻等題名 ··· 163

三六、郡人譚丙詩 ··· 164

三七、李英等題名 ··· 165

三八、郡人馮鎔《如夢令》詞 ··· 165

三九、知縣忠南酉等題名 ··· 166

四〇、幸樵、史彦等題名 ··· 167

四一、宋梅等題名 ··· 168

四二、鄧紹先等題名 ··· 168

四三、鄧紹先再題名 ··· 169

四四、邑尉古渝李公輔和韻 ··· 170

四五、沈安義等題名 ··· 170

四六、杜良金、馮當可詩贊並跋 ··· 172

四七、李中行等題名 ··· 172

四八、譚仲等題名 ··· 173

四九、袁逢龍龍脊歌 ··· 174

五〇、張堅老等題名 ··· 175

五一、郡守解至臨等題名 ··· 176

龍脊石題刻文字補遺

一、元祐三年題刻 ··· 181

二、宋師民等題名 ··· 181

三、陳似等題名 ··· 182

四、曹嘉父等題名 ··· 183

五、張子文等題名 ··· 183

六、蔡德方等題名 ··· 184

七、趙南峰等題名 …………………………………………… 185

八、幸宥題詩 ………………………………………………… 185

九、劉甲等題名 ……………………………………………… 186

一〇、陳直方等題名 ………………………………………… 187

一一、宋天一等題名 ………………………………………… 187

一二、慶元丙辰題刻 ………………………………………… 188

一三、鄧紹先等再題 ………………………………………… 188

一四、黄震等題名 …………………………………………… 189

一五、沈安義題詩 …………………………………………… 189

一六、幸謙仲題名 …………………………………………… 190

一七、黎文之題名 …………………………………………… 190

一八、張同□等題名 ………………………………………… 191

一九、袁仲午題詩 …………………………………………… 191

二〇、吕紳等題名 …………………………………………… 192

二一、冉克良等題名四段 …………………………………… 193

二二、馬廷漢、□元等倡和詩 ……………………………… 194

二三、姚南庠等題名 ………………………………………… 195

二四、沈子俊題詩并序 ……………………………………… 195

二五、彭萬里題詩 …………………………………………… 196

二六、施天奇題詩 …………………………………………… 196

二七、張鼎題記 ……………………………………………… 197

二八、盧雦等題名 …………………………………………… 197

二九、楊鸞題名 ……………………………………………… 198

三〇、典史題詩 ……………………………………………… 198

三一、"廉官天下行"題刻 …………………………………… 199

三二、黎拱題詩 ……………………………………………… 199

三三、黎拱再題 ……………………………………………… 200

三四、黄玉題詩 ……………………………………………… 201

三五、黄封題詩 ……………………………………………… 201

三六、張一鵬題詩 …………………………………………… 202

三七、潘瑜題詩 ……………………………………………… 202

三八、潘瑜再題 …………………………………………………… 203

三九、何冠題詩 …………………………………………………… 203

四○、何冠再題 …………………………………………………… 204

四一、褚鼎題詩 …………………………………………………… 204

四二、明佚名次五峰先生韻二首 ………………………………… 205

四三、毛經題詩 …………………………………………………… 205

四四、知縣楊東山題詩 …………………………………………… 206

四五、楊東山再題 ………………………………………………… 206

四六、楊東山三題 ………………………………………………… 206

四七、翁鏜題詩 …………………………………………………… 207

四八、屈表題詩 …………………………………………………… 208

四九、王以升等題記 ……………………………………………… 208

五○、"胸腿世家"題刻 ………………………………………… 209

五一、湯承光題名 ………………………………………………… 209

五二、劉登俸等題名 ……………………………………………… 210

五三、吳加禄等題名 ……………………………………………… 210

五四、楊震仲題詩 ………………………………………………… 211

五五、張應法等題名 ……………………………………………… 211

五六、黄道燁題詩 ………………………………………………… 212

五七、黄道燁再題 ………………………………………………… 213

五八、黄道燁三題 ………………………………………………… 213

五九、黄道燁四題 ………………………………………………… 214

六○、黄道燁五題 ………………………………………………… 214

六一、黄道著題詩 ………………………………………………… 214

六二、黄道著再題 ………………………………………………… 215

六三、曾傳一等題名 ……………………………………………… 215

六四、諶有常等題名 ……………………………………………… 216

六五、黄光國題詩 ………………………………………………… 217

六六、潘兢題名 …………………………………………………… 217

六七、向文奎題詩 ………………………………………………… 218

六八、向文奎再題 ………………………………………………… 218

六九、向文奎三題 ……………………………………………………… 219

七〇、向文奎四題 ……………………………………………………… 219

七一、楊谷題詩 ………………………………………………………… 219

七二、朱宸題詩 ………………………………………………………… 220

七三、羅八極題五言古風 ……………………………………………… 220

七四、陳如珪題詩 ……………………………………………………… 221

七五、陳如珪題名 ……………………………………………………… 221

七六、魯楚郡人題刻 …………………………………………………… 222

七七、孫父樹碑題刻 …………………………………………………… 222

七八、梁國禎題詩 ……………………………………………………… 222

七九、梁國禎再題 ……………………………………………………… 223

八〇、戊戌人日題記 …………………………………………………… 223

八一、陽谷題詩 ………………………………………………………… 224

八二、陽谷再題 ………………………………………………………… 224

八三、單行舉題詩 ……………………………………………………… 225

八四、單功權題名 ……………………………………………………… 225

八五、石芳珩等題名 …………………………………………………… 226

八六、瑶峰題詩 ………………………………………………………… 226

八七、閔輔勤題記 ……………………………………………………… 227

八八、楊文題詩 ………………………………………………………… 227

八九、許玉春題名 ……………………………………………………… 228

九〇、周錦雲《龍潛石詩》 …………………………………………… 228

九一、“雲龍”題字 …………………………………………………… 229

九二、葉慶樗題詩 ……………………………………………………… 230

九三、葉慶樗再題 ……………………………………………………… 230

九四、葉慶樗三題 ……………………………………………………… 231

九五、葉慶垣題詩 ……………………………………………………… 232

九六、葉慶從題詩 ……………………………………………………… 233

九七、黃應泰題詩 ……………………………………………………… 234

九八、陳翔軒等題名 …………………………………………………… 234

九九、劉子允等題名 …………………………………………………… 235

一〇〇、張宜鈞等題名 ⋯⋯⋯⋯⋯⋯⋯⋯⋯⋯⋯⋯⋯⋯⋯⋯⋯⋯⋯⋯⋯⋯ 235

一〇一、姚仁壽"龍"字題記 ⋯⋯⋯⋯⋯⋯⋯⋯⋯⋯⋯⋯⋯⋯⋯⋯⋯⋯⋯ 236

一〇二、琅琊伯玉等題名 ⋯⋯⋯⋯⋯⋯⋯⋯⋯⋯⋯⋯⋯⋯⋯⋯⋯⋯⋯⋯ 236

一〇三、申步衢題詩 ⋯⋯⋯⋯⋯⋯⋯⋯⋯⋯⋯⋯⋯⋯⋯⋯⋯⋯⋯⋯⋯⋯⋯ 237

一〇四、丁丑殘題 ⋯⋯⋯⋯⋯⋯⋯⋯⋯⋯⋯⋯⋯⋯⋯⋯⋯⋯⋯⋯⋯⋯⋯⋯ 238

一〇五、"國正天心順"題刻 ⋯⋯⋯⋯⋯⋯⋯⋯⋯⋯⋯⋯⋯⋯⋯⋯⋯⋯⋯ 238

一〇六、陳憲長等題名 ⋯⋯⋯⋯⋯⋯⋯⋯⋯⋯⋯⋯⋯⋯⋯⋯⋯⋯⋯⋯⋯⋯ 239

一〇七、"春日游龍"題刻 ⋯⋯⋯⋯⋯⋯⋯⋯⋯⋯⋯⋯⋯⋯⋯⋯⋯⋯⋯⋯ 239

一〇八、"醉眼昏花"題刻 ⋯⋯⋯⋯⋯⋯⋯⋯⋯⋯⋯⋯⋯⋯⋯⋯⋯⋯⋯⋯ 240

一〇九、王德行題記 ⋯⋯⋯⋯⋯⋯⋯⋯⋯⋯⋯⋯⋯⋯⋯⋯⋯⋯⋯⋯⋯⋯⋯ 240

一一〇、佚名題刻 ⋯⋯⋯⋯⋯⋯⋯⋯⋯⋯⋯⋯⋯⋯⋯⋯⋯⋯⋯⋯⋯⋯⋯⋯ 241

一一一、劉朝陽等題名 ⋯⋯⋯⋯⋯⋯⋯⋯⋯⋯⋯⋯⋯⋯⋯⋯⋯⋯⋯⋯⋯⋯ 241

一一二、佚名題詩 ⋯⋯⋯⋯⋯⋯⋯⋯⋯⋯⋯⋯⋯⋯⋯⋯⋯⋯⋯⋯⋯⋯⋯⋯ 241

一一三、范載修等題記 ⋯⋯⋯⋯⋯⋯⋯⋯⋯⋯⋯⋯⋯⋯⋯⋯⋯⋯⋯⋯⋯⋯ 242

一一四、朱宸二題 ⋯⋯⋯⋯⋯⋯⋯⋯⋯⋯⋯⋯⋯⋯⋯⋯⋯⋯⋯⋯⋯⋯⋯⋯ 242

主要參考文獻 ⋯⋯⋯⋯⋯⋯⋯⋯⋯⋯⋯⋯⋯⋯⋯⋯⋯⋯⋯⋯⋯⋯⋯⋯ 244

緒　言

筆者近年來因工作關係，開始由宋史研究轉而進入巴渝金石文字研究領域。實事求是地説，對於這一全新領域，自己無論是知識儲備還是眼界、思維，與同儕學人相比都是有較大差距的。所幸有黎小龍、程武彦等先生從旁鼓勵，使自己有較爲充裕的時間一力向學，盡補前缺。然巴渝金石，數量衆多，從何處着手，如何找準選題，是一個相當棘手的問題。大約五年前，重慶中國三峽博物館啟動館内自立博士課題，時彭學斌博士任職研究部主任，其有多年三峽考古經歷，對於峽江石刻掌握資料頗多，建議從白鶴梁題刻入手進行專題研究，於是在其耳提面命之下，我以白鶴梁宋元題刻研究爲題申報課題，由此正式起步，開始了金石文字的整理研究之路。

白鶴梁位於重慶市涪陵區城北的長江中，是一塊天然形成的石梁，又稱雙魚石、石魚等。相傳唐朝時，有爾朱真人在此修煉，後得道成仙，駕白鶴而去，故名白鶴梁。涪陵舊方志中也有言此處石梁常有白鶴雲集，故得此名，“白鶴時鳴”則被譽爲涪州八景之一。

實際上，白鶴梁的名字，真正出現在典籍中的時間是比較晚的，到了清代中期以後，才有地方文獻稱此地爲白鶴梁。在此之前的文獻，言及石梁文字，多僅以“石魚”相稱。如北宋樂史所撰《太平寰宇記》就説：“開寶四年，黔南上言，江心有石魚見，上有古記云：‘廣德元年二月，大江水退，石魚見。’部民相傳豐稔之兆。”①巴渝一帶民俗中，自古就有“石魚出水兆豐年”的説法，故先民在石梁上刻石魚圖像，來預兆年成豐歉。後來，文人士子觀石魚者日衆，刻字留題漸成傳統，石魚也就漸漸成了此處所有題刻的代稱。

應當説，有關白鶴梁題刻的記載，筆始於前面提到的《太平寰宇記》一書，後來歷代文獻中均有記載，但是這種記載多屬轉抄，史料價值不是很大。到了清代，涪陵本地的地方志中開始對題刻文字進行大量的摘録，並將部分題刻中所見到的前代官員

---

① （宋）樂史：《太平寰宇記》卷一二〇，中華書局，2007 年，第 2395 頁。

名姓收入"職官門"中。至於題刻所見其他史料信息，則鮮於整理。直至清末，著名金石學家姚覲元任職川東道，以一己之力，推動白鶴梁題刻的傳拓及考訂，并與錢保塘合署編著《涪州石魚文字所見録》一書。

　　姚覲元其人，《清史稿》及《清史列傳》均無專傳。其名僅見於《清史稿》卷一四六《藝文志》及卷四三八《閻敬銘傳》，其中《藝文志》言："《涪州石魚文字所見録》一卷，姚覲元撰。"由此可見，《涪州石魚文字所見録》（以下簡稱《所見録》）一書，對於姚覲元之重要性可見一斑。

　　姚覲元，字彦侍，一作彦士、念慈、子京、裕萬等。因無正史所依，故前代研究對於姚覲元之生卒年均不甚了了。有關其卒年，繆荃孫《藝風老人日記》辛卯年（光緒十七年，1891）十二月十九日記事云：

　　　　十九日己酉，晴。訪包培卿德基，不晤，留夏滌初信在彼，旋得回書，言解款俟廿三繳庫。過尊古堂，張伙云姚公蓼死，已歇業，囑覓《咫尺齋叢刻》。[1]

　　姚公蓼，即姚慰祖，姚覲元之子，好藏古籍、碑拓，齋號"晉石齋"。葉德輝《書林清話》卷八述《唐宋人類書》版本源流時云："光緒己丑，歸安姚覲元以活字排印七十餘卷，印未竣而姚亦殁，蓋此六十年間，兩刻而兩未成矣。"[2]葉昌熾《語石》又云："自彦侍丈歸道山，公子公蓼繼殂。"[3]光緒己丑，即光緒十五年（1889），姚覲元病逝當在是年之後，同時又應在其子姚慰祖去世之前。前已知姚慰祖是在光緒十七年去世的，那麼姚覲元之卒年自應在光緒十五年到光緒十七年這三年間。

　　再來看一條《藝風老人日記》的記事，據繆荃孫庚寅年（光緒十六年，1890）二月二十日所記：

　　　　二十日庚寅，晴。拜客。晤葉鞠裳、李橘農、黃子壽年丈、張子馥、姚彦侍、俞廕老、朱頻華、周小雅。得陳善餘信、金淮生信，寄銀捌拾元又四十元。[4]

　　這封信足以説明，在光緒庚寅年（1890）二月二十日姚覲元身體尚無異狀。而至辛卯年初，在整理蜀中金石時，則"蜀時舊友盡矣"。繆荃孫一直認爲"彦侍工篆書，搜訪金石刻，與荃孫最莫逆"。[5] 其二十九歲時，"大病幾死，量藥調水，彦侍、葆初晨夕護

---

① （清）繆荃孫：《藝風老人日記》，《繆荃孫全集·日記一》，鳳凰出版社，2013年，第196頁。
② （清）葉德輝：《書林清話》卷八，北京燕山出版社，2008年，第213頁。
③ （清）葉昌熾：《語石》卷二，浙江大學出版社，2018年，第49頁。
④ （清）繆荃孫：《藝風老人日記》，《繆荃孫全集·日記一》，第109頁。
⑤ （清）繆荃孫：《藝風老人年譜》，《繆荃孫全集·雜著》，第170頁。

持之"。① 日記中所謂"友盡"之説,當正是指姚覲元的去世。又,中國社會科學院文學研究所藏清末寫本姚覲元《大疊山房文存》,末有葛起鵬跋,中有一句:"余返自山左,先生已歸道山。"② 葛起鵬,字味泉,同治元年(1862)舉人,曾以知縣分發合江、梁山等縣,故得與姚覲元熟識。另《嘉定縣簡志》載,光緒十六年(1890)十月,"葛起鵬自山東來"。③ 綜合上述種種,姚覲元應卒於光緒庚寅年(1890)二月至十月間。

向楚纂修《(民國)巴縣志》曾言,姚覲元於道光癸卯(1843)中舉,初授户部郎中。同治八年(1869)奉旨引見,"記名以御史用"。同治九年(1870)始任川東兵備道。而據繆荃孫自撰《藝風老人年譜》:"十一年壬申,年廿九歲。二月,移居小福建營。四月,川東道姚彦侍觀察覲元到川,約入幕。"④ 此記載説明,姚覲元真正入主川東道,是在同治十一年,而非《巴縣志》所謂的同治九年。當時正逢蜀中亂局初定,上任後,他對振興川東文教不遺餘力:"其家富藏書,覲元出資翻刻,世所傳姚刻三韻:《集韻》、《類篇》、《禮部韻略》,即東川官舍重刊者。"而在刊刻古籍的同時,姚覲元風聞川東石刻遺世者甚多,前代少有椎拓,於是利用公務之餘遍訪名碑、題刻,並傳拓保存。現存《弓齋日記》是姚覲元唯一存世日記,記事自同治十三年(1874)起,止於光緒十六年(1890),稿本分存上海圖書館及浙江圖書館。據該日記記載,早在同治十年(1871)夏,姚覲元就聽所雇拓工説涪州江心有石魚題刻,多無摹拓存世,只因此後兩年未見川江水枯,未能目睹。及至光緒元年(1875)冬,有傳言石魚已出水,於是啟程赴涪州。觀覽之餘,粗記石刻目録,并仿效前人,作題記一篇,鐫之於石。這就是我們今天仍能看到的《姚覲元題記》,全文爲:

> 光緒乙亥冬,魚出。歲其大稔乎?喜而記之。二品頂帶布政使銜、分巡川東兵備道,歸安姚覲元。

這次涪州歸來,姚覲元有了編《四川金石志》的想法,希望能補劉喜海《三巴金石苑》之不足。他在給繆荃孫信中説:"蜀中金石,久思匯爲一編,得椽筆主裁,曷勝欣幸!"故回重慶後,立刻召繆來渝。彼時繆荃孫正在成都,居四川總督吴棠幕下,協助主講尊經書院。得訊後,繆氏於十二月末抵達重慶,駐川東官舍。光緒二年(1876)正月二日,涪州報石魚仍可見,於是姚覲元請繆荃孫帶拓工前往椎拓。對於這次白鶴梁之旅,繆荃孫在《所見録》一書中如此記載:

---

① (清)繆荃孫:《藝風老人年譜》,《繆荃孫全集·雜著》,第170頁。
② (清)姚覲元:《大疊山房文存·跋》,《清代詩文集彙編》,上海古籍出版社,2011年,第21册,第15頁。
③ 倪所安編:《嘉定縣簡志》,方志出版社,2008年,第26頁。
④ (清)繆荃孫:《藝風老人年譜》,《繆荃孫全集·雜著》,第169頁。

　　甲子、丁卯、癸酉三過涪江，均值盛漲，未睹石魚。乙亥殘冬客渝城姚彦侍觀察署。觀察曰："石魚出矣，歲其大稔乎？"又曰："宋人題名聞有數十段，不僅山谷，子爲我訪之。"丙子人日，挈打碑人浮江而下二百四十里至涪州，賃一小舟，絶江抵石魚。魚出四五十步，人從字上行，旁午交錯。淘沙剔石，得宋《謝昌瑜題記》等一百零八段。自宋開寶迄元至順，而唐刻終不得。①

而在其自訂年譜中，他也有詳細追述：

　　正月初二日，啟行到涪州，游白鶴梁，得宋人題名五十段。游北巖，得宋人題名六段。到夔門，阻風，得《皇宋中興頌》。下宜昌，遵路至襄陽，入汴梁。②

很明顯，這次椎拓，繆荃孫共取得拓片 108 段，其中有宋人題名 50 段，但是這一數量仍與姚覲元所需有較大差距。然繆荃孫於"盡拓所見，次日揚帆東下"，姚覲元不得不另外覓人取拓，雖歷艱辛，却始終未能將明以前拓本全數拓得。是年二月十四日，姚覲元給繆荃孫的信中説道：

　　小山仁兄大人閣下：前月接夔門手書，尚未奉覆。比計元旆業將抵都，即惟春風得意，首占蓬瀛，可爲預慶。"石魚題名"、"宣牧沉吏目"各送到一份，與計下之單數目大致相同，而互有增減。其唐"廣德"及"大和"題字則竟未有復。使僕人陳忠（此人能刻字）前往搜求，亦竟不可得。大約仍在黿鼉窟中耳。其文字已録出，少有考據，尚未脱稿，容寫出寄呈鑒定（因老劉未回，尚冀其續有所得）。原拓一份當寄省，呈姻伯收存也。③

及至光緒八年（1882），已居廣東布政使高位的姚覲元仍在關注石魚文字，這年他在給繆荃孫寫的一封信中説：

　　石魚題名，鐵江已寄來，已付寫矣。所恨劉四不肯用心檢看，故三年來從無一完本，遲遲未即奉者，亦爲此也。此種拓本並弟處續刻各書，統容面奉。④

可見，姚氏始終未能見到全套的白鶴梁題刻拓片，雖屢次派人椎拓，但均無完本。雖如此，正是因爲有姚覲元的鍥而不舍，從光緒年間開始，汲汲於名碑巨刻的金石學家們，終於將眼光投向了這一名不見經傳的川江石梁，從此對於石魚題刻的研究與椎

---

①　繆荃孫：《涪州石魚文字所見録跋》，姚覲元、錢保塘：《涪州石魚文字所見録》，民國元年《古學匯刊》刻本。
②　（清）繆荃孫：《藝風老人年譜》，北京圖書館編：《北京圖書館藏珍本年譜叢刊》，北京圖書館出版社，1999年，第 180 册，第 690 頁。
③　陳子鳳：《姚覲元致繆荃孫尺牘》（下），《收藏家》2007 年第 7 期，第 15—16 頁。
④　同上，第 12 頁。

拓漸成風氣，並由此催生了一批研究成果。

在前面所引光緒八年姚覲元寫給繆荃孫的信中有"石魚題名，鐵江已寄來，已付寫矣"一句。鐵江，即錢保塘，又名海滄。錢氏學問博通，曾有時人評價其一生："忠信之長，慈惠之師，巴蜀雄聲勝萬口；古訓是式，威儀有力，東南學派有前型。"①可見其無論德操還是學問都是享譽一時的。據錢氏《涪州石魚題名記序》所載："光緒三年七月，歸安姚彥侍觀察自重慶至成都，以涪州石魚題名百餘種示保塘。"②可見，姚覲元在得到繆荃孫白鶴梁題刻拓本後，先由自己粗理，并略作考證之後，即於次年七月將其中一部拓本交給了錢保塘。錢保塘是除姚覲元外，當時最早整理白鶴梁題刻者，因受姚氏所托，錢保塘整理得非常認真：

> 因爲排比，先後得北宋二十二種，南宋六十四種，附宋末九種，元五種，凡百種，自明以來不錄。諸人中史有傳者朱昂、黄庭堅、龐恭孫、劉甲。史無傳而其書行世者，吳震、晁公武、晁公遡、鄧椿、秦九韶。其餘間有見於他書可考者，略爲按語，綴於各條下。觀察自考定數條，謹依次列焉。③

總之，錢保塘對題刻的整理就是遵循一個原則，即"考其仕履、行事以備稽核"，同時"不忍没其後世之名，并以補諸城劉氏《三巴金石苑》所未備"。④ 錢保塘考訂白鶴梁題刻文字所用時間不長，至光緒丁丑（三年，1877），當繆荃孫再蒞重慶時，"業已釋字文，加考證，録成清册"，並交姚覲元。以上就是姚覲元、錢保塘對題刻的整理，這次整理雖"打本終未畢"，⑤却爲後來的整理工作奠定了基礎。

繼姚覲元、錢保塘之後，再次對題刻文字進行整理的首先是陸增祥。據《清史稿·陸增祥傳》："（陸增祥）字星農，太倉人。道光三十年一甲一名進士（狀元），授修撰，至辰永沅靖道。躋王昶《金石萃編》成《金石補正》百二十卷，凡三千五百餘通。又著《磚錄》一卷。其訂正金石款識名物，何紹基服其精。"⑥陸氏於咸豐十年（1860）出任廣西慶遠府知府。同治二年（1863）調任湖南辰沅永靖道道員，至光緒五年（1879）因病免官。其《儀顧堂集》卷四收《復姚彥侍方伯書》一文，其首云："彥侍方伯尊兄閣下：昨拜賜書，并大著《石魚題記》，命爲考釋，寡陋如源，何能爲役？ 謹就見聞所及，略陳

①　（清）繆荃孫：《藝風老人日記》，《繆荃孫全集·日記一》，第499頁。
②　（清）錢保塘：《涪州石魚題名記》，《清風室叢刊》，光緒二十一年刻本。
③　同上。
④　同上。
⑤　（清）繆荃孫：《涪州石魚文字所見録跋》，（清）姚覲元、錢保塘：《涪州石魚文字所見録》，民國元年《古學匯刊》刻本。
⑥　趙爾巽、柯劭忞等：《清史稿》卷四八六《文苑·三》，中華書局，1998年，第13421頁。

一二,未識有當萬一否?"其下則接述對題刻人物之考訂。此文未著年月,但從回信文字推測,當書於光緒三年(1877)至八年(1882)間,因姚、錢二人石魚題名書稿光緒三年方才完成,至光緒八年初,陸增祥則已病亡。故此信作於此間,自當無疑。縱觀陸增祥信中所考人物,大多屬錢保塘未能考實者。如水邱無逸,陸增祥認爲其"曾官知隨州,黃庶《伐檀集》有《哭水邱隨州無逸》詩"。而錢保塘文稿僅列水邱姓氏淵源及史傳所見姓水邱者:"水邱無逸和詩題曰'謹次韻和'云云,當是與劉忠順同時人。按:《漢北海景君碑》陰有修行水丘郜;《後漢書·董宣傳》有門下書佐、後仕司隸校尉水丘岑;《吳越備史》武肅王祖母、母皆水丘氏;忠獻王時,有都監使水丘昭券;陝西西安有宋端拱元年《新譯三藏聖教序》,後題名行軍司馬水丘隆。(大中)祥符三年《敕賜中江縣寧國寺牒》後有東染院使、潮州刺史、知軍州、兼管内勸農事水丘氏。皆在無逸之前,自後,此姓不經見。"又如《張維題名》,錢保塘所著無考,陸增祥云:"張維,字仲欽,紹興八年進士。乾道二年,知靜江府提點刑獄。見《三山志》、《粤西金石略》、《景定建康志》。《福建通志》作'字振綱',宋人之字往往屢易,無足怪者。紹興二十五年爲縣令,隆興擢通判,乾道爲知府,時代相合,無可疑者。"[①]

此後,陸增祥又對姚覲元所贈拓片進行重新録文排比,並增訂若干人物,訂名"石魚題名一百段",收入己著《八瓊室金石補正》,此書稿本後經嘉業堂主劉承幹整理,於民國十四年(1925)刊刻。

陸增祥之外,對題刻文字進行考釋的還有金石學家潘祖蔭。潘祖蔭(1830—1890),字在鍾,小字鳳笙,號伯寅,亦號少棠、鄭盦。吳縣(今江蘇蘇州)人,清代狀元潘世恩之孫。咸豐二年(1852)一甲三名進士,授編修,光緒間官至工部尚書。通經史,藏金石甚富。據葉昌熾《緣督廬日記鈔》卷三載,乙酉(光緒十一年,1885)三月"初七日,鄭盦出示《石魚題名考釋序》,石魚在涪州江中,水涸方得拓。姚彦士觀察爲川東道時,拓得宋元人題名百許種,爲之考釋,而丈爲之序"。[②] 惜此序後來並未收入繆荃孫排印本《所見録》之中,而此前諸鈔本中亦無摘録。

另外,清末金石學家汪之昌亦曾參與石魚文字校釋。汪之昌(1837—1895),江蘇新陽(今江蘇昆山)人,字振民,室名青學齋。同治六年(1867)副貢。光緒中爲學古堂講席,成就甚豐。汪之昌對石魚文字的校注亦是受姚覲元所托。汪氏早年間就曾助姚覲元校其祖姚文田《說文解字考異》一書,姚氏罷官後,二人均居吳地,往來甚密,因此他受姚覲元之托,又對石魚文字進行了校釋。汪之昌所校石魚文字主要以貼紙形

①　以上均見《儀顧堂集輯校》(卷四,廣陵書社,2015年,第63—65頁)。

②　(清)葉昌熾:《緣督廬日記鈔》卷三,《續修四庫全書》,上海古籍出版社,2002年,第576冊,第389頁。

式存於國圖藏本《所見録》（普 A2666 號）内，共十餘紙，如《楊諤等題名》上貼紙云："紹興乙丑《楊諤等題名》，《通考》有《楊諤潼川倡和詩集》，按集名度之，殆即一人。紹興十五年《晁公邁題記》中有楊侃。《郡齋讀書志》：'《兩漢博聞》，端拱時進士楊侃編。'年代太遠，當非一人，敢就所知奉答，以俟取裁。辛卯秋中新安汪之昌謹讀附識。"

這一時期，受姚覲元影響，對白鶴梁題刻研究起關鍵助推作用的則是繆荃孫。因繆荃孫所獲拓片最多，研究時間最長，并曾親赴石梁傳拓，對題刻的瞭解，較之於姚、錢、陸、潘、汪等人，無疑更爲透徹，而《所見録》能最終得以刊行，亦幸賴其功。

繆荃孫（1844—1919），字炎之，又字筱珊，晚號藝風老人，江陰（今江蘇江陰市）人。幼承家學，年十一修畢五經。淮安麗正書院肄業，習文字音韻訓詁之學。同治六年（1867）舉人，光緒二年（1876）進士，改翰林院庶吉士，散館授編修。後官至國史館總纂，曾主講江寧鍾山書院。專辦江南圖書館，後充京師圖書館正監督。宣統二年（1910）授學部候補參議。民國三年（1914）任清史館總纂。

客觀地説，繆荃孫關注白鶴梁題刻實際上比姚覲元還要早，因其青年時游學蜀地，對石魚題刻早有耳聞，只是"甲子（同治三年，1864）、丁卯（同治六年，1867）、癸酉（同治十二年，1873）三過涪江，均值盛漲，未睹石魚"。[1]　直至光緒二年正月初二日，繆荃孫受姚覲元所托椎取石魚拓本，才首次目睹題刻真容。此次取拓畢，繆氏即北上京師。光緒三年（1877）冬返渝後，姚覲元向其出示錢保塘所考石魚文字清册，並請其另加釋讀。繆氏"假觀，因留篋中"，並受姚覲元資助，"游涪巖，得宋人題名五十段，轉富順中巖，得蜀武成造像四，宋人題名十五段"，後由重慶水道至武昌，"自此不復入蜀"。[2]　後姚覲元亦"擢湖北提刑以去，打本終未畀余"。[3]

光緒七年（1881），姚覲元在給繆荃孫的信中説："石魚題字上年爲劉四所誤，竟未拓全，祀灶後聞雙魚紋見，已遣人前往，尚未摹歸，容檢齊即照録寄上，原文仍依前説，寄呈姻丈，不至誤也。"[4]次年正月信中又云："石魚題名，鐵江已寄來，已付寫矣。所恨劉四不肯用心檢看，故三年來從無一完本，遲遲未即奉者，亦爲此也。此種拓本並弟處續刻各書，統容面奉。"[5]兩封信所述石魚之事雖僅寥寥數語，但足以看出繆荃孫出川後，仍記掛石魚題名，而姚覲元也希望能夠拓足墨本，交繆荃孫續考。

①　（清）繆荃孫：《涪州石魚文字所見録跋》，（清）姚覲元、錢保塘：《涪州石魚文字所見録》，民國元年《古學匯刊》刻本。
②　（清）繆荃孫：《藝風老人年譜》，北京圖書館編：《北京圖書館藏珍本年譜叢刊》，第 180 册，第 692 頁。
③　（清）繆荃孫：《涪州石魚文字所見録跋》。
④　陳子鳳：《姚覲元致繆荃孫尺牘》（下），《收藏家》2007 年第 7 期，第 13 頁。
⑤　陳子鳳：《姚覲元致繆荃孫尺牘》（上），《收藏家》2007 年第 6 期，第 12 頁。

　　然而事與願違，及至姚覲元罷官歸鄉，拓本仍未湊齊，無奈只能將手中現有稿本及摹拓副本交與繆荃孫，讓其先行訂正。

　　現存《繆荃孫日記》記事自光緒戊子（1888）止於民國己未（1919），其中有多篇日記涉及白鶴梁。如光緒辛卯（十七年，1891），繆氏自正月初七日開始校手中四川金石拓本，自正月十六、十七兩日則集中録涪州金石並校石魚文字。及至二月八日，川内金石校畢，方將石魚拓本與“四川、雲南金石付裝”。壬辰年（1892）九月十八至十九日，再校《石魚文字所見録》，二十四日寄《石魚文字所見録》。甲午年（1894）四月三日，“録四川碑目”，石魚題名均録入。丁酉年（1897）五月，爲校《宋中興百官題名》再考石魚及龍脊石諸處文字。是年七月，重排兩宋碑石，取涪陵等處拓本檢視。九月，“新作碑箱十六雙”，將石魚拓片全數入箱保存。十一月，再校石魚文字等四川碑目。戊戌年（1898）八月則將石魚題名歸入《分地金石編》。至光緒甲辰（1904），“臨桂況君夔生（即況周頤）自蜀來寧，贈石魚文字一篋”，其“亟取對校，如見故人。缺三種，多兩種，剔除北巖兩種，爲量尺寸，畫行數字數”，終成石魚文字定本。民國壬子年（1912）九月十六日至三十日再校石魚文字，又發現所存石魚拓片，“較錢跋少五種，多四種，又二種係北巖搨本”。十月己丑，“勘石魚目畢”。是年十二月一日將《所見録》收入擬出版之《古學匯刊》，並撰寫“《毛詩釋義》、《石魚文字所見録》、《章實齋文》、《吳、潘兩樂府》四种緣起”。① 四日，再作《石魚文字所見録跋》，至癸丑（1913）四月八日，統稿畢，“寫付刻工”。至此，姚覲元所主導的白鶴梁題刻整理，終於以其遺著形式宣告完成。自光緒元年（1875）姚氏編目，次年繆荃孫椎拓，到遺稿刊印，整整經歷了 38 年，而這期間繆荃孫無疑厥功至偉。

　　通過梳理《所見録》成書過程，我們可以發現該書本無定名，鈔本或謂《石魚題名》，或謂《石魚文字所見録》，内葉中亦有書《石魚題刻》。細究原文，該書實脱胎於《涪州石魚題名記》（以下簡稱《題名記》）。對於這一點，僅從兩書所作考校文字中就可看出端倪。以排印本爲例，《周詡等題名》兩書考釋均作：“𡙸”字，字書不載。《説文》：𡙸，古文黃。《玉篇·黃》：𡙸，古文。“攴”，殆“久”之訛耳。所不同者，《所見録》拓本尺寸記作“拓本高四尺，寬二尺五寸，凡五行，行七字，篆書，徑四寸”。《題名記》記作“篆書，徑四寸，凡五行，行七字”。另外，《所見録》删去《題名記》中“姚覲元曰”四字。相似情況，還有很多，此處不再逐一類比。

　　當然兩者也有一些差別，比如《所見録》中收録的《高克舒題名》、《周品級等題

名》,《題名記》中均未見。而《題名記》中所見《盧棠等題名》、《張彥中等題名》、《何震午等題名》、《盛景獻等題記》,則又未見於《所見錄》。之所以出現這種不同,實際上正是因爲題刻拓本自姚覲元始,就始終不能集齊。而繆荃孫此後雖又有所獲,但因最終整理刊刻時,距其初登白鶴梁,已有三十餘年,對於何爲北巖題刻,何爲白鶴梁題刻,已無法準確判別,這才有了《日記》中所謂"少五種,多四種,又二種係北巖搨本",與《所見錄》跋語中所説的"缺三種,多兩種,剔除北巖兩種"這一看似混亂記述,並仍將北巖題記誤加收錄,又錯删《題名記》中本屬白鶴梁者。

雖存遺憾,然通過上述種種,我們能更清晰地看到《所見錄》脱胎於《題名記》這一事實。同時,通過二書文字對比,還可發現繆荃孫并不僅據姚、錢稿本作注,而是在原稿本基礎上,據所存拓本,重新進行增删,非親眼所見者,寧缺而不載,而這充分印證了他在日記中關於治金石之學的感悟,即"金石一門,非專家莫辨",又言"不見舊拓,無以論金石"。繆荃孫的爲學歷程,正可謂此觀念之寫照,史稱其治學"始爲考訂之學,會四川舉行丁卯正科並補壬戌恩科,寄籍華陽應試,獲舉改歸原籍,先後入將軍崇文勤公、總督吳勤惠公、川東道姚彥士方伯幕,遍歷川東北諸郡搜揚石刻,始爲金石之學"。[①]

除上述諸人外,另有況周頤《西底叢談》一文,專録考訂金石一類,其中涉及白鶴梁題刻人物亦多。而況氏所據拓本,正是繆荃孫於《所見錄》跋文中所謂光緒甲辰新得之墨本。況周頤所作考語,後被收入《國粹學報》第五十二期。

而涪州人王應元《涪州碑記目》,亦受姚覲元影響不小。王應元,字春圃,生於道光九年(1829),卒於光緒二十八年(1902)。咸豐二年(1852)壬子舉人,曾以總纂身份主持《重修涪州志》。現存《弓齋日記》中姚覲元多次提到二人交往之事,其《涪州碑記目》之問世,也是因姚覲元屢赴涪州觀拓,獲其導引,後則偶得姚氏石魚文字稿,略加考補删減而成。

目前,《題名記》一書,所存版本僅《清風室叢刊》本。而《所見錄》情況稍顯複雜,至少應有四個本子存世。爲便於分疏,下面不妨將這四個本子分別命名爲繆裝初鈔本、姚藏繆校本、王鈔本以及《古學匯刊》排印本。

繆 裝 初 鈔 本

所謂繆裝初鈔本(國圖普 17439 號),原爲姚覲元家藏舊本,此本封面正書"石魚

① 閔爾昌:《碑傳集補》卷九《繆藝風先生行狀》,《清代傳記叢刊》,(臺灣)明文書局,1985 年,第 120 册,第 519 頁。

文字所見録”七字，不分卷。目録頁題“涪州石魚文字所見録”，下接“海昌錢保塘編、二品頂帶四川分巡川東兵備道加布政使銜歸安姚覲元校定”等文字。此本主要特徵是：上下單欄，左右雙欄。雙魚尾，黑口。半葉十三行，行二十二字。版心下書“咫進齋鈔本，歸安姚氏藏”。右下鈐“北京圖書館藏”印，其上依次爲“荃孫”、“雲輪閣”等印，卷末存有錢保塘所作序文。

　　從文中所見校記來看，此本爲姚覲元早期録校本。因並非定本，姚氏未作裝訂，後繆荃孫借得鈔紙，略作考訂，裝訂成册。繆氏於此本中，將自己所考諸段文字一併匯入，如其中《張彦中、王紹祖題名》、《北巖劉濟川等題名》、《鈎深陳遇孫詩（西陵高應乾侣叔氏題）》、《馮和叔等題名》、《徐嘉言題名》等五段，均不見於目録，所用鈔紙，版心題“藝風堂金石文字”，實際就是繆荃孫録文校注之作。

　　另外，該鈔本中所名《張仲通等題名》、《□居安題記》、《孫仁宅題記》、《晁公武等題名》、《張仲通等題名》、《潘居實等題名》、《周詡等題名》、《張宗宓等題名》、《李景尋等題名》、《杜肇等題名》、《張寶等題名》、《晁公遡題記》、《楊諤等題名》、《杜與可題記》、《鄧子華等題名》、《何憲、盛辛倡和詩》、《吳克舒題名》、《高祁等題名》、《張維題名》、《又（張維題名）》、《張松兑等題記》、《黄仲武等題名》、《向之問等題名》、《王宏甫題名》、《賈振文等題名》等，均存副葉。此外，該本所存《春記題名》，至今未見其他著録提及。該題名録文云：“紹興仲春日乙丑，石魚出水。李義春記。”旁有注文：“此紹興乙丑所刻，文字互倒，字迹亦劣，疑亦俗士所爲。”後再注：“拓本高一尺，寬五寸，三行，行六字，正書。”

　　此本雖稍顯雜亂，但從文字比對來看，仍是目前已知《所見録》最早本子，不但早於其餘諸本，同時也應早於錢保塘自署《題名記》刻本。

姚藏繆校本

　　此本亦爲姚氏舊藏本，今存國家圖書館（國圖普 A26666 號）。上下單欄，左右雙欄。雙魚尾，黑口。下魚尾下方有“咫進齋鈔本，歸安姚氏藏”等字。目録下題“歸安姚覲元、海昌錢保塘同撰”。此本仍録錢保塘序。然何時歸於繆荃孫之手，則不得而知。姚氏在世時，散書極少，繆氏得此本恐是姚氏父子亡故之後。

　　較之繆裝初鈔本，此本謄録稍晚，原繆裝初鈔本天頭部分所存“校語”，大多被此本吸收。繆裝初鈔本所存在的問題，諸如編次混亂，目録與正文不符等，此本中亦不復存在，初鈔本中所載《春記題名》，則不可得見。縱觀此本，繆氏校語極多，所校主要集中於語詞錯訛、文字顛倒、尺寸缺漏、拓本存完等。如《賈復題名》天頭處，繆校語云："細閱拓本,似當未全,疑甲辰下尚有尾行。"又比如《趙以(汝)廩題記》天頭處,貼條："題記所稱癸卯甲辰乃淳祐三四年也。此是錢説。"《楊嘉言等題名》天頭處,王珪直等題名前一行"按"字前,繆氏加删節符,其下接"石作壬"。"楊嘉言"等字之前,有注云："鄭顗,元年己丑。"

此本卷末附紙云："二十九日疊,八日校畢。"據此可認定,此本正爲《藝風老人日記》中所載的繆氏終校本,也是最終付寫排印所用底本。此外,此本中另有汪之昌、陸增祥等人校語,仍以貼條形式夾附於鈔紙内。

王　鈔　本

王鈔本即王雪澄鈔本,此鈔本現藏臺灣圖書館,封面題"涪州石魚題刻",卷内則題"涪州石魚文字所見録",並與"龍脊石題刻"合爲一册,十行,行二十字,版框高 16.2 厘米,寬 13.5 厘米,單欄,版心白口,上有"强歔宧所鈔之"諸字。又有朱文長方印"國立中央圖書館收藏",白文方印"華陽王氏懷六堂所藏經籍金石書畫印",朱白文方印"王秉恩",朱文方印"息存",白文方印"文燾長年",朱文長方印"椿蔭宧鈔本"。

曾曉梅編著《碑刻文獻論著叙録》言："《涪州石魚題刻》,清錢保塘撰,一卷,强歔宧所鈔本,《石刻史料新編》第三輯(15)地方類四川省據之影印。書前附唐大曆十三年(778)《洛浮洞薛公造阿彌像贊》、元和四年(809)《諸葛祠碑陰記并題名》、《羅浮洞蜀刻》三段、《羅浮洞宋刻》等。然後主要收録重慶涪州白鶴梁石魚題刻,題爲《石魚題刻九十八段》。録碑起自宋開寶四年(971)《申狀題記》,至於《駢體殘刻》,只收題刻目録,並標注刻石時間。爲研究長江上游水文提供了很有價值的參考綫索。惜未録原文。"[1]而在此書之後,曾氏再列《涪州石魚文字所見録》。很顯然,作者僅是據鈔本封面所題"涪州石魚題刻"六字,就誤將王鈔本視作有别於《涪州石魚文字所見録》的另一石魚文字著述了。而曾氏所謂"惜未録原文"等語,亦不知所爲何指,因爲王鈔本實則首尾皆具,録文完備,並非僅以目録示人。

至於王鈔本鈔録時間,據現存繆荃孫日記應在民國壬子(民國元年,1912),是年正月九日,繆荃孫記曰:[2]

> 九日壬申,陰。王雪澄來,還善本書目經部來,又借《石魚題名所見録》去。

---

[1]　曾曉梅:《碑刻文獻論著叙録》,綫裝書局,2010 年,第 361 頁。
[2]　《藝風老人日記》有云,癸丑(1913)四月八日,統稿畢,"寫付刻工"。見《繆荃孫全集·日記三》第 254 頁。

拜王雪澄昆仲、莊心階、汪□□。校《唐風》畢。跋《六唐集》校本。晚家人聚飲。
書屛回常。讀《陳規守城録》。

而至是年四月六日，繆荃孫日記又云：①

六月戊戌。王雪澄來，還史部書目《石魚所見録》。積餘、健人來，李貽和自金陵
來。理誌石畢。校《長安客話》目録、《談荄》，校《蜀石經》清本畢。校《大學正業》。

臺灣藏王鈔本鈐印中，有朱文長方印“椿蔭窟鈔本”、“文燾長年”印，此爲王文燾
古籍收藏印。而白文方印“華陽王氏懷六堂所藏經籍金石書畫印”，朱白文方印“王秉
恩”、“息存”則均爲王雪澄印。王文燾，字壽魯，四川華陽人，金石學家，編有《椿蔭叢
録》，著有《春秋左氏古經》等。而王雪澄即王秉恩，字息存，一作燮臣，號雪澄，又作雪
岑，四川華陽人。清同治十二年（1873）舉人，官廣東提法使。受張之洞器重，薦充廣
雅書局提調，故得與繆荃孫熟識。好藏書，葉昌熾《緣督廬日記鈔》云，癸丑（民國二
年，1913）正月二十六日“至兆豐路答王燮臣廉訪……寓廬皆高大軒敞，其書滿家，雪
翁書數十篋，自大門以內列庋若甬道。自外覘之，木箱充棟，不啻商家之貨棧，海市所
僅有也”。② 王文燾爲王秉恩之子。所謂“强斅窟所鈔之”諸字，“强斅窟”即“强斅簃”，
是王氏父子書齋名。

今考證文字，王氏據以鈔録的《所見録》本子，爲姚藏繆校本，惜此本傳鈔之時，繆
荃孫尚未校畢，而王氏亦有石魚拓本收藏，葉昌熾《緣督廬日記鈔》卷七載：“（光緒乙
未，1895）初十日，王雪澄觀察來談，述蜀中新出石魚題名，有姚彦侍所未見者。”③故王
氏在鈔録姚藏繆校本之時，將己藏新拓本録於全書之末以備稽考，同時將原本中所作
校語，部分匯入正文內，大部分文字則予以剔除。

排　印　本

排印本，就是繆荃孫收入《古學匯刊》，由上海國粹學報社排印出版的本子。此本
半葉十二行，行三十一字，較之於前面所述諸鈔本，刪除了鈔本中原有的《張彦中等題
名》、《何震午等題名》。另外姚藏繆校本中所附陸增祥、汪之昌等人考證文字，亦多剔
除未用，就連繆荃孫校語亦未完全吸收。與王鈔本相比，排印本與該鈔本差異最小，

---

① （清）繆荃孫：《藝風老人日記》，《繆荃孫全集·日記三》，第 181 頁。
② （清）葉昌熾：《緣督廬日記鈔》卷十五，北京圖書館出版社，2007 年。
③ （清）葉昌熾：《緣督廬日記鈔》卷七。

至多只是考釋文字的删減與改動，以及部分石魚文字的正異體之别。這更從側面印證了王鈔本與排印本出於同一録本系統。

　　總的來看，《所見録》版本存在寫鈔本系統和印本系統，二者無論在内容還是形式上，抑或是成書時間上都有明顯區别。[①]　而寫鈔本系統内，縹裝初鈔本、姚藏繆校本，以及王鈔本等，也因人爲修改加工，存在不少差異，故在資料利用方面尤需研究者辯證考慮。

　　而就《題名記》一書來看，現存目録著作，多題"光緒二十一年《清風室叢刊》本"，但上海圖書館館藏古籍目録，另題有光緒四年刊本，致使引該處藏本者，多照録直稱"光緒四年《清風室叢刊》刻本"。今觀原書，所謂光緒四年是錢保塘作序時間，即"光緒四年正月十一日"，非言光緒四年(1878)付刻刊行。

　　有學者撰文認爲，清光緒四年(1878)，繆荃孫從錢保塘手中借得已"録成清册"的"石魚"文字稿本，及錢氏跋尾。於二十六年後，繆氏得到一批"石魚"文字拓本，以之與錢氏稿本對校後付梓，取書名爲《涪州石魚文字所見録》，署名"姚覲元、錢保塘同撰"，付梓時，已是民國初。繆氏似乎不知錢氏早已刊行《題名記》。[②]　實際上，從前文所引史料來看，以上看法是站不住脚的。首先，繆荃孫所據考證的《題名記》底本，自姚覲元處借得，彼時錢保塘不在重慶，自然未與繆荃孫相見。其次，從繆荃孫的日記中也能看到，對於《題名記》的刊刻出版，其早有耳聞，日記云"廿六日，癸卯，晴……錢國榕送鐵江著述來"。次日所記則並引書目，其中就有《題名記》一書。[③]　因此可以説，認爲繆氏不知錢保塘之書付梓，自是無從談起的。

　　本次對《所見録》一書的校注，即選用排印本爲校注的底本，同時利用其他鈔本並《題名記》進行對校。

　　由於姚覲元、錢保塘選編《所見録》時，所秉原則是"自明以來(題刻)不録"，故明以後白鶴梁題刻數十段，二書均未涉及，爲最大程度還原題刻區域文字原貌，本次校注又附《石魚文字補遺》部分，專爲搜録姚、錢二人之書所缺漏者。

　　《龍脊石題刻》一書，本是錢保塘鈔録白鶴梁題刻拓本文字過程中所得副産品。此書收録龍脊石題刻，上自蜀漢，下至南宋嘉定時期(1208—1224)，内容包括題名、題詩、題記等。每段題名下扼要介紹拓片尺寸、書寫人、書體、行字數、字徑，並過録原

---

①　《癖好堂收藏金石書目》中有載《涪州石魚文字所見録》，但至今未見此本流向，或已亡佚。
②　參見胡昌健《歷代學者關於"石魚"文字的著録與研究》，《恭州集》，重慶出版社，2008年，第376頁。
③　(清)繆荃孫：《藝風老人日記》，《繆荃孫全集·日記三》，第252頁。

文。但較之於《所見録》《題名記》二書,甚少有對題刻内容的考證與研究,基本仍屬於原始資料的彙編。

龍脊石,又名龍脊灘,位於長江河道中一條長 346 米、寬 8 - 16 米的沙岩石梁上。古人又稱横石灘、龍洲、龍脊灘、鰲脊灘、龍潛石、石龍等。現存《(嘉靖)雲陽縣志》謂:"江中又有龍脊灘,形如游龍。歲人日,邑人游於上,以鷄子卜歲豐凶。古謡云:'龍床如拭,濟舟必吉。龍床仿佛,濟舟必没。'"①《(乾隆)雲陽縣志》云:"龍脊在岷江之中,秋冬方見,左右夾流,上有'龍脊'二字,刻古詩詞並好書法。"②明人曹學佺曾廣徵典籍著《蜀中名勝記》,其中對於雲陽風貌有如下引述:"縣在巴東郡西二百九十里,縣治故城,跨其山阪,南臨大江之南,岸有方山,山形方峭,枕側江潰矣。"③李燾《胸臆記》則曰:"余泊舟雲安之西三十里,萬户驛下,横石灘上。土人云'今驛之左右,則胸臆故城也。'"④其又有《曲水留題》篇,專記龍脊一帶景物云:"或言雲安之西三十里許有自然曲水,閏月甲午朔,泊舟横石灘上,携子屋、巠、塾、垈、壁、聖及劉甥卜子、道子步訪之。水極峻急,不可流觴。巖巔有永和三年及六年刻字十五六行,剥落已不可讀。細辨其文,但昔人捐金以事仙佛,識金數於石耳,殆非褉飲處也。好事者因年號遂增飾之。當時必置屋廬像設,今變滅無餘。然水石要(皆)可喜,姑取酒酌其旁,賞晤良久乃去。"⑤從李燾的記述,可以很清晰地窺探出龍脊石題刻以下幾點信息:一是至宋代,龍脊一帶尚有東晋永和三年(347)題字,可作辨識。二是龍脊灘附近起初並非修褉聚飲之所,而是土人敬佛拜仙的場地,所題字迹也無非是捐金獻款之數字而已,愈往後來,才演變爲當地修褉題刻的場地。宋人王象之亦有專文描述龍脊形貌。其中題刻文云:"夔州守楊輔去官,過萬户驛,故胸臆縣治。泊舟游古書巖,見刻石滿其上,意當時或有像設屋室,蓋縣人常所往來之地。縣徙歲月不復可考,而石刻亦漫闕就盡,説者但爲臆創。乃屬雲安大夫劉甲遍摹巖上下石刻,試考詳之,庶幾其猶有獲也。同來者,雲安大夫鄭邦基、郝奚仲、從姪有聲。淳熙十五年八月十六日。"⑥如今此段題刻雖早已不見,但我們從《輿地碑目》所引字句起碼能夠看出,對於龍脊一帶題刻文字的關注,由來已久,宋時即有劉甲等人開始專門的輯録工作。當然,遺憾的是,劉甲所輯所摹,具體情況如何,因無傳本存世,亦無他文具述其事,我們已經難以確知了。

---

① (明)楊鸞修:《(嘉靖)雲陽縣志》卷上,嘉靖二十年(1541)刻本。
② (清)劉士紳:《(乾隆)雲陽縣志》卷一,乾隆十一年(1746)刻本。
③ (明)曹學佺:《蜀中名勝記》卷二三,宣統二年(1910)四川官書局刻本。
④ 李德輝編:《唐宋館驛與文學資料彙編》,鳳凰出版社,2014年,第522頁。
⑤ 曾棗莊主編:《宋代序跋全編》卷一三八,齊魯書社,2015年11月,第3910頁。
⑥ 曾棗莊、劉琳主編:《全宋文》卷五八二四,上海辭書出版社,2006年,第107頁。

如今,據三峽考古調查資料統計,該石梁現存有自北宋以來直至清末題刻共計143 段。其中"北宋八段,南宋四十三段,元代一段,明代四十三段,清代十七段,年代不詳者三十一段"。[1] 筆者統計實 167 段。字體真、草、篆、隸皆有,單、雙鈎技法不一,陰陽刻均存,字巨者 2 米見方,小者則僅 2 厘米。龍脊石題刻同白鶴梁題刻一樣,具有較高的史料價值。錢保塘《龍脊石題刻》一書,共收録宋代題刻 50 餘段,宋以後不録。該書未經刊刻,僅以鈔本傳世,現存鈔本見藏臺灣圖書館,後經相關機構影印,收入臺灣出版的《石刻史料新編》第三輯。對於此書成書時間,錢氏現存文字中幾無提及,僅從該書扉頁所題諸字"壬戌春中段蕙風篆稿本移録"推斷,今鈔本源於著名學者況周頤,鈔録時間是民國壬戌年(民國十一年,1922)。另外,書首有小引一段:"《玉燭寶典》:蜀中鄉市,士女以人日擊小鼓,唱竹枝歌,作雞子卜。《史記·武帝紀》正義:雞卜法用雞一,狗一,生,祝願訖,即殺雞狗煮熟,又祭,獨取雞兩眼,骨上自有孔裂,似人物形則吉,不足則凶。《漢書·郊祀志下》:乃命粵巫立粵祝祠,安臺無壇,亦祠天神帝百鬼,而以雞卜。李奇曰:持雞骨卜,如鼠卜。"描述龍脊風俗,可能是抄録者按語,故正文不再收録,特此説明。此部分題刻相較於白鶴梁,數量不是很多,筆者今將此鈔本作爲底本,一併進行校注。

在錢保塘之外,從現有史料來看,繆荃孫亦曾對龍脊石題刻做過整理。繆荃孫《藝風老人日記》中就曾記載:

> 三日辛酉,晴。寫《龍脊石題名》。勘《賓退録》。發陝西碩逸信。子齡自江陰來。讀《語石》。[2]

繆荃孫又在日記中寫道:

> 四日壬午,晴。寫《龍脊石題名》。得閏枝大女去世之信,子霖、阿三、内子即去。接吴印臣信,即復之。寄綬京、聚卿信。小聯自常州來。丁偶然寄《八仙詞》及《青溪影》來,平平耳。讀《小忽雷》。定《説稿》。[3]

此後,八日壬寅、重九丁卯的日記中,繆荃孫仍有整理龍脊石題刻的記載。當然,繆氏所作《龍脊石題名》因未見刊刻,至今亦未見稿本流傳信息,故收録題刻情況不得而知,但從其金石文字收藏喜好來看,恐怕也只是對宋元題刻的匯集而已。

龍脊石題刻區域隨着三峽大壩的修建,已永沉江底。爲了能够讓廣大研究者更

---

①　數據來源於《龍脊石題刻調查報告》(内部報告)。
②　(清)繆荃孫:《藝風老人日記》,《繆荃孫全集·日記三》,第 215 頁。
③　同上。

全面地了解龍脊石題刻的相關信息，本次整理，筆者盡最大努力，搜集到重慶中國三峽博物館所藏龍脊石題刻拓片、原重慶市文物局三峽辦及雲陽縣文管所所存題刻原始照片，並雲陽歷代地方志所載，而今已無題刻影像存世者，剔除與錢氏所録相重合者，共得題刻文字 114 段，[①]同樣加以録文和校釋，附於錢氏文本之後。

　　著名文獻學家、日本學習院大學教授王瑞來先生，在校證宋人曾鞏《隆平集》時曾發出校證不可爲之感嘆，認爲此種工作不但勞神費力，且頗考驗點校者學術功力。對於瑞來先生此嘆，筆者深以爲然。然念及此項工作的開展，定會利於三峽地區題刻、題記文化的研究，仍不自量力，甘願做此鋪路之事。

　　筆者學殖淺陋，此次校注工作，雖自感用心，恐錯誤之處尚多，祈請識者教正。

劉興亮

丙申年重陽後三日

識於渝城寓所

----

① 另有殘缺題刻數段，編於相鄰題刻内，未單獨計數。

凡　　例

一、本次校注采用簡式標點。底本所列諸題刻名，初無序號，今依照原書順序依次編號列出。

二、題刻録文中姚、錢二氏原按語及二人所加注文皆用仿宋字體，並比正文小一號編排。注中夾注，則用圓括號標出。本書所録題刻，均據原書、原拓行格編排，《龍脊石題刻文字補遺》部分，因個别題刻僅存三峽考古調查時手録文本（見於《重慶市雲陽龍脊石拓本題刻題款匯編》，以下簡稱爲“三峽文保資料”），原石、原拓無存，故不摹行格。

三、底本所用題刻的異體字、俗體字，除專用名詞之外，一律回改爲正體，一般不再出校記。底本因避時諱而産生的缺筆字、新造字、替代字等，皆回改爲正字。

四、底本之誤字，除存疑者外，均予改正，並在校語中予以説明；别本所見互異之字，列出以備研究者稽核；底本之衍文，在校記中予以説明。

五、底本之脱句，如據今拓本或他書所録可補足者，皆予補充，並在校記中説明。殘缺之字不可辨識者，用“□”表示缺一字；題刻殘斷而所缺字數不明者，用“☒”表示。

六、底本校語所涉年號紀年，凡省稱，均補爲全稱，並置於括號内。如“興國二年”補作“（太平）興國二年”。

七、石魚文字，凡《涪州石魚文字所見録》之外可見者，統一列入《石魚文字補遺》。錢保塘《龍脊石題刻》一書之外所見題名，則編入《龍脊石題刻文字補遺》。

八、《石魚文字補遺》、《龍脊石題刻文字補遺》兩部分，尺寸均不再沿用古時度量單位，以“厘米”標注，且不另列單字尺寸。《龍脊石題刻文字補遺》因所據多爲資料照片而非拓本，故所標或僅及題刻尺寸、書體，行數、每行字數等則因題刻没水前未及記録而無法逐項標注。更有部分題刻因録自傳世方志，無照片、拓本可據，尺寸、書體等亦缺。

九、校記中所引文獻，僅列書名、卷數，所據版本信息參看書後“參考文獻”。

十、全書校注雖包括校勘文字及厘正題刻篇次，但主要仍以史實、人物及年代的考訂爲主，凡著者所作考語，均盡力搜集現有史料，廣爲疏證，以期以簡馭繁，爲學者研究題刻内容提供較爲系統的原始資料。

涪州石魚文字所見錄

歸安姚覲元

海昌錢保塘　同撰

涪州石魚文字所見録（上）

一、謝□□題記⁽一⁾

    拓本高四尺六寸，寬三尺五寸。十三行，行十八字。正書，徑寸許。前後銜名七行，徑寸許⁽二⁾，多磨滅。

□□□□□□□□□大夫、檢校太子賓客兼監察御史、武騎尉□□□

黔南[一]左都□□、銀青光録大夫、檢校太子賓客兼監察御史、武騎尉□□

知黔州事、銀青光録大夫、檢校工部尚書、上柱國謝□□[二]

據左都押衙謝昌瑜等狀申："大江中心石梁上☒

古記及水際有所鐫石魚兩枚⁽三⁾。古記云：'唐廣德☒

春二月，歲次甲辰，江水退，石魚出見，下去水四☒

問古老，咸云：江水退，石魚見，即年豐稔。時刺史☒

州團練使鄭令珪[三]記。自唐廣德元年甲辰歲⁽四⁾，至

開寶四年歲次辛未二月辛卯朔十日丙☒

餘年，今又復見者"。覽此申報，遂請通判⁽五⁾☒

徒、巡檢、司徒、軍州官□等，因命舟檝☒

古記實不謬矣。於戲美哉，盛世直逢☒

昭代，斯乃呈祥，有以表

吾皇之聖化，遠□□□□□□□記之⁽六⁾，兼尋具奏

聞訖。時大宋開□

西□□官、銀青

右班□直郎

奉議郎、守

宣德郎、守監⁽七⁾

　　《太平寰宇記》："開寶四年,黔南上言:'江心有石魚見,上有古記云:廣德元年二月,大江水退,石魚見。部民相傳豐稔之兆。'"即據此謝昌瑜等狀上言也。石魚在涪州城下江心,而由黔南上言者,按:《寰宇記》,黔州,理彭水縣,"僞蜀割據,移黔南就涪州爲行府,以道路僻遠就便近也。皇朝因之不改。"至太平興國五年,却歸黔州置理所。《通鑑》:天復三年,"(王)建以王宗本爲武泰留後。武泰軍舊治黔州。宗本以其地多瘴癘,請移治涪州,建從之。"是開寶四年,黔南節度正治涪州,故由黔南上言。《輿地紀勝》云:"石魚在涪陵縣下江心。"而"黔州下"亦載之,蓋因《寰宇記》言,以爲黔州亦有石魚,微誤。開寶四年,爲宋平蜀之七年[四]。據《續通鑑長編》,是年二月丁卯朔十日當爲丙子。此作辛卯朔,亦誤。"廣德古記",今不可見。《輿地紀勝》云"唐大順元年鐫古今詩甚多",今亦無之。疑沙壅日高,漸没其中,或所刻尚在其下,非水至涸時,不得見也。

【校】

(一) 姚藏繆校本名此題刻爲《謝昌瑜奏記》。《重修涪州志》名之爲《廣德元年碑》。繆裝初鈔本於題名下方另有單行,作:"題目占一行,拓本占一行,正文接寫此例。"

(二) 徑寸許,姚藏繆校本作"徑一寸五分"。

(三) 兩枚,底本倒作"兩古枚",今據拓本乙正。

(四) "自唐廣德元年甲辰歲"一句,姚裝繆校本脱"唐"字。

(五) 通判,底本作"通刺",《題名記》作"通刺史"。今據拓本所見改。

(六) "遠□□□□□□記之"句,底本"遠"字後留六字空白,未見缺字標記"□",今據拓本補之。

(七) 《重修涪州志》卷二纂者云:"此碑李調元編入黔江縣,誤矣。開寶間,石刻石魚尚存。宋端拱元年朱轉運有詩序,淳熙五年陶侍卿石刻,唐刺史鄭令珪上其事,可證也。"

【注】

[一] 黔南。史載,乾元元年(758)唐廷以黔中郡爲黔州都督府。唐末升其爲武泰軍節度。天復三年(903)前蜀割據,移黔南就涪州爲行府。宋滅蜀後,爲戒生事,蜀政一如其舊,仍以黔南駐涪州。及至"太平興國三年,因延火燒爇公署。五年却歸黔州置理所,仍轄黔内思、南、費、溱、夷、播六州,只從黔州衙前職員權知"(《太平寰宇記·江西南道十八·黔州》)。故,此題刻有黔南諸官於涪州觀石魚題刻之舉動。

[二] "上柱國謝□□",《宋史》卷一百六十三《職官志》云:"凡勳級十有二。曰上柱國,正二品"。而檢校工部尚書爲北宋前期檢校官十九階之第十四階。宗室特除諸司使或換授諸司使以上官,加檢校工部尚書。此題刻鐫於開寶四年(971),五代時期涪州受武泰軍(駐今彭水,後移駐涪陵)節制,而宋初仍之。《輿地紀勝》即言"黔州,唐末升武泰軍,移黔南,就涪州爲行府,皇朝因

之，太宗朝復歸黔，置理所”。據此，知當時黔州（武泰軍）官署設於涪州。題名人謝□□，身份是上柱國，此勳級爲最高等，然而檢校工部尚書却只是檢校官十九階中的第十四階，并不算高。且黔州於宋代爲下等軍州，謝□□以上柱國身份知黔州事，只能説明此人恐是後蜀降臣，以上職位盡是爲羈縻而設，故可不求合規。今遍考後蜀見知諸官，曾官武泰軍且謝姓者，僅謝從志一人。《（萬曆）重慶府志》載：“（後晋）天福六年六年三月甲戌，以給事中謝從志知武泰軍。”天福六年（後蜀廣政四年，941），距此題刻所載之開寶四年（971）僅三十年，距宋平後蜀則僅二十四年，以謝氏之資歷，極可能宋廷於乾德三年（965）平定渝、涪、資、昌等州叛亂後，禮聘其重仕舊地，穩定川東政局。

［三］鄭令珪。唐廣德時涪州刺史。然遍覽唐代史料，僅見陳尚君輯《全唐文補編》存其名，惜亦是據此題刻所録。《隋唐五代墓誌匯編·陝西》收録有《大唐故朝議大夫試沔州司馬滎陽郡鄭府君墓誌銘并序》，此墓誌主人名鄭溥，卒於大和元年（827）十二月九日。墓誌云“（鄭溥）曾祖先進，皇涪州刺史”，題刻鎸於廣德元年（763），前後相距六十四年，若慮及彼時婚育情況，則足可傳四代。故鄭溥曾祖鄭先進極可能就是題刻中的鄭令珪，只不過先進爲名，令珪或是其字。

［四］“開寶四年爲宋平蜀之七年”，此説疑誤。宋滅後蜀是在乾德三年（965），題刻鎸於開寶四年（971），此年應是平蜀之第六年。

二、朱昂題詩記[一]

拓本高四尺，寬五尺六寸。記八行，行十字。正書，徑三寸，詩凡四行，行十二字，字徑三寸五分，銜名一行。[一]

涪州江心有巨石，隱于深
淵[二]，石傍刻二魚。古記云：魚
出，歲必大豐。端拱元年十
二月十有四日，昂自瞿塘回，
遵途於此[三]，知郡琅琊王公□
云：“石魚再出，來歲復稔。”昂往
而觀之，果如所説[四]，因歌
聖德，輒成一章[五]。
朝請大夫、行尚書庫部員外郎、峽路諸州水陸計度轉運使[二]、柱國朱昂[三]上。
欲識豐年兆，揚鬐勢漸浮。只應
同在藻，無復畏吞鈎。去水非居
轍，爲祥勝躍舟。須知
明聖代，涵泳杳難儔。

《宋史·文苑·朱昂傳》：字舉之，太平興國二年知鄂州，加殿中侍御史，爲峽路轉運副使。遂改庫部員外郎，遷轉運使。端拱二年，以本官直秘閣。按：（太平）興國二年，下距端拱二年凡十四年，昂又前知蓬州，徙廣安軍在開寶間，是昂官蜀中幾二十年。《輿地紀勝》黔州，唐末武泰軍徙治涪州，“皇朝平蜀，以其地隸峽路”。[四]端拱元年，昂爲峽路轉運使。涪州，其所屬地，故因行部至此也。

【校】

（一）繆荃孫於姚裝繆校本注云“十字”後，當書“十一字不等”。姚藏繆校本有按語云：“拓本高四尺，寬五尺六寸”，又云“官銜擠一行”。一行後插入“二十八字”。

（二）“涪州江心有巨石”句，《重修涪州志》作“涪州江心有一巨石”。

（三）途於此，《重修涪州志》作“路於此”。

（四）“昂往而觀如所說”一句，《題名記》録作“昂往而觀之，果如所記”。今拓本亦爲“説”字，《題名記》録文蓋誤。

（五）姚藏繆校本，繆氏按：此句，“‘輒’誤‘輙’”。

【注】

[一] 此題，陸心源《宋詩紀事補遺》卷二亦有收録，作《觀石魚成詩一章因歌聖德》。

[二] “峽路諸州水陸計度轉運使”，《長編》卷十四載：“開寶六年春正月甲子，以雲安監爲雲安軍。又以遂、合、渝、瀘、昌、開、達、渠、巴、蓬、資、戎、涪、忠、萬、夔、施十七州，及廣安、梁山、雲安三軍別置水陸計度轉運使，仍以知雲安監、太子中允張顓充使。”此即此職所設之始。

[三] 朱昂，字舉之，號正裕，先世漾陂。黃海《白鶴梁題刻考釋》一文認爲漾陂爲今陝西鄠縣，當爲鄠縣之誤。陝西鄠縣亦古地名，在今陝西户縣北。湖南零陵朝陽巖亦有其題刻，正書，保存完好，原題名爲《送新知永州陳秘丞瞻赴任》，下接姓名及官職：“朱昂，翰林學士、知制誥判史官事”，第三行起爲詩文：“越郡逢秋節，晨征思爽然。過橋猶見月，臨水忽聞蟬。野色藏溪樹，香風撼渚蓮。此行君得意，千里獨搖鞭。”陳瞻任職永州是在咸平三年（1000），故白鶴梁上所刻朱昂詩當遠早於後者。《（康熙）涪州志》列朱昂於清代貢生表，當誤，今可據題刻正之。

[四] “皇朝平蜀，以其地隸峽路”，咸平四年（1001）三月辛巳，宋廷將川、峽兩路分成益、梓、利、夔四路，《長編》卷四十八載，其中“夔州路總夔、施、忠、萬、開、達、渝、黔、涪、雲安、梁山、大寧，凡十二州軍監”。

三、劉忠順等倡和詩

拓本高四尺六寸，寬八尺二寸。凡十九行，行十八字。正書，徑二寸餘。[一]

留題涪州石魚詩一章

轉運使、尚書主客郎中劉忠順

七十二鱗波底鐫，一銜蓂草[一]一銜蓮。出來非共

貪芳餌[二]，奏去因同報稔年。方客遠書徒自得[三]，

牧人嘉夢合相先。前知上瑞宜頻見，

帝念民饑

刺史賢。

無逸謹次韻和

轉運郎中留題涪江雙魚之什

尚書屯田員外郎、知梁山軍水丘無逸[四]

誰將江石作魚鐫，奮鬣揚鬐似戲蓮。今報豐登

當此日，昔模形狀自何年。雪因呈瑞爭高下，星

以分宮較後先。[五]

八使經財念康阜，

寄詩褒激

守臣賢。

聖宋□□元年五月十二日，

□軍州事鄒霖[二]命工刊石，

新授安州雲夢縣令恭士爕書。

　　“聖宋”下泐去年號二字，據後《蹇材望題詩序》，知爲皇祐元年，劉忠順詩前二聯，《輿地紀勝》引之，惟“蓂”誤“萱”，“共”誤爲“當”，以石刻正之。水丘無逸和詩題曰“謹次韻和”云云，當是與劉忠順同時人。按：漢《北海景君碑》陰，有修行水丘郃；《後漢書·董宣傳》有門下書佐，後仕司隸校尉水丘岑；《吳越備史》：武肅王祖母、母皆水丘氏；忠獻王時，有都監使水丘昭券；陝西西安有宋端拱元年《新譯三藏聖教序》，後題名行軍司馬水丘隆；（大中）祥符三年《勅賜中江縣寧國寺牒》後有東染院使、潮州刺史、知軍州兼管內勸農事水丘氏，皆在無逸之前。自後，此姓不經見。今海寧州尚有水氏，疑即其水丘氏[三]後去其一字，如淳于氏只稱于氏，聞人氏只稱聞之類也。[六]

【校】

（一）《重修涪州志》名此題刻爲《劉轉運石魚詩》。姚藏繆校本言拓本尺寸，作“高四尺六寸，寬八尺
　　　三寸，三十行，行十四字”。

(二)"出來非共貪芳餌"句,"共"字,《三峽國寶研究——白鶴梁題刻匯録與考索》作"其"。

(三)"方客遠書徙自得",姚藏繆校本作"六客遠書徙自得"。

(四)"水丘",《題名記》作"水邱",今拓本亦載"水丘",《題名記》當誤。

(五)《八瓊室金石補正》云:"無逸詩下方空處爲元豐九年《鄭顓等題名》,第七行下方有元祐五年題名,其右又有'王珪直'三字。"

(六)錢氏此段考語,另見於《題名記》,唯多"《愛日齋叢鈔》引吴曾《(能改齋)漫録》'開寶末,長史水邱巒相三笏事'",及"《(乾隆)合州志》'紹聖四年知州水邱復'"兩句。

【注】

[一] "蓂草":《白華前稿》卷十八引此題刻詩,誤録爲"萱草"。《靈樞經集注》卷八引仇汝霖語曰:"上古有蓂草,一莖三十葉,日落一葉,如月小則落二十九葉。蓋以應女子之月事。"

[二] 鄒霖,字仲説,北宋著名學者鄒浩祖父,天禧三年(1019)進士,由浙江錢塘遷居常州,後代遂自云爲常州人,歷任筠州推官、尚書都官、涪州、鼎州知州,至和元年(1054)卒。

[三] 陸增祥《儀顧堂集》卷四《復姚彦侍方伯書》考水邱氏行迹云:"水邱無逸曾官知隨州,黄庶《伐檀集》有《水邱隨州無逸》詩。"

四、武陶等題記

拓本高四尺六寸,寬二尺。四行,行十一字。正書,有額及邊闌,字徑三寸五分。

游石魚題名記　二行

尚書虞曹外郎、知郡事武陶

熙古[一],涪、忠州巡檢、殿直侍其

瓘純甫[二],郡從事傅顔希聖[三],嘉祐二年正月八日謹識。

《古今姓氏書辨證》:侍其氏,漢廣野君酈食其玄孫,賜以食其爲氏,曾孫武爲侍中,始改爲侍其。《廣韻》"其"字,注引王僧孺《百家譜》:蘭陵蕭休緒,娶高密侍其義叔女。《宋史》有《侍其曙傳》:字景升,父積,左監門衛大將軍。[一]曙,當真宗時官西上閤門使、知鄆州。《宋史·西南諸夷傳》:大中祥符元年,瀘州言,江安夷人爲亂,詔遣閤門祗候侍其旭乘傳招撫。《郡齋讀書附志》:"《續千文》一卷,左朝散大夫[二]、知池州軍州事、賜紫金魚袋侍其瑗字良器撰,與黄山谷同時。《宋史·藝文志》有侍其光祖,《浯溪石刻後集·再集》一卷。《四庫總目訂補》:"《浯溪集》二卷,明陳斗編。考王象之《輿地碑目》、永州《浯溪後集》,侍其光祖編。此集有乾道乙酉謝褒《續千文跋》云:'邑大夫侍其公,以其曾大父所續千文刻諸崖石。'當即其人。蓋侍其良器之曾孫也。"紹聖四年二月,《永州淡山題名》有"宣城侍其希聲"。《建炎以來繫年要録》:建炎元年八月,直秘閣、新知高郵軍侍其傳移知真州,九月知杭州,二年四月移知宣州。三年二月罷達縣。宋太平興國禪院鍾款有"侍其炎,時慶元五年也"。侍其氏之顯於宋代可考者,并此名瓘,凡九人,自後此姓不經見。[四]

【校】

(一)左監門衛大將軍,底本原作"右監門衛大將軍",今據《宋史》改。
(二)左朝散大夫,底本原作"佐朝散大夫",今據所引原書改。

【注】

[一]武陶熙古,《歐陽文忠公集》卷一百一十六有《條列文武官材能札子》言:"通判中五人可以升陟差使。并州通判、秘書丞張日用通曉民事;嵐州通判、殿中丞董沔清潔,勤於吏事;寧化軍通判、大理寺丞武陶勤幹;屯田員外郎、麟州通判孫預清勤;保德軍通判、贊善大夫吳中廉幹。"此文撰於慶曆四年(1044),當時歐陽修爲河東轉運使,"奉敕差往河東體量得一路官吏才能"。文中所言武陶當時爲寧化軍通判。而題刻鐫於嘉祐二年(1057),二者相距十三年。十三年間武陶由寧化軍通判轉官知涪州,於理可通,題刻所言武陶與歐陽修文中所述者或爲同一人。另,漢有武陶侯國,屬冀州鉅鹿郡,此處武陶亦或僅言籍貫,題名者佚姓,名熙古。

[二]侍其瓘純甫,姚覲緱校本誤作"侍食瓘純甫"。《長編》卷二百九十元豐元年六月癸卯條,載有"權知邵州侍其瓘",又《彭城集》卷二十一有《供備庫使侍其瓘可知祁州制》。可知其又曾官邵、祁二州。陸心源曾於《儀顧堂集》卷四《復姚彥侍方伯書》中考其生平言:"侍其瓘,蘇州長洲人,元豐六年六月知邵州。見《通鑑長編》二百九十。家世以武顯。至瓘,始第皇祐進士。先世有名楨者,仕南唐,歸宋爲監門衛大將軍。祖憲,官右侍禁。憲子泳。泳子瓘。瓘晚年以吳中資産推贍同族,徙貫宣城。瓘子鉉,字希聲,故澹山題名稱'宣城'。見葛勝仲《丹陽集》。瓘當即瑋兄弟行也。"侍其瓘題名除白鶴梁外,還見於大中祥符九年(1016)《北嶽安天元聖帝碑》之碑陰。《語石》卷八云:"宋人題名中北嶽有侍其瓘。元祐庚午。"今見拓本,碑陰全文爲:"供備庫使侍其瓘,移河東副綏,恭謁祠下,時元祐庚午(1090)季夏二十一日,謹書。男傅侍行。"

[三]傅顔希聖,《臨川集》載《許懋、傅顔並秘書丞制》,其中所云傅顔,未知是否即此人。

[四]《題名記》所載考語與此段全同,蓋均出錢保塘之手。

五、劉仲立等題名

拓本高四尺,寬二尺。凡五行,行九字。正書,徑三寸,有邊。

民掾劉仲立正臣[一]、憲掾[二]

劉焕仲章[一]、涪陵宰王卿

伯良輔[三]。嘉祐二年仲春

月游此,謹誌。教授徐爽□之[四]監鐫。

　　《宋史・劉文質傳》:子焕,字仲章,熙寧中,官工部尚書。按:仲章之名,疑取焕乎? 其有文章義,則當从火,或《宋史》誤作焕,或别是一人。[二]

【校】

(一) 正臣,底本作"王臣",今據《題名記》及拓本所見改。

(二) 憲掾,底本原作"□",今據《題名記》、姚藏繆校本補。

(三) "涪陵宰王卿伯良輔","王卿伯"三字底本原未能識,留空作"□□□",今據《題名記》及拓本改。

(四) 徐爽□之,《題名記》作"徐爽巽之",今拓本已泐。

【注】

[一] 劉焕,《紹興十八年同年小録》載,第五甲登第者,"第五十五人劉焕,字仲章,小名嗣明,小字光祖,年四十一。八月初八日生,外氏林永感下第四,兄弟二人。二舉,先娶黄氏,後娶郭氏。曾祖淳,故,不仕。祖做,故,不仕。父宗舜,故,不仕。本貫福州懷安縣承平鄉孝悌里。父爲户"。兩處所記,相隔既久,恐非一人。惟《輿地紀勝》卷第一百七十九"梁山縣风俗形勝"引刘焕《郡守題名記》"稻田蕃廡,常多豐年"。梁山縣,即今重慶市梁平區,涪州、梁山相隔不遠,《輿地紀勝》所載,或即此題刻中人。

[二] 《宋史》卷三百二十四載,劉文質有二子,分别爲劉焕、劉滬。相關記載亦見於《長編》,且"焕"、"滬"二字均从水部,《説文》:"焕,流散也",滬,"从水、户聲",有綱罟之意,二字之意正相反,極合取名之例。

六、馮玠等題名

　　拓本高四尺,寬三尺。凡六行,行十字。正書,徑三寸餘。

□從事馮玠君錫、監征王

震伯起[一]、督郵高概秉節、涪

陵令黄君[一]□□□□□

耆□□□□□

□□瑾公琰。

大宋治平丙

午正月二十

□日,同觀石魚于此。謹誌。

【校】

(一)"涪陵令黄君"之後,《題名記》作"阝公□前尹傅伯□□□□□瑾公琰"。《八瓊室金石補正》所録與之同。今拓本已全泐。

【注】

[一]王震,字伯起,史無詳載。據陸心源《儀顧堂集》卷四《復姚彦侍方伯書》考:"王震,字子發。見《萍洲可談》。大名莘人。定國之姪,文正公旦之曾孫。熙寧初,興平尉。六年,爲中書,習學公事。元祐中,累官龍圖閣待制、知永興軍。見《長編》二百四十八、四百八。紹聖二年,責知袁州,行至蘄水,疽發背卒。《曾南豐集》前有震《序》。又開封人王震,字東卿。宣和初,爲太學官。紹興初,知元州,移澧湖北而卒。見《陳簡齋集》。恐別一人。"

七、徐莊等題名[一]

　　拓本高四尺一寸,寬四尺三寸。凡九行,行七字。篆書,徑四寸。又二行,行十二字,徑一寸。

大宋熙寧元年正

月二十日,軍事判

官徐莊,同巡檢供

奉王安民、監税殿

直王克岐[二]、知樂温

縣鍾浚[一]、涪陵縣令

趙君儀、司理參軍

李襲,觀石魚題名,

涪陵尉鄭階平[二]書。

二石魚在江心石梁上,古記云:

出水四尺,歲必大稔。袁能刻。[三]

《太平寰宇記》：涪州，治涪陵縣。西北一百十里樂溫縣[三]。

【校】

（一）此題刻考語與《題名記》全同。《八瓊室金石補正》誤截取“李襲，觀石魚題名，涪陵尉鄭階平書”諸字，視爲另一題刻，取名《李襲題名》。

（二）王克岐，《重修涪州志》作“王令岐”。

（三）姚藏繆校本，繆氏批注云：“末二行另提兩行，低十二字寫”。

【注】

[一] 鍾浚，《長編》卷二百一十熙寧三年四月丁亥條載：“知涪州樂溫縣鍾浚爲著作佐郎，以考課院言浚治狀入優等故也。”又同書卷四百五十九元祐六年六月壬辰條，“監察御史虞策言：‘臣伏見京西提刑鍾浚，昨按發許州陽翟縣令趙仁恕，酷虐貪贓，犯狀甚明，仁恕父彥若身居侍從，其子憑藉恣橫犯法，而彥若乃更緣飾奸言，公肆欺罔，却指論鍾浚爲王安禮報怨。’”據此認爲鍾浚於元祐中任京西提刑。另據《宋詩紀事補遺》卷二十五，其於“元豐中，秘書丞、權知將作監丞公事。紹聖元年，左朝請郎知湖州，是年，卒於任”。

[二] 鄭階平，《蜀中廣記》卷二十三錄有雲陽縣刻石數段，中有一段作：“樂溫□鍾、涪陵尉鄭階平，治平乙未六月五日同游。住持本院主僧法能刻石。”

[三] 樂溫縣，唐李吉甫《元和郡縣志》卷三十載，樂溫縣：“本漢枳縣地，周明帝分置巴縣，武德二年改爲樂溫縣，因樂溫山爲名，在縣南三十里。縣出荔枝。”今已廢，其地爲今重慶市長壽區。

八、韓震等題名

拓本高三尺六寸，寬三尺三寸。凡九行，行十字。正書，徑二寸，外有邊闌。

都官郎中[一]韓震靜翁[二]、屯田
外郎費琦孝琰[三]、姪伯升景
先、進士馮造深道[四]、盧覿彥
通[五]，暇日因陪太守、駕部員
外郎[六]姜齊顏亞之，同觀石
魚。按：舊記，大和洎廣德年，
魚去水四尺，是歲稔熟，今
又過之，其有秋之祥歟。熙
寧七年正月二十四日題。

《(嘉慶)四川通志》：慶曆中進士韓震，井研人，官朝議大夫。皇祐中進士費琦，金堂人。震，見《山谷集》。[七]

【注】

[一] 都官郎中，《山堂考索・後集》卷八"官制門"云："都官者，本因漢置司隸校尉，其屬官有都官從事一人，掌中都官不法事，因以名官。都官者，義取中都官，中都官謂，京師官也。後漢又改二千石曹，掌中都官水火賊盜。"又云："宋都官判司事一人，以無職事朝官充，凡俘隸、簿籍分領於他司，本司無所掌。元豐改制，郎中、員外郎始實行本司事，參掌徒流、配隸及吏籍之事。"

[二] 韓震，字静翁。據《全宋文》卷一〇二九，其爲陵州井研(治今四川井研)人。"慶曆中進士，歷官秘書丞、太常博士、都官郎中終朝議大夫。"

[三] 費琦，字孝琰，成都金堂人，陸心源《宋史翼》卷十九云："皇祐中進士，調興元府户曹參軍，遷合州赤水令，改秘書省著作佐郎，知定州安喜縣，歷都官員外郎，通判綿州。"

[四] 馮造，字深道。《(雍正)四川通志》卷三十三云："馮造，遂州人。"

[五] 盧遘，《重修涪州志》卷七載："盧遘，字彦通，熙寧甲寅(熙寧七年，1074)進士。"

[六] 駕部員外郎，尚書省兵部駕部司員外郎簡稱。元豐前期爲文臣所遷官階，屬前行員外郎階，不治本司事。元豐新制，駕部司員外郎始歸本司爲副司長，佐郎中掌本司事，其本官階易爲朝請郎。正七品官。

[七]《山谷集》中所稱静翁，僅有劉静翁、何静翁二人，未見韓震之名，姚、錢二人所謂"震，見《山谷集》"，恐誤。

九、黄覺等題名

拓本高二尺三寸，寬二尺八寸。凡七行，行七字。正書，徑二寸五分。

夔州奉節縣令、權
幕通川(一)黄覺莘老[一]，
户掾平原李緩公
敏[二]，掌獄鄴都梁鈞
佐袞臣[三]，熙寧甲寅[四]
孟春二十九日泛輕
舟同觀石魚于此。

《太平寰宇記》：達州，後魏廢帝二年爲通州。唐天寶元年，改通川郡。乾元元年，復爲通州。皇朝乾德二年，改達州，理川縣。[五]《(嘉慶)四川通志》：治平二年進士黃覺,通州人。

【校】

(一)權幕通川,《重修涪州志》所録脱"權幕"二字。

【注】

[一] 黃覺,字莘老。《(雍正)四川通志》卷三十三言其爲"達州人,治平進士"。又,《涪陵縣續修涪
　　州志》卷九云:"黃覺,通州人,涪陵七年以奉節縣令權管州事。"《(正德)夔州府志》卷九云:"達
　　州通川人。治平二年彭汝礪榜進士,著作郎、知巴縣。"
[二] 李緩,字公敏。《長編》卷三百四十元豐六年冬十月庚辰條載有"東上閤門使李緩",未知是否
　　爲同一人。《題名記》作"李綬公敏",所録當誤。
[三] 梁鈞佐,字袞臣,事迹無考。通川,即今達州地。
[四] 熙寧甲寅,即熙寧七年(1074)。
[五] 川縣,蓋言"通川縣"。《太平寰宇記》卷一百三十七:"達州,通川郡。今理通川縣。土地與金州同。"
　　又言:"(唐)乾元元年,復爲通州。(宋)乾德二年,改爲達州。"

一〇、吳縝題記

　　拓本高二尺,寬一尺八分。六行,行九字。在劉忠順詩十三、四、五、六行之下。
正書,徑二寸方,有邊闌。

元豐九年歲次丙寅二
月七日,江水至此魚下
五尺,權知涪州、朝請大
夫鄭顗愿叟,權判官石
諒信道[一]同觀,權通判黔
州、朝奉郎吳縝廷珍[二]題。石作王明。

　　吳縝,《宋史》無傳,其所撰《新唐書糾謬》二十卷、《五代史記纂誤》五卷行於世。
《唐書糾謬》自序云"元祐四年八月望日,夷陵至喜亭,咸林吳縝序",疑官峽州時所撰。
而《書録解題》云"朝請大夫、知蜀州、成都吳縝廷珍撰",似舉其最後之官。《自序》稱
咸林,則其先世所居也。《揮塵録》稱其嘉祐中初登第。《輿地紀勝》稱其元祐元年以

朝散郎爲萬州守，與此題名其仕履可考者，僅此而已。是年爲元祐元年正月朔改元，蜀中未聞改元之詔，故猶書元豐九年。“石作王明”四小字跨邊闌，書甚拙惡，是後人刻。⁽一⁾

【校】

（一）此段考語，與《題名記》所載同，惟《題名記》將“四小字跨邊闌，書甚拙惡，是後人刻”一句移於篇首，并加“姚覲元曰”四字。

【注】

［一］石諒，字信道。據黄庭堅《寄蘇子由書三首》：“小子相娶石諒之女，蒙齒記，感激感激！”另據黄庭堅《山谷全書·別集》卷三《石信道諸子字訓序》：“石信道諸子求余更其名字，余且因且革，名之曰翼、畢、奎、參、亢；又作字訓。其名曰翼之字曰氣游，畢之字曰盡仁，奎之字曰秉文，參之字曰孝立，亢之字曰善長。”據此可知石諒有五子，分別爲石翼、石畢、石奎、石參、石亢。又，黄庭堅《山谷老人刀筆》卷十二還載有《答南溪宰石信道人三首》一文，由此推知，石諒還曾官南溪令。

［二］吴縝，成都人，仕至郡守，數新書初修之時，其失有八類，撰成《唐書辯證》二十卷，其事亦載《齊東野語》、《蜀中廣記》等。

一一、王珪直等題名三段⁽一⁾

拓本正書四行，在劉忠順詩六、七行之間。

王珪直
太原游以忠
元祐五年正月十五日
公執

以上四行字，大小不倫，疑非一時所刻，筆畫拙惡，亦不類士大夫手迹。⁽二⁾

【校】

（一）此段題刻，繆裝初鈔本作《王珪直等題名》。《八瓊室金石補正》名之爲《□兆思題名》，并謂：“高廣不計，二行，字徑寸許，正書。”《題名記》云：“正書，字大小不一，四行，在劉忠順詩六、七、八行之下方。”

（二）《題名記》亦見此考語，惟加“姚覲元曰”四字。陸增祥《八瓊室金石補正》又云：“右刻在劉忠順詩刻下方，書、刻率劣。”

一二、楊 嘉 言 題 名

拓本高三尺三寸，寬三尺。凡八行，行十字。正書，徑二寸五分。

聖宋元祐六年辛□□□
望日^(一)，聞江水既下，因率^(二)□□
判官錢宗奇子美、涪陵縣令
史詮默師、主簿張微明仲、
縣尉蒲昌齡壽朋^[一]至是觀
唐廣德魚刻并大和題紀，
朝奉郎、知軍州事楊嘉言
令緒題^[二]。

《(嘉慶)四川通志》：元祐中進士蒲昌齡，順慶人。

【校】

(一) “聖宋元祐六年辛□□□望日”句，元祐六年，即元祐辛未年(1091)。又，石魚出水多在正月二月間，重慶中國三峽博物館今見藏有此刻清末拓本，雖有泐損，但隱約可見“正”字之半部。故此段極可能爲“辛未正月望日”。

(二) 底本原脱“率”字，《題名記》亦脱。今據拓本及《八瓊室金石補正》所載補之。

【注】

[一] 蒲昌齡，字壽朋。《(嘉慶)四川通志》卷三十三：“元祐中進士蒲昌齡，順慶人。”又，《輿地紀勝》卷一百五十六“順慶府·小方山”條：“小方山。距城十二里。有紫府觀、老君廟。千峰百嶺，周回繚繞，疑若洞天，有‘滴乳泉’。蒲昌齡有《記》。”

[二] 楊嘉言，字令緒。《(弘治)八閩通志》卷三十三言其任漳州知州事。《明一統志》卷四十四載處州府煙雨樓：“在府治，宋崇寧間楊嘉言建，范成大書額。”又，《讀史方輿紀要》卷九十四言處州舊城：“宋崇寧三年楊嘉言爲守，削直之。”據此可知，其又曾爲處州知州。

一三、姚 珏 等 題 名

拓本高二尺六寸。凡七行，行八字。正書，徑二寸五分。

元祐癸酉正月中澣^[一]

前一日，郡守姚珏率

幕賓^[二]錢宗奇、涪陵令

杜致明^[三]、主簿張微、縣

尉蒲昌齡、武龍令袁

天倪游覽，因記歲月，

巡檢王恩^[四]繼至。

　　《太平寰宇記》：“涪州東南二百五十里武龍縣。”“二”當作“一”。《輿地紀勝》：“武龍縣，在州南一百六十里。”《方輿紀要》：“明初改‘龍’爲‘隆’，今併入涪州，於其地置武隆巡檢”。

【注】

[一] 中澣，明楊慎《丹鉛總録·時序》：“俗以上澣、中澣、下澣爲上旬、中旬、下旬，蓋本唐制十日一休沐。”題刻中所謂“正月中澣前一日”，當即正月十九日。

[二] 幕賓，唐封演《封氏聞見記·遷善》：“判官是幕賓，使主無受拜之禮。”元時，爲首領官别稱。元廉惠山《中書省兵部題名記》：“署官之名額，稽前政歲久而不可考，即以今之尚書、侍郎、郎中、員外郎及幕賓主事歷官次叙，勒諸堅珉”。明代中、左、右、前、後五軍都督府首領官經歷司經歷、都事之别稱。掌文書收發。明璩崑玉《新刊古今類書纂要》卷五《武職部》：“五府首領官曰幕賓。”清以後幕賓多泛指幕僚。此題刻所載幕賓錢宗奇，另見其名於《楊嘉言題名》，該題名載錢宗奇時居判官之職，故此題刻所謂幕賓當特指判官官職。

[三] 杜致明，《（雍正）四川通志》卷三十三有元豐進士杜致明。

[四] 王恩，《長編》載有一名王恩者曾歷官信州團練使、涇原路副總管、環慶路第四副將等，或即此人。

一四、涪　翁　題　名^[一]

　　拓本高一尺六寸，寬一尺。凡三行，行三字。正書，徑二寸。

元符庚

辰，涪翁

來。^[二]

　　《輿地紀勝》：紹聖丁丑，伊川先生來涪，於北巖普静院闢堂傳《易》，閲再歲而成。

元符庚辰,徙夷陵,會太史黄公自涪移戎,過其堂,因榜曰"鈎深"。按:此題名七字,蓋同時所書也。[三]

【注】

[一] 此題刻今存翻刻拓本,現存臺灣圖書館。

[二] 涪翁,即黄庭堅,因其曾貶官涪州别駕,并於黔州安置,故自號涪翁。《(乾隆)涪州志》載:"洪州人,以修《實録》謫涪州,崇祀名宦,事詳流寓。"

[三] 今人胡昌健《涪陵白鶴梁"元符庚辰涪翁來"題刻考》一文認爲此刻當刻於蔡京失勢,《元祐黨籍碑》毁碑之後。最有可能成於"南宋初,晚於何憲題刻,早於曹士中題刻,即刻於紹興十八年至嘉定十三年之間",爲後人附名之作。

一五、符直夫題名[一]

拓本未見。[一]

崇寧元年正月廿四日[二],
同雲安符直夫、臨江[二]
宇文深之來觀
故□相[三]朱公留題,襄
回[三]久之,四世孫仲隱、
李□。孫義曳[四]敬書。
致君、致□侍行。

《輿地紀勝》:漢朐𦜕地[五],周武帝改爲雲安縣。《續通鑑長編》:開寶六年正月丙子,以雲安監爲雲安軍,今之雲陽縣也。

【校】

(一) 此題刻有别於其它題刻,鎸刻方向自左至右。《題名記》云:"正書,左行,徑二寸五分,凡七行,行八字。"孫華認爲當作《朱仲隱題記》。

(二) 姚藏繆校本脱"年"字。繆荃孫注云:"崇寧無正月。"

(三) □相,前題《鄭顥等題名》有云"知郡事鄭顥愿曳游石梁,觀故内相朱公石魚詩",此處脱字極可能亦爲"内"字。

【注】

[一]《八瓊室金石補正》將此題刻定名《孫義叟等題名》。

[二] 臨江，漢初置臨江縣，因與江爲鄰，故名，屬益州巴郡。陳劍《"臨江縣"何時置：附臨江名考》云："臨江縣治今忠州鎮，位在長江邊上，與江爲鄰。'鄰'、'臨'都有接近、附近之義，故相通假。"此地今爲重慶市忠縣。

[三] 裴回，"裴"字，《説文》云："从衣，非聲。"裴回，《後漢書・蘇竟傳》注云："裴回，謂縈繞淹留是也。俗乃作徘徊矣。"

[四] 孫義叟，《(雍正)四川通志》卷七上載："孫義叟，徽州人，政和初由徽猷閣直學士帥瀘州，築城有功，徽宗賜書獎諭之。"又，《皇宋十朝綱要》卷十七載："己卯，徙知瀘州孫義叟知成都府，措置綿茂州夷事。"

[五] 漢朐䏰地，《(乾隆)雲陽縣志》卷一載："在縣西六十里，漢置，屬巴郡。後漢興平元年，劉璋遣趙韙擊劉表，屯朐䏰，即此城也。晋屬置巴東郡，宋以後因之，周改置雲安縣，此縣遂廢。章懷太子曰：'雲安西萬户故城，即漢之朐䏰縣。'今有萬户壩即其遺址，舊志係漢扶嘉食邑。"

一六、楊元永題記

拓本高三尺，寬三尺六寸。凡十四行，行十三字。賀致中正書，徑二寸。

□之西津江
□□□□□□□，自唐以前至本
□□□□□□□兆[一]。大宋崇寧元
年□□□□□□考驗□刻悉符，人
□□□□□□□□泛舟來觀，至者十一人，知
□□□□楊元永剛中[一]，奉議郎、河
□□□□叔，從事、江陵孫義叟敦
□□□□原王正卿良弼，涪陵令、
雲安符正中直夫，録參、潁川蔡忱
節信，樂温令、會稽賀致中真發，理
掾、祥符楊緯文叔，民掾、京兆田子
良漢傑，涪陵簿、冀陽張延年希逸，
尉、趙郡宇文湛深之[二]。是月中澣
後一日[三]，致中□命書。

《宋史・威茂渝州蠻傳》：政和七年，以孫義叟節制綿茂軍。《（嘉慶）四川通志》引舊《通志》[四]：孫義叟，徽州人，政和初，由徽猷閣直學士帥瀘州，築城有功，徽宗賜書獎諭之。此刻有江陵孫義叟，或別是一人，或書其先世地名，未能定也。

【校】

（一）兆，《題名記》作“地”。今拓本已泐。

【注】

[一] 楊元永，字剛中，北宋崇寧間爲涪州知州。又據《山左金石志》卷十七，費縣有“右通直郎、知沂州費縣事楊元永立石”。又，《齊乘》卷四載：“元祐六年，楊元永爲邑建新廟（顏魯公祠）。”據此，楊元永或曾爲知費縣事。《八瓊室金石補正》將“楊元永”錄作“揚元永”。

[二] 宇文湛深之，即《符直夫題名》所見宇文深之，惟該題刻云“臨江宇文深之”，而此題刻則曰“趙郡宇文湛深之”，前者或爲郡望，後者當是本生地。

[三] “是月中澣後一日”，綜合《符直夫題名》所載，此題刻當鐫於崇寧元年正月二十一日，在該題刻之前三日。

[四] 舊《通志》，即《（雍正）四川通志》。

一七、龐恭孫等題名[一]

拓本高三尺六寸，寬二尺。前三行，行十七字。後五行，行十六字。正書，徑二寸。

大宋大觀元年正月壬辰，水去魚下七尺，是
歲夏秋，果大稔，如廣德、大和所紀云。二年正
月壬戌，朝奉大夫、知涪州軍州事龐恭孫[一]記。
左班殿直、兵馬監押王正卿，將仕郎、州學
教授李賁，通仕郎、録事參軍杜咸寧，通仕
郎、涪陵縣令權簽判張永年[二]，將仕郎、司理
參軍黄希説，將仕郎、涪陵縣主簿向修，將
仕郎涪陵縣尉胡施，進士韓翱書。

《宋史・龐恭孫傳》：字德孺，崇寧中知涪州，誘珍州承州納土。轉運判官朱師古

効恭孫生事，詔黜師古而以恭孫代。於是溱、播、溪、思、費等州相繼降。五年間至徽猷閣待制、威州守，乞通保、霸二州，進恭孫直學士、知成都府，委以招納。前後在西南二十年，繕治轉餉，爲蜀人病，無幾時皆廢。宣和中卒。《徽宗紀》：大觀二年六月乙酉，以涪夷地爲珍州。是歲，涪夷任應舉、楊文貴內附，皆恭孫所爲也。

【校】

（一）《八瓊室金石補正》云，題刻“左方見‘正月中澣’”四字。

【注】

[一] 龐恭孫，另據《萬姓統譜》卷三：“龐恭孫，字德孺，武城人。徽宗時補施州通判，部蠻向文彊叛，恭孫説降而斬之，領州事王蓬上功進三秩，仕至徽猷閣學士。”

[二] 張永年，《建炎以來繫年要録》卷一百六十九載，紹興二十五年十月“丙子，右朝請郎、新知無爲軍張永年直秘閣。永年，閣之子，與秦檜連婚。至是獻其父文集於朝，故有是命。仍詔閣，身後依條合得恩數，令永年經有司陳乞”。又，《紹興十八年同年小録》載，“（第五甲）第一百三人張永年，字時發，小名念十一，小字一郎。年二十六，十一月初五日生。外氏周重慶下第一。兄弟終鮮。一舉，娶扶氏。曾祖進，故，不仕。祖淵，未仕。父安民，未仕。本貫忠州臨江縣宜君鄉太平里。祖爲户”。可見，兩宋之交張永年共二人，題刻所述者或爲後者。

一八、王　蕃　題　詩^(一)

拓本高三尺六寸，寬四尺五寸。凡十一行，前六行，行六七字不等。又一行，四字。後三行，行七字。正書，徑三寸。

□解□□□，道出涪
陵，司馬机才孺^(二)爲
□陵督郵，實攝
郡事。政和壬辰正
旦之明日，拉觀
石魚，且率賦詩，
遂爲一篇。
沂國王蕃^[一]。
冬旱江成渚，維魚

記石棱，滋濡春遂

足，狼戾歲將□。

　　《宋史·食貨志》：重和元年，燕瑛言交人服順久，毋令阻其貿易。初，廣西帥曾布請即欽、廉州各創驛，令交人就驛博買。至是，即用瑛兼廣西轉運副使，同王蕃計畫焉。《王曾傳》：曾無後，以弟子融之子絳爲嗣。此刻，王蕃冠以沂國，疑即其後也。

【校】

（一）此題刻後半段另見收於《宋詩紀事補遺》，題爲《政和壬辰留題石魚》。

（二）“司馬机才孺爲□陵督郵”一句，《題名記》亦作此。今人曾超《三峽國寶研究——白鶴梁題刻匯録與考索》作“司馬机才聘爲涪陵督郵”。《八瓊室金石補正》作“司馬机才㜷爲涪陵督郵”。從拓片來看，此字爲“㜷”，同孺。《龍龕手鑒·子部》：“㜷，孺之俗字。”又，“滋濡春遂足，狼戾歲將□”一句，《八瓊室金石補正》自“滋濡春遂”後失拓。

【注】

［一］王蕃，字子宣，一字復觀，湖州人，王曾之後，宣和中官廣西提舉常平，臨桂伏波巖、龍隱巖，均有《宣和己亥題名》。《宋詩紀事補遺》卷三十七載：“山谷稱其詩雖不工，無秋毫俗氣，其人胸中塊磊，不隨俗低昂，故能若此。”沂國，即沂陽。古郡名，今陝西省隴縣。

一九、蒲蒙亨等題記[一]

　　拓本高二尺七寸，寬二尺。凡四行，行七字。正書，徑二寸二分。

閬中蒲蒙亨彥開[一]、

通川牟天成聖俞[二]

同觀石魚，政和壬

辰[三]孟春二十三日。

　　此似磨去舊題名重刻者。三行末存“侍行”二字，四行後存“四月中□日記”五字。[二]

【校】

（一）此題記，繆裝初鈔本未見。

（二）《八瓊室金石補正》云：“此磨舊刻爲之，行間尚存‘張侍行元正月記’七字。”

【注】

［一］蒲蒙亨，字彦開，閬中人，時爲司理參軍。

［二］牟天成，字聖俞，通川人，時爲涪陵縣尉。

［三］政和壬辰，即政和二年。孟春二十三日，應爲正月二十三。故推斷，此題與下刻鐫於同時。

二〇、又（蒲蒙亨等題記）

拓本高二尺三寸，寬一尺二寸。凡四行，行七字。正書，徑二寸八分。

政和二年正月二十
三日，司理蒲蒙亨
率涪陵令周禧［一］、尉
牟天成同觀石魚。

【注】

［一］涪陵令周禧，《皇宋中興兩朝聖政》卷二十二載，紹興七年“壬辰，周禧入對，論張浚罪，乞更賜貶責”。不知此處入對者周禧與題刻所記是否爲同一人。

二一、吳革題記

拓本高三尺七寸五分，寬三尺。凡十一行，行十三字。正書，徑二寸。

《易》以包無魚爲遠民，民固可近不
可遠。余牧是邦久矣，今歲魚石
呈祥，得以見豐年而知民之不遠也。
即塵顯妙，有開必先（一），余樂斯二者，
遂率賓僚共爲之游。時宣和四年
十二月十五日（二），朝散大夫、通判軍
州事常彦［一］，奉議郎、前通判達州、權
司録事李全［二］，修武郎［三］、兵馬都監曹
縮，宣教郎、權司士曹事王拱［四］，迪功

郎、涪陵縣尉張時行，朝奉郎、權知

軍州事吳革題。

　　宋有兩吳革。一見《宋史・忠義傳》：字義夫，華州華陰人"陰"，史傳誤作"陽"，官武功大夫、閤門宣贊舍人，死張邦昌之難，《傳》不言其歷文職、典外郡。一見《建炎以來繫年要錄》：紹興四年十月，直祕閣吳革爲江南西路轉運副使。五年三月，爲兩浙轉運副使。九年二月，升直龍圖閣，充京畿都轉運使兼開封少尹，不行。與此刻題記相距十餘年，或即其人也。《（嘉慶）四川通志》：崇寧五年進士李全，富順監人。

【校】

（一）"有開必先"，《八瓊室金石補正》錄作"有開之先"。

（二）"時宣和四年十二月十五日"，底本作"時宣和四年十二月十三日"，今據拓本改。

【注】

［一］常彥，《宋會要輯稿・選舉二九》載大觀元年十二月二十七日，"吏部言，勘會涪州通判，昨奉御筆委王蕃奏舉清強幹敏官，具名聞奏所准，夔州運判王蕃奏舉朝奉大夫常彥堪充，上件差遣其常彥，於格應入，緣本官見年六十以上不任選闕，詔特差"。據此可知，常彥任涪州通判實爲王蕃舉薦，且任該職始於大觀元年，據此題刻所言的宣和四年，已十五年矣，年齡亦應在七十五歲左右。

［二］李全，字德通，《補注東坡編年詩》卷二十一載其"善篆字，用筆奇妙，而字不可識，云：天篆也"。

［三］修武郎，宋代階官名。宋徽宗政和中，定武臣官階五十三階，第四十四階爲修武郎，以代舊官內殿崇班。陳曦震等編《中國長江水下博物館——白鶴梁題刻》誤識此官稱爲武郎。

［四］王拱，其後《陳似等題名》有"王拱應辰"，即或王拱，字應辰。《（雍正）四川通志》言其爲大昌（今重慶巫山縣）人，光宗紹熙進士，曾官攝涪陵郡事。另《皇宋十朝綱要》卷二十三載，宋高宗紹興六年，韓世忠遣統領韓彥臣率兵破僞齊，擒僞淮陽知軍王拱。不知二者是否爲同一人。

二二、毋丘兼孺等題名

　　拓本高三尺四寸，寬一尺。凡三行，行十三字。正書，徑二寸。

閬中毋丘兼孺[一]、南榮[二]句惇夫、眉山

劉大全[三]、孫伯達[四]，宣和乙巳[五]正月八日

同來，毋丘光宗、孫若訥、若拙侍行。

　　《輿地紀勝・榮州》引《桂林文集》曹輔云：昔爲東蜀榮南太守，是榮州一稱榮南，蓋州爲漢南安縣地，唐爲榮州，取榮德山以爲名，兼取漢唐地名，故可稱榮南，亦可稱南榮也。

【注】

[一] 毋丘兼孺，《題名記》作“母邱兼孺”。“毋丘”，又作“毋邱”。《姓解》卷三載：“毋出《姓苑》。毋丘，後漢將作大匠毋丘興。魏幽州刺史毋丘儉。”《通志》卷二十七載：“毋邱氏，其先食采毋邱，因氏焉。宋朝登科有毋邱會，政和有毋邱儼、毋邱斌，並閬州人。”又：“毋邱氏或爲毋氏。”雲陽龍脊石見有毋丘元望，巫山見有毋丘恪，均同時之人，或爲親族。

[二] 南榮，《輿地廣記》卷三十三載：“下永睦縣。本永康，梁置。又有南榮郡，隋開皇初，郡廢。屬巴州。十八年縣更名，唐武德二年，立萬州。貞觀元年，州廢，來屬，有龍驤山、巴江。”由此可見，此南榮，當爲今達州地，恐非榮縣，錢氏所考或誤。

[三] 劉大全，即後題中所見劉純常，字大全。《（雍正）四川通志》卷三十三載有劉純常，言其爲宣和進士。

[四] 孫伯達，即孫之才，字伯達，《題名記》稱其爲“政和進士”。彭百川《太平治迹統類》卷二十七則言“宣和六年進士”。

[五] 宣和乙巳，即宣和七年（1125）。

二三、陳襲卿題記[一]

　　拓本高三尺七寸，寬四尺。凡八行，行九字。正書，左行，徑三寸五分。

□炎己酉正月二十一
□，憲屬陳似襲卿[一]還
恭，攝郡事王拱應辰送別
江皋，僚友不期而會□[二]
周祉受卿、劉純常大全、
孫之才伯達、林琪子美[二]，
因觀石魚[三]，薄暮而歸，
時魚去水六尺。襲卿書。

　　《宋史・徽宗紀》：崇寧元年六月壬子，改渝州爲恭州。《輿地紀勝》稱：渝州，崇寧四年更名恭州。中興以光宗潛藩升爲重慶府，微有不同。此云“還恭”，蓋由涪還渝也。《宋史・忠義傳》：王拱，建康府前軍統制，隆興元年五月與金人戰死，距此三十五年，疑別是一人。《(嘉慶)四川通志》：政和中進士孫之才，眉山人。宣和中進士劉純常，眉州人。又稱，宣和中進士孫伯達，眉州人，蓋誤以名字分爲二人，當以此刻正之。(四)

【校】

(一) 此題刻右端有"銅鍉徐朝卿太原"，下方則横列"李錫古戌廷"諸字。《全宋文》卷三七七七引題記全文，并加注云："《八瓊石(室)金石補正》卷八三。又見民國《雲陽縣志》卷二二。"然查證該志，其所載並非該題記，實爲《陳似詩題刻字》，原文作："峽束淵流測益深，砥平鰲脊介江心。簿書叢裏逢休暇，雲水光中欣訪尋。拂石四題鷄子卜，檥舟三聽竹枝音。時和摑鼓同民樂，快喜春陽逐衆陰。"此詩後題："嘉陽陳似襲卿司刑且胸臆，將受代，携家來游，男槐、柟、桐、梓、檀、柟侍行。宣和丙午歲人日。桐書。"

(二) 姚藏繆校本，繆氏注此句所泐者爲"者"字，拓本未見，姑不補。

(三) 同觀石魚，《所見録》作"因觀石魚"，今所見拓本磨泐較多，姑並存不改。

(四) 《(嘉慶)四川通志》所引涪州職官易替，多源自《(乾隆)涪州志》，今查該志亦存此誤。又，《(乾隆)涪州志》所引職官則源於石魚題刻，故陳陳相因，訛誤承襲。

【注】

[一] 陳似，陸心源《宋詩紀事補遺》誤作"陳似襲"，言其爲宣和時人。龍脊石存其詩一首。大寧縣拂雲館，《(雍正)四川通志》卷二十六載"在縣北宋時刑曹舍之西，宣和中陳似有記"。《(民國)雲陽縣志》卷二十二載，陳似，嘉陽(今四川樂山)人，曾爲雲安軍司法參軍。重慶雲陽縣至今仍存陳似《桓侯祠碑記》，重慶中國三峽博物館存此碑拓本。此外，《宋會要輯稿‧后妃二》載，建炎二年六月四日"進士陳似與補初品文質"，但不知此陳似是否即爲題刻者。

[二] 林琪，《宋會要輯稿‧職官四七》載，紹興"十七年七月二十五日，宰執進呈，左朝散大夫謝尋擬差權知潮州，左朝奉郎陳惇特差知饒州，右承議郎林琪差權知忠州"。同書"職官七十"又載，紹興十九年三月二十二日"右承議郎、新知忠州林琪特降一官，依已降指揮放罷"。據此可知林琪曾爲右承議郎、知忠州，後因事被免，而此刻作於其忠州之任前數年。

二四、文悦等題名(一)

拓本高三尺三寸，寬二尺。五行，行八九字不等。正書，左行，徑三寸。

成都文悦理之[一]、周祉受
卿，唐安周南廷(二)、向文登、
劉蒙公亨，眉山劉純
常大全，姪庚明孺(三)、孫

之才伯達同□。^(四)

《零陵縣朝陽巖題名》有元祐七年九月臨川劉蒙資明。《永州淡山巖題名》有紹聖改元左朝奉大夫、知州事劉蒙。此當是一人。《書録解題》：彭城劉蒙，《菊譜》一卷，《自序》稱崇寧甲申爲龍門之游，訪劉元孫所居，相與訂論，爲此《譜》。此又一人。《建炎以來繫年要録》：建炎元年九月壬辰，朝奉郎、江南東路轉運副使劉蒙削二官。蒙，濱州人也。三年三月，以兩浙轉運副使加直秘閣。四年五月，爲浙西、江東隨軍轉運使。此又一人。與此題名唐安劉蒙同時同姓名者，凡四人。惟宋人好書郡望，撰《菊譜》者未必即彭城人，或三人中之一人，亦未可知。《太平寰宇記》：蜀州江源縣，本漢縣，唐先天二年改爲唐安。"皇朝開寶四年改爲江源"，此猶書唐縣名也，今在崇慶州地。《（嘉慶）四川通志》：宣和中進士文悦，成都人。

【校】

(一) 此題刻，《所見録》、《題名記》末字均缺。《八瓊室金石補正》缺二字，即至"孫之才伯達"爲止。今人曾超認爲，"意即多人共同游覽白鶴梁"，故補爲"孫之才伯達同游"。

(二) "廷"後原衍"登"字，《題名記》及拓本皆無，今删。

(三) 明孺，《八瓊室金石補正》作"明儒"。

(四) 《八瓊室金石補正》"孫之才伯達"之後文字概未録出。

【注】

［一］文悦。《（雍正）四川通志》載：文悦，字理之。成都府人，宣和進士。

二五、劉公亨等題名^(一)

拓本高三尺四寸，寬二尺。凡三行，行六字。正書，徑四寸。

□□美建炎
□^(二)劉公亨、孫伯達、
史時□、周受卿^{［一］}。

此與前二條爲一時書。

【校】

（一）此題刻，《八瓊室金石補正》從左至右，依次録作“史時傑、周受卿、劉公亨、孫伯達、□子美，建炎□□日□”，並名之爲《史時傑等題名》，繆荃孫《藝風堂金石文字目》亦同。

（二）題刻時代不詳，因見孫伯達、周受卿姓名，而二人又見於《陳似等題名》，故或鐫於同時，即建炎三年，所泐處或“三年”二字。

【注】

［一］“周受卿”即“文悦等題名”所見周祉，字受卿。

二六、趙子遹等題名^(一)

拓本高四尺，寬三尺四寸。凡八行，行八字。正書，徑四寸。

觀石魚題名

篆書，横列，字徑四寸。

趙子遹述道、崔煒叔
明、閻璟國華^{［一］}、李去病
仲霍^{［二］}、李宗賢師德^{［三］}、陳
革^{（二）}子正^{［四］}、王儆德初、虞
中立和甫^{（三）}、王駿德先、
鄧奇穎伯、董天成常
道，紹興壬子^{［五］}正月三
日同游。

《宋史·宗室世系表》：燕王德昭五世孫有忠訓郎子遹。^{［六］}《（嘉慶）四川通志》：建炎二年進士董天成，達州人。

【校】

（一）吕紹衣、王應元等纂修《重修涪州志》此段後有“觀石魚題字”等五字，當誤。

（二）姚藏繆校本“陳革”誤作“成革”。

（三）虞中立和甫,姚藏繆校本脱"中"字。

【注】

[一] 閻璟,字國華。《初僚集》卷八載,政和間有昭化軍節度使楊應詢之婿爲承節郎閻璟,未知是否
　　即此人。

[二] 李去病,字仲霍。據李勝《白鶴梁石刻題名人考按一百二十二則》考證,其爲緡城（今山東金
　　鄉）人,知書才藝,愛主憂民（晁補之《鷄肋集》卷三十五《李去病字仲霍序》、郭印《雲溪集》卷六
　　《送李去病赴召》）。崇寧間任成都府路轉運判官,給餉有功（張擴《東窗集》卷四《送李去病駕
　　部成都府路轉運判官》、强至《祠部集》卷三《送李去病楊元老》）。魏齊賢、葉棻《五百家播芳大
　　全文粹》收録其《賀鄧内翰啟》（卷十一）、《觀音道場設羅漢齋疏》（卷八十）、《薦母設羅漢齋
　　疏》、《追薦考妣道場疏》、《追薦馮大學疏》（卷八十二）等。

[三] 一爲李宗賢,字師德。《長編》卷四百八十一載,哲宗元祐八年"二月甲戌,户部員外郎胡宗師
　　爲成都府路轉運副使,國子監丞李師德爲梓州路轉運判官"。又《楊公筆録》載:"李師德朝請
　　作《李氏述先記》,稱其先爲開封中牟縣人,常在萬勝鎮。開運末,中國失御,寇盜蜂起。一
　　日,傳賊將至,其曾祖率里中少年,約以金帛賂賊,如其不受,則相與決戰以死。賊至,感
　　其言,皆曰'此義士也',乃相戒不相犯,里中賴之獲安。"不知此二處李師德是否即爲李
　　宗賢。

[四] 陳革,字子正。《宋會要輯稿·職官六八》載"（政和元年二月）二十五日,降朝清大夫,提點京
　　西南路刑獄陳革降而官"。

[五] 紹興壬子,即紹興二年（1132）。

[六] 趙子通,字述道。《宋史》中此名者實二人:卷二百一十七有令高子,仕至訓武郎;卷二百二十
　　載令訑子,官忠訓郎。

二七、何夢與等題名（一）

拓本高二尺,寬一尺,凡三行,行七字,正書,左行,徑二寸。

金沙何夢與、泉山
王惪升[一],紹興壬子
正月四日偕來。

【校】

（一）此題刻文字自左向右排列,今人何鳳桐《宋代長江水文題刻實録》一文誤録作"正月四日,皆末
　　王懸升。紹興壬子,金沙何夢與,泉山"。

【注】

[一] 王悳升，生平無考，"悳"即"德"字異體。《八瓊室金石補正》作"王慎升"。

二八、王擇仁題記[一]

拓本高三尺九寸，寬三尺四寸。凡十行，行十二字。正書，徑二寸。

紹興壬子開歲[一]十有四日，涪陵
郡守、平陽王擇仁智甫[二]招雲臺
奉祠[三]、夷門[四]李敏能成之[五]，郡丞、開
封李寘元輔[六]，太平散吏[七]、東萊蔡
惇元道[八]，過飲公堂。酒罷，再集江
口，泛舟中流，登石梁觀瑞魚。古
□，邦人以見魚爲有年之兆，惟
□□善政，民已懷之，桑麥之歌，
□□載道，是以隱於數年而見，
□□□，故惇喜，爲之記。

　　《建炎以來繫年要録》：建炎三年八月，先是，河東經制司屬官宣議郎王擇仁爲永興郭琰所逐，乃將其軍萬餘人，自商州奔漢中，琰檄金州閉關拒之。擇仁不敢進，屯於襄陽。浚（張浚）薦其才，除御營使司參議官，命千秋（程千秋）代將擇仁之軍。四年三月，張浚以王擇仁知襄陽府，屯留均州。八月，擇仁爲通直郎、直徽猷閣、權發遣河東路制置使司公事，節制本路軍馬。先是，擇仁以宣撫處置使張浚之命，節制京西軍馬在均襄間，故就命之，仍許擇仁帶見兵萬人以行。俟過大河，許以便宜從事。命下，擇仁兵已潰矣。紹興五年二月丁亥，左朝散郎王擇仁知廣德軍。擇仁自蜀還行在，上召對而命之。七年正月，遷左朝奉大夫、淮西宣撫使司主管機宜文字。五月，殿中侍御史石公揆論罷之。擇仁，《宋史》無傳，據此題記及《繫年録》所載數事，可得其大略矣。

【校】

(一) 此題記《題名記》名之爲《蔡惇題記》，《八瓊室金石補正》題爲《王擇仁等題名》。

【注】

［一］開歲，《初學記》卷三引南朝梁元帝《纂要》："正月孟春，亦曰孟陽、孟陬……首歲、初歲、開歲。"故此處特指正月。

［二］王擇仁，字智甫，平陽（今山西臨汾）人。建炎二年（1128），爲經制司僚屬，抗金復永興軍。四年，以御營司參議官權河東制置使，平陳萬信餘黨雷進亂。紹興二年（1132）爲涪州守，擇仁亦曾知襄陽府。《宋史》無傳，其事主要見載於《宋史》卷二十五及卷二十六《高宗本紀》。

［三］雲臺奉祠。奉祠，宋代的一種優禮官員的制度，原由宰執兼領，後作爲五品以上老病廢職官員食俸之制，設宮觀使、判官、都監、提舉、提點、主管等職，並不到職，只是按禄食俸而已。因宮觀使等職原主祭祀，故稱奉祠。雲臺，觀名，在華山脚下。

［四］夷門，地名。《十駕齋養新録》卷十三："自署夷門，則是汴梁（開封）人也。"

［五］李敏能，字成之。重慶中國三峽博物館藏有涪陵出土李敏能墓誌拓本一紙，其云："宋故右奉直大夫、知忠州軍州事、賜紫金魚袋李公，諱敏能，字成之，本貫開封府，紹興丙辰十二月二十一日，因疾殁於忠州公宇正寢。丁巳二月初五日葬於涪陵千福寺東南吉地，埋銘以紀姓氏云。族叔右從政郎士臨謹記。"據《金石三跋》卷二載，河南新密超化寺有宋人題名："留守薛公以右丞召還通判張戩、邢俣，户曹李敏能，刑掾趙子泰，送行至超化寺，政和三年閏四月初九日。"又，《勤餘文牘》卷三載泰山有題名云："元符三年九月廿三日，臣李敏能同登泰山題名。"《宋會要輯稿·職官六九》載重和元年"六月十三日，詔兵部員外郎李悚送吏部，以言者論其傾邪反覆也。同日，開封府右司録吕瓘，士曹李敏能並放罷，以言者論瓘、敏能爲燕瑛薦引，專權不法故也"。上述所引李敏能或與題刻所載非同一人，姑列此以備稽核。

［六］李寊，字元輔，開封人。《宋會要輯稿·職官一五》載宣和元年五月四日。臣僚上言"董詵、王拯、李寊等自知原係欺罔詐冒，慮他司或朝廷取索原條問難，發摘己罪，乃就關子中將原奏得旨全文擅減，却别不沖改見行條法八字，意欲官司不知，以遂其冒之志"。同書"瑞異二"載淳熙八年七月十七日，有詔"知舒州李寊知興國軍"。政和八年（1118）至淳熙八年（1181）相隔既久，所言或分指二人，唯不知題刻中所載李寊是否爲其中之一。

［七］太平散吏。宋樓鑰《攻媿集》卷九有詩云："太平散吏無由到，倚聽中和樂職詩。"

［八］蔡惇，字元道，東萊人。據李勝考證，蔡惇，又字符道，山東文忠公、參政蔡齊姪孫，翰林學士蔡延慶之子，任太平散吏，直龍圖閣。後渡江卒於涪陵，尹和靖嘗題其墓。撰有《祖宗官制舊典》三卷，大略以爲元豐間用官階寄禄，雖號正名而流品混淆、爵位輕濫，故以祖宗舊典與新制參稽互考而論其得失。

二九、劉意等題名[一]

拓本高二尺六寸五分，寬二尺三寸。凡八行，行十一字。行書，徑二寸。

□□劉意彦至[一]、豹林种□進

慎思[二]，皆以職事趨郡，遇故人

江西李尚義宜仲[二]還自固陵，
种法平叔來自南賓，相率挐
舟載酒，游北巖及觀石魚，竟
日忘歸，客懷頓釋，殊不知薄宦
飄零[三]，江山之牢落也[四]。紹興壬
子[三]季春初六日慎思題[五]。

　　《華陽國志》：漢初平元年，以朐䏰至魚復爲固陵郡。建安六年，以固陵爲巴東，先主入益州，改爲江關都尉。二十一年，以朐䏰、魚復、羊渠及宜都之巫、北井六縣爲固陵郡。章武元年，復爲巴東，宋夔州有《固陵集》，見《輿地紀勝》，是固陵爲今夔州地也。《太平寰宇記》：忠州，唐天寶元年改爲南賓郡。乾元元年，復爲忠州。州西南一百里南賓縣，唐武德二年置。《方輿紀要》：明初，省入酆都縣。是宋（南）賓爲今忠州酆都地也。

【校】

（一）此題刻，《題名記》稱《种慎思題記》。

（二）"豹林种□進慎思"，《題名記》作"豹林种□□慎思"。

（三）"殊不知薄宦飄零"一句，姚藏繆校本"宦"誤作"官"。

（四）"江山之牢落也"一句，姚藏繆校本"牢"誤作"勞"。

（五）黄海《白鶴梁題刻輯録》於"慎思題"後，另録有"記"字。

【注】

[一] 劉意，字彦至。李勝《白鶴梁石刻題名人考按一百二十二則》一文考證："紹興中，涪陵郡守（《同治重修涪州志》卷四《秩官志·歷代秩官》）。光宗紹熙間畫院待詔錢塘（今浙江杭州）人劉松年有曾孫名意（《式古堂書畫匯考》卷四十四）。然題記作於六十年前的紹興二年（1132），當別爲一人。"

[二] 李尚義，字宜仲。《建炎以來繫年要録》卷七十九載建炎二年"右朝請大夫、權荊南制置司參議官盧宗訓知德安府，武翼郎、閤門宣贊舍人張應知鄧州，修武郎高青知唐州，承節郎舒繼明爲成忠郎，閤門祇侯、知信陽軍、左文林郎李尚義爲左承事郎、通判襄陽府。右承直郎黨尚友爲右宣教郎、通判鄧州，皆用制置使岳飛奏也"。又，《金佗粹編》卷九載，建炎間"張旦守襄陽兼四州安撫使，牛皋爲副使，李尚義通判襄陽府事"。《宋會要輯稿·職官七十》言，紹興十一年六月十四日，詔"趙伇沅州通判，李尚義主管台州崇道觀"。未知上列諸史料中所言李尚義，與此題刻所載是否爲同一人。

[三] 紹興壬子，即紹興二年（1132）。

三〇、李宜仲等題名

拓本高一尺六寸,寬一尺二寸。三行,行四字。正書,徑二寸餘。

李宜仲率
劉彦至[一],同
种慎思[二]游。

此與前一條皆一時所題。[三]

【注】

[一] 劉彦至,即前題所見劉意,字彦至。

[二] 种慎思,豹林人。陝西終南山南麓有豹林谷,谷内有東蒙峰,亦名東明峰,向來爲隱居之所。杜甫有詩《玄都壇歌寄元逸人》所指即此地。其詩曰:"故人昔隱東蒙峰,已佩含景蒼精龍。故人今居子午谷,獨在陰崖結茅屋。屋前太古玄都壇,青石漠漠常風寒。子規夜啼山竹裂,王母晝下雲旗翻。知君此計誠長往,芝草琅玕日應長。鐵鎖高垂不可攀,致身福地何蕭爽。"另據司馬光《涑水記聞》卷六,真宗朝名士"种放隱於終南山豹林谷,講誦經籍,門人甚衆"。此外,據《自號録》載,种放亦自稱"豹林",故种慎思或爲种放之後。

[三] 即《种慎思題記》,題於紹興二年(1132)。

三一、張宗憲題名[一]

拓本高一尺八寸,寬一尺四寸。凡三行,行六字。正書,徑三寸。

宋紹興二年十二
月初八[二],汝南張
宗憲、李□

上露篆文"寺丁"二字[三],僅存其半。

【校】

(一) 此題刻,底本原名《張忠憲題名》,《題名記》稱《張宗憲題名》,今拓本亦見爲"張宗憲",或爲刊印之誤,徑改。

（二）初八,底本作"初八日",據今存拓本,原題刻無"日"字,此當爲衍文,今删去。

（三）"寺丁"二字,今存刻石已泐。《八瓊室金石補正》考語云:"左上方有篆書,'侍行'二字半泐"。

三二、賈公哲等題名

拓本高三尺。凡六行,行六字。正書,徑四寸五分。

大宋紹興二年
十二月望[一],賈公
哲[一]、曲安祖、李去
病[二]、田孝孫[三]、杜伯
恭、蔡興宗[四]、張稷、
張宗憲觀石魚。

《郡齋讀書志·杜集注》云:近時有蔡興宗者,再用年月編次之。[五]《(嘉慶)四川
通志》:建炎二年進士張稷,仁壽人。

【校】

（一）《八瓊室金石補正》於"十二月望"後存衍文"日"字,拓本無。

【注】

[一] 賈公哲,據李勝考,公傑弟,侍郎炎之子,文元公昌朝諸孫,仕履不詳。魏齊賢、葉棻《五百家播
　　 芳大全文粹》卷九十六録有其《祭崔正言文》。又,《儀顧堂集》卷四考訂:"賈公哲、賈公傑,東
　　 平人。祖昌朝,父炎,《宋史》皆有傳。公傑,宣和六年承務郎,充陝西鑄錢司差遣。見《饒益寺
　　 賈炎題名》。"

[二] 李去病,《鷄肋集》卷三十五:李去病,字仲霍。又,《東窗集》卷四載有《送李去病駕部成都府路
　　 轉運判官》,知其曾爲駕部郎中、成都府路轉運判官。《五百家播芳大全文粹》收有其文五篇:
　　《觀音道場設羅漢齋疏》、《賀鄧内翰啟》、《薦母設羅漢齋疏》、《追薦考妣道場疏》、《追薦馮大
　　 學疏》。

[三] 田孝孫,紹興二十六年(1156)左朝奉大夫、知隨州、直秘閣,《建炎以來繫年要録》稱其"公廉儉素"。

[四] 蔡興宗,據李勝考,其爲山東東萊人,右朝奉郎。重編《少陵先生集》並《正異》,刊《朱子語録》。
　　 宣和元年書刻有《祭淮瀆祠記》,今皆不存。另據《長編》卷三百二十七所載,其還編有《官制舊
　　 典》,今亦不存。

［五］蔡興宗編次句，《郡齋讀書志》卷四上云：“《杜甫集》二十卷，《集外詩》一卷，《注杜甫詩》二十卷，《蔡興宗編杜甫詩》二十卷，《趙次公注杜詩》五十九卷。”又云：“右，唐杜甫子美也，審言之孫。天寶十三年，玄宗朝獻《太清宮》、《享廟》及《郊奏賦》三篇，使待制集賢院。宰相試文，再遷右衞率府胄曹，終於劍南參謀檢校，工部員外。曠放不自檢，好論天下大事，高而不切，少與李白齊名，時號‘李杜’。數當寇亂，挺節無污，爲歌詩，傷時撓弱，情不忘君，人憐其忠云。《集》有王洙原叔、王琪君玉序。本朝自王原叔以後，學者喜杜詩，世有爲之注者數家，率皆鄙淺可笑，有托原叔名者，其實非也。吕微仲在成都，嘗譜其年月。近時有蔡興宗者，再用年月編次之。而趙次公者，又以古律詩雜次第之，且爲之注。兩人頗以意改定其誤字，人不善之。”

<h2>三三、蔡興宗等題名</h2>

拓本高二尺五寸，寬二尺。凡四行，行六字。正書，徑四寸。

蔡興宗[一]、耿宗弼、
張宗憲，紹興乙
卯[二]正月十九日
同觀石魚。

【注】

［一］蔡興宗，參前“賈公哲等題名”注。
［二］紹興乙卯即紹興五年（1135）。

<h2>三四、邢純等題名^(一)</h2>

拓本高三尺五寸，寬二尺。凡四行，行六字。^(二)正書，徑二寸。

□艾、邢純、劉蕘、李
□□、王冠朝，有宋月
□興丙辰正月
□五日來。^(三)

【校】

（一）此題刻，《八瓊室金石補正》題爲《宋艾等題名》。

（二）行六字，姚藏繆校本繆荃孫按："六當作七。"
（三）"有宋"之後，"月"字恐爲衍文。《題名記》於"興"字前，録有"紹"字，即宋高宗"紹興"年號。《八瓊室金石補正》於"興"字後，録作"丙辰正□五日來"。今存拓本泐損較多，姑存而不改。

三五、賈思誠題記

拓本高二尺七寸，寬二尺四寸。十四行，行十字。正書，徑二寸。[一]

涪陵郡城下，大江[一]之中流
有石魚焉，見則爲豐年之
兆，父老相傳舊矣，事雖不
經，偶兹旱歉，斯民艱食，天
或垂憫，眡以有年，千里之
□幸也[二]。爰因休暇，乃率別
乘賈公傑千之[二]、田景悊希
賢、趙子㦗景温、張振孫厚
之、王賡子欽[三]來觀[三]，而石魚
出水面數尺，傳言之驗，將
與斯民共慶之，是可書也。
紹興丁巳十二月中休日，
左朝散郎、知軍州事澶淵
賈思誠彦孚題。

　　《繫年要録》：紹興九年十一月戊子，權吏部尚書吴表臣等舉左朝請郎、荆湖北路提舉茶鹽公事賈思誠，詔三省量材任使。十二年六月甲子，左朝散大夫、夔州路轉運判官賈思誠，都大主管川陝茶馬監牧公事。《宋史·宗室世系表》：秦王德芳五世孫，有武節郎子㦗。

【校】

（一）題記尺寸原缺，今據《題名記》補爲"十四行，行十字。正書，徑二寸"。《八瓊室金石補正》名此題刻爲《賈思誠等題名》。
（二）此句脱字，《八瓊室金石補正》作"顛"。

（三）姚藏繆校本按語云：“‘來’字下泐。”

【注】

［一］大江，顧祖禹《讀史方輿紀要》卷六十九云：“在（涪州）州城北。自長壽縣流入界，至城東涪陵江水合焉，又東北入酆都縣境。”

［二］賈公傑，開封人，《畫繼》卷五載：“賈公傑，字千之。文元公（賈）昌朝諸孫，侍郎炎之子也。”其父賈炎，字長卿，昌朝從子。以蔭更歷筦庫，遷工部侍郎，徙知延州。與童貫制疆意見不合，又改鄧州。入爲工部侍郎，病卒，贈銀青光禄大夫。

［三］王賡，字子欽。《長編》卷三百二十七載元豐五年丙寅：“司天監、曆算、天文、三式三科令丞主簿並減罷，以冬官正王賡言‘因減罷司天監官監倉草場門，故增置三令、丞、主簿，於職事無補’故也。”元豐至紹興相隔既久，且此王賡爲湖州長興縣人，景祐元年（1034）登進士第，或別是一人。又，孫覿《次韻王子欽立春》《次韻王子欽雨中》《送王子欽歸夔子序》等多篇詩文中，均提到王子欽，且從孫覿詩文可以看出，王子欽本中原人，兄弟三人，原避地襄漢，未幾，襄漢大亂，一人南下桂陽（今屬湖南），一人西入夔州（今重慶市奉節縣），一人死於途中，入夔州者即其本人。孫覿的這些詩文集中創作於紹興前、中期，且此時涪州恰爲夔州路所轄，故所謂王子欽或許正是王賡。

三六、又（賈思誠題記）

拓本高一尺三寸，寬三尺六寸。凡十一行，行五字。正書，徑二寸五分。

賈思誠彦
孚、賈公傑千
之[一]、趙子蟻景
温、張仲通[一]彦
中、張振孫厚
之、潘無隅大
方、段洵直邦
彦[二]，紹興丁巳
年冬十有二
日，同觀石
魚。

【校】

（一）賈公傑千之，《八瓊室金石補正》作"賈公傑干之"。此題刻與前題《賈思誠題記》爲一時所題。

（二）段洵直邦彦，"段"字，《八瓊室金石補正》作"叚"字。

【注】

［一］張仲通，字彦中。巴中南龕光福寺亦有《張仲通等題記》（此題刻早期拓本今見藏重慶中國三峽博物館），云："紹興壬子歲端午後二日，陳捤濟川、張仲通彦中、李延嗣修仲、曾敏忠正臣、趙不迤進之、不墮正言、鄧瑛元功、黃洙道源、王拂獻可、王世京仲遠、馮鎔化城，游南龕光福寺，納涼籠陰亭，會飲雲間閣，歷覽巴江勝集，懷古悼今，薄暮還城，時鄭坦履道緣橶壁山不預，化成題。"紹興壬子，即宋高宗紹興二年（1132），此題所謂紹興丁巳，則是紹興七年（1137），故知此題鐫於巴中南龕題刻之後，張仲通或亦曾爲官巴中。《三朝北盟會編》卷一百九十九載，紹興二年"張彦中領兵廣東，不稟朝命，宰相呂頤浩命（李）綱圖之，（李）綱以書帑誘彦中至，戮而併其兵"。顯然此張彦中非張仲通。又，《宋會要輯稿・職官三五》紹興十三年有"客省主管文字張彦中"，未知此張彦中是否爲題刻所述之張仲通。

三七、戊午己未題記[一]

　　拓本高二尺二寸，寬二尺五寸。凡八行，行七字。正書，徑二寸。

歲在戊午，□魚出淵[二]，

□□□□實維豐年，

紹興八年正月初□

日□人記，是歲果

大稔，明年再到，後

昔時十有三日，

□已肥美[三]，己未正月

十□日書。

【校】

（一）《八瓊室金石補正》作《己未題記》，録文爲："歲□戊午，雙魚出淵，肇自古昔，實維豐年。紹興八年正月初□日，郊人言之，是歲果大稔。明年再到，後昔時十有三日，水已肥美。己未正月十□日書。"又，曾超《三峽國寶研究——白鶴梁題刻匯録與考索》作："歲在戊午，雙魚出淵，肇自古昔，實維豐年。紹興八年正月初□日，邦人記。是歲果大稔。明年再到，後昔時十有三日，水已肥美。己未正月十□日書。"

（二）□魚出淵,《八瓊室金石補正》作"雙魚出淵"。
（三）□已肥美,《八瓊室金石補正》作"水已肥美"。

三八、張仲通等題名⁽一⁾

　　拓本高一尺四寸五分,寬二尺七寸。凡七行,行四字。正書,左行徑二寸五分。又二行,行五字,徑一寸五分。

二月初七
日,張仲通、
張修、晁公
武、趙子巘
來觀,時
宋興一百八十年,
姚邦孚紀至,宋元高匪懈。⁽二⁾

　　按：宋太祖於建隆元年庚申受禪,至高宗紹興九年己未,一百八十年。

【校】
（一）繆裝初鈔本於此題刻旁列"紹興十年《□居安等題名》"。
（二）"姚邦孚紀至,宋元高匪懈",今據原石文字布局,恐作"宋元高匪懈,姚邦孚繼至"。

三九、孫 仁 宅 題 記⁽一⁾

　　拓本高七尺一寸,寬四尺。八行,行十四字⁽二⁾。正書,徑四寸五分。

涪陵江心石上,昔人刻魚四尾,旁有
唐識云："水涸至其下,歲則大稔。"隱見
不常,蓋有官此至⁽三⁾終更而不得睹者。
紹興庚申首春乙未⁽一⁾,忽報其出,聞之
欣然,庶幾有年矣。邀倅林琪來觀,從

游者八人：張仲通、高邦儀、晁公武、姚
邦孚、仁宅之子允壽，公武之弟公退[二]、
公適、邦儀之子寧祖。郡守孫仁宅[三]題。

　　晁公武，《宋史》無傳，今就他書所述其仕履、行事，略爲銓次之。字子止。《書録解題》。五世祖回，高祖宗慤，父沖之。喻汝礪序其父《具茨集》云：叔用以文莊爲曾大父，以文元爲高祖。叔用爲沖之，字回，謚文元，宗慤謚文莊，見史傳。靖康末，避亂入蜀，紹興中舉進士第《（嘉慶）四川通志》引舊《通志》，爲四川轉運使屬。《繫年要録》：紹興十年閏六月癸酉朔，四川轉運副使井度始受命。十一年四月己巳朔，右中散大夫井度直秘閣。十二年七月丙申，直秘閣、四川轉運副使井度兼川陝宣撫司參議官，令再任。十四年四月庚子，省四川都轉運司，以其事歸宣撫司。王珪劾公武疏言“初爲井度屬官”，當是此數年間事。《郡齋讀書志·自序》稱度爲轉運使。總領四川宣撫司錢糧所主管文字。《繫年要録》：紹興十七年二月，注引李燾撰《晁公武墓誌》云：階、成、岷、鳳四州，併屬利路，爲經略使者當更名，有旨令安撫司仿雄州安撫司例，措置申樞秘院，一府愕眙[四]，莫知其原。公時在都轉運司，乃從旁陳言，此景德三年故事，顧與今事不類，宣撫司即用公言，奏析利州路爲東、西，俾先爲經略使者分領之，由此益重公，而幕下士皆忌，其後宣領使，緣他故，重貶議者，或咎公，憾彼不相知有所報復，蓋非也。公武，沖之子，此時爲總領四川宣撫司錢糧所主管文字。按：分利路爲東、西，此紹興十四年九月事，所稱宣撫使，指鄭剛中，是時爲四川宣撫副使也。五年十一月，趙不棄行太府少卿，充四川宣撫司司領官。十七年二月，符行中代之。是此數年間，公武爲不棄屬官也。十七年，以左朝奉郎、通判潼川府。七月甲戌，知恭州。見《繫年要録》。其知恭州，趙不棄薦之也。移知榮州。《郡齋讀書志》紹興二十一年元日自序：今三榮僻左少事，日夕讎校。撢其大指論之，蓋此時方官於榮州也。《四川通志》引舊《通志》作榮州司户，疑誤。又知合州。《（嘉慶）四川通志》引晁公武《合州清華樓記》略云：予雅聞其山川之美，既承守之，意謂必有環偉絕特之觀，暇日，經行後圃，周旋四顧，弗稱所期。既旬歲，一旦登麗譙寶，南向而望，始大愛之，遂謀築層樓，以覽其形勝，工未訖而引去。普慈景公篪繼之[五]，尤愛其趣，乃增其規模，愈益閎麗，貽書求名與記。予取古人秀句，以清華名之。末云：予斥廢以來，無田盧可歸，旅思彌惡[六]，仲宣之情，予未能忘也。按：此記是公武嘗知合州，然不得其時。公武爲王珪劾罷，在紹興二十七年。觀記末斥廢數語，當是二十七年前事，姑列於此。轉潼川路轉運判官。二十七年十二月，侍御史王珪劾罷之。《繫年要録》：紹興二十七年十二月戊申，侍御史王珪言：“潼川府路轉運判官晁公武傾險出其天性，初爲井度屬官，專事掊克，聚斂以濟其私。及度之罷，求爲鄭剛中幕客[七]，不從，遂以剛中之事告於趙不棄，至興大獄，攝逮紛然，連及平人，死非其罪。不棄倚爲心腹，薦之故相秦檜。自屬官更歷數郡，所至貪暴，人不聊生。豈可令遺患於一方。”乃罷之。按：剛中罷謫，由於秦檜，怒其在蜀專擅，因令趙不棄制之。不棄求其陰事，文致於檜，積不相能，檜并召還。具見《繫年要録》、《宋史》本傳，非盡由公武所致，且以後日公武糴米濟民，擊湯思退二事觀之，似王珪所言未

必得實,惜李燾《文集》已亡,不得公武誌銘全文,以證其事也。金安節薦爲臺諫。《宋史·金安節傳》。隆興二年,湯思退罷相,洪适草制,作平語,時公武以侍御史擊之。《桯史》。乾道四年三月庚午,以敷文閣待制爲四川安撫制置使。《宋史·孝宗紀》。時米價騰貴,人民告饑,公武以錢三百萬貫,糴米六萬石,專充賑糶,以備久遠,民人賴之。《四川通志》引舊《通志》。五年,知興元府,請以屯田三年,所收最高一年爲額,等第均數召佃放兵,及保甲以護邊(八),從之。《宋史·食貨志》。復爲四川制置使。六年正月癸丑,雅州沙平蠻寇邊,焚磵門寨。公武調兵討之,失利。三月乙丑,以公武、王炎不協,罷四川制置使歸宣撫司。《宋史·孝宗紀》。七年十一月十五日,以敷文閣直學士、左朝議大夫除臨安少尹,七月三日罷。《咸淳·臨安志》。累官吏部侍郎。卒葬嘉定之符文鄉。《四川通志》引舊《通志》。按:《輿地紀勝·嘉定府形勝》云:晁公武過符文鎮,謂山川風物,近似洛中,因家焉。蓋晚年卜居於此,没即葬其地也。有《易詁訓傳》十八卷、《尚書詁訓傳》四十六卷、《毛詩詁訓傳》二十卷、《中庸大傳》一卷、《春秋詁訓傳》三十卷、《稽古後録》三十五卷、《昭德堂稿》六十卷、《(郡齋)讀書志》二十卷、《嵩高樵唱》二卷。《宋史·藝文志》。今惟《(郡齋)讀書志》存。《宋史·藝文志》又載,公武《(郡齋)讀書志》四卷,蓋分衢本、袁本爲二。孫仁宅鑴晁沖之詩二百篇於忠州酆都觀,見俞汝礪所作《晁具茨集序》。《序》又言:識公武於涪陵。又二年,見之於武信。疑公武又嘗官於遂寧府。《繋年要録》:是年正月丁丑朔乙未爲十八日。

【校】

(一)《八瓊室金石補正》名之爲《孫仁宅等題名》,並於文末加按語云:"諸刻並言二魚,此獨稱四尾,何也?"遍觀今題刻區域,仍存唐魚原刻二尾,據《蕭星拱重鑴雙魚記》所云:"涪江石魚,鑴於波底,現則歲豐。數千百年來,傳爲盛事。康熙乙丑春正,水落而魚復出。望前二日,偕同人往觀之,仿佛雙魚,冀蓮隱躍。蓋因歲久剥落,形質模糊,幾不可問。遂命石工刻而新之,俾不至湮没無傳,且以望豐亨之永兆云爾。"可知,康熙間,蕭氏曾翻刻前代石魚二尾,此二尾石魚據今人武仙竹所論,亦是唐魚無疑,此處《孫仁宅題記》言石魚四尾,當即指此四者。

(二)行十四字,姚藏繆校本繆氏注爲"十八字"。

(三)有官此至,《宋才子傳箋證·晁公遡傳》誤引作"有官至此"。

(四)眙,姚藏繆校本誤作"貽"。

(五)"景公篯實繼之"一句,"篯",姚藏繆校本誤作"筬"。

(六)"旅思彌惡",底本作"旋思彌惡",今據拓本改。

(七)幕客,底本原作"幕官",今據《建炎以來繋年要録》所載改。

(八)"及保甲以護邊",底本原作"又保甲以護邊",今據《宋史》並《題名記》所載改。

【注】

［一］“紹興庚申首春乙未”，據方詩銘《中國史曆日和中西曆日對照表》，即紹興十年（1140）正月二十二日（上海辭書出版社，1987年，第524頁）。

［二］晁公退，《（道光）遵義府志》卷十一載有《李延昌等題名》，云“昭德晁公退子愈”，故知昭德晁公退，字子愈。又，《宋史全文》卷二十六上：“六月己卯，詔知漢州王沂、主管崇道觀晁公退各降一官。”據此可知其或曾主管漢州崇道觀。

［三］孫仁宅，時知涪州，據“仁宅之子允壽”語，知孫仁宅或即《張待制札子》中的孫姑丈。蓋晁氏兄弟入蜀，即依其姑丈而居，故晁公遜居於涪州，而其兄公武後家於嘉州。另外，晁公武題記除白鶴梁外，在今重慶渝中朝天門亦有一處，其云：“昭德晁公武休沐日率單文張存誠、璧山馮時行、通泉李尚書、普慈馮樽同觀晉唐金石刻。唯唐張孟所稱光武時題識不可復見矣，惜哉。”（原題未見，此段文字引自劉豫川、黃曉東：《靈石考》，《巴渝文化》第三輯，西南師範大學出版社，1994年，第335頁。）

四〇、晁公武等題名

拓本高三尺一寸，寬二尺。凡五行，行九字。正書，徑三寸五分。

晁公武[一]邀外兄高邦儀，
外弟孫允壽，弟公榮、公
退、公適，姪子員，表姪高
寧祖，甥王掖同觀石魚。
紹興庚申正月二十日[一]。

【校】

（一）姚藏繆校本此題刻上有繆氏所附紙：“《老學庵筆記》‘證字説盛行’一條云，晁子正侍郎亦如之。”題刻題爲“紹興庚申正月二十日”，即紹興十年正月二十，若據方詩銘等所作《中國史曆日和中西曆日對照表》推算，當成於《孫仁宅題記》之前二日。

【注】

［一］晁公武，另見《張仲通等題名》、《孫仁宅題記》。

四一、張仲通等題名

拓本高二尺，寬一尺。凡四行，行六字。正書，經二寸。

張仲通、陳靖忠、

馮忠恕[一]同□石

魚(一)，紹興庚申正

月丙申。

《建炎以來繫年要録》：紹興十八年十月丁丑，左朝請郎、知巴州馮忠恕提點成都府路刑獄公事(二)。忠恕，汝州人。在巴州時，提舉茶馬韓球議加茶賦，球號令風發，下莫敢持議。忠恕度不可與爭，即自爲奏，巴自趙開已一年。原書脱“年”字，據《輿地紀勝》卷一百八十七所引補。再增，今不可復增，茶亦如五穀，有凶年，遇水旱，當榷以實。奏下，球不敢恨。制置使李璆兼治成都，嘗費常平倉米五百萬石。異時，使者以其近臣，置不問。忠恕按督得其狀，立督趣入之(三)。忠恕有《涪陵紀善録》一卷。《四庫總目》云：忠恕，紹興初官黔州節度判官，其父理，師事伊川程子，與尹焞爲同門友，忠恕又師事焞。焞自金人圍洛，脱身奔蜀。紹興四年止於涪，時忠恕官峽中，及遷黔州，往來必過涪。紹興六年，焞被召赴都，明年，忠恕以鞫獄來涪。因紬繹舊聞(四)，輯而録之，以成此編。忠恕之侍焞，多在涪，涪爲程子謫居之地，而是書之成，又適在涪，故以《涪陵紀善録》[二]爲名，前有忠恕自序。《宋史·尹焞傳》稱“焞言行見於《涪陵紀善録》爲詳”，則修史時即采此書也。

【校】

（一）“馮忠恕同□石魚”句，所泐之字，曾超《三峽國寶研究——白鶴梁題刻匯録與考索》補作“馮忠恕同觀石魚”。

（二）刑獄公事，姚藏繆校本“刑”誤作“形”。

（三）“立督趣入之”，底本作“立督趣之”，今據《建炎以來繫年要録》及《題名記》所載補。

（四）繆裝初鈔本“紬”誤“紳”。

【注】

[一]馮忠恕，《宋史·藝文志》卷二百〇五載，馮忠恕曾作“《涪陵記》一卷。”《宋元學案》卷二十七載：“馮忠恕，字貫道，汝陽人也。其父東皋處士理與和靖同學於洛，至必同處，靖康初，和靖被召赴闕，先生從之游。紹興中，先生爲黔州節度判官，和靖寓涪，遂畢所學。後知梁山軍。”《紹興十八年同年小録》有馮忠嘉，字獻道，第三甲第二十二人：“小名閏漢，小字蔡師。年三十八，閏十月二十二日生。外氏劉永感下第三十九。兄弟四人。三舉，初娶謝氏，繼室王氏。曾祖宗顏，故，不仕。祖昇，故，不仕。父理，故，贈右朝散大夫。本貫汝州梁縣新豐鄉阜俗里。祖爲户。”忠嘉與忠恕，年代相近，籍貫相同，字號相似，恐爲兄弟行。

［二］《涪陵紀善録》，王華東《〈涪陵紀善録〉考》認爲："在《宋史·藝文志》和《宋史·道學傳》中分別記載宋人馮忠恕編纂的《涪陵記》與《涪陵紀善録》。在後世的文獻中兩書亦被陸續提到，且被看作同書異名。通過對相關文獻的查考，認爲《宋史·藝文志》在編纂此條書目的過程中漏掉了'善録'二字。也就是説，《宋史·藝文志》中的馮忠恕《涪陵記》一卷實爲馮忠恕《涪陵紀善録》一卷之訛。"（《長江師範學院學報》2009 年第 6 期）

涪州石魚文字所見録（下）

四二、潘居實等題名

拓本高三尺六寸，寬一尺二寸。凡四行，行十三字。正書，徑二寸。

潘居實去華[一]、袁顔晞□、王良子善、
金湯德源、路謙子益、高永子□、錢
之諒益友，共游觀石魚。紹興庚
申正月念三日[二]也。

【注】

[一] 潘居實，字去華。《金石萃編》卷一百二十二所載《公安公構造殘碑記》中有題名潘居實者。
又，《秣陵集》卷八載《題杏花春燕圖寄潘居實兄弟》一文，未知是否爲此人。

[二] "紹興庚申正月念三日"，即紹興十年正月二十三日。由此推斷，此題刻實鐫於《孫仁宅題記》
之後一日。

四三、周詡等題名[一]

拓本高四尺，寬二尺五寸。凡五行，行七字。篆書，徑四寸[二]。

周詡[一]、种彦琦、彦瑞、
姚邦榮、邦孚、李春、
杜時發、李恬[二]。紹興
庚申歲二月丙午[三]
來。姜覺先書[三]。

按："尣"字,字書不載。《説文》：尣,古文黄。《玉篇·黄》：尣,古文。"攴",殆"久"之訛耳。

【校】

(一) 王曉暉《白鶴梁題刻文獻匯集校注》名其爲《炎覺先題記》,所名蓋爲"尣"字之誤。

(二) 繆裝初鈔本作"拓本高四尺,寬二尺五寸。篆書,徑四寸。凡五行,行字七字"。並於此題刻後接《春記題名》,云："紹興仲春日乙丑,石魚出水李義春記。"旁有注文："此紹興乙丑所刻,文字互倒,字迹亦劣,疑亦俗士所爲。"後再注："拓本高一尺,寬五寸。三行,行六字,正書。"

(三) 陸增祥《八瓊室金石補正》云："'邦'旁作'手','歲'中'少'作'止',尣上作'攴',皆篆體之繆者。"

【注】

[一] 周詡,《(光緒)湖南通志》卷一百三十四載,元豐二年己未,時彦榜有"周詡,永明人,(周)諶弟",曾爲"通直郎、通判桂州"。

[二] 李恬,《(光緒)湖南通志》卷二百八十二所載《宋龍山廟碑》,碑文有"□□□□監判官李恬篆□□□□□"諸字,其事不詳。

[三] "紹興庚申歲二月丙午",即紹興十年(1140)二月初一日。

四四、張宗忞等題名

拓本高二尺二寸,寬二尺五寸。凡六行,行六字。正書,徑三寸。

汝南張宗忞、長
安种彦琦[一],東平[二]
姚邦榮、邦孚,石
城[三]林玠琮、古雍[四]
程覺,紹興庚申
二月癸丑[五]來觀。

【注】

[一] 种彦琦,《通志》卷二十八載："种氏本仲氏,或言仲山甫之後,因避難改爲种……望出河南。"

[二] 東平,《太平寰宇記》卷十三載："鄆州,東平郡。今理須城縣。《禹貢》兗州之域。星分奎、婁。春秋屬宋,即魯附庸須句國,太皥之後,風姓。《左傳》云：'公伐邾,取須句。'戰國時屬魏。秦兼天下,屬碭郡,又爲薛郡地。漢爲東平國,又《地理志》云：'東平,故梁國,景帝中六年別爲濟東

國,武帝元鼎元年爲大河郡,宣帝甘露二年爲東平國。'晋、宋及後魏爲東平郡。周大象二年於此置魯州,尋廢。隋開皇十六年分兗州萬安縣置鄆州,大業三年罷州爲東平郡,理古須句城。唐武德五年平徐圓朗,於鄆城置鄆州,領鄆城、須昌、宿城、鉅野、乘丘五縣,又以廢壽州之壽張來屬;其年置總管府,管鄆、濮、兗、戴、曹五州;七年改爲都督府。貞觀元年罷都督府,仍以鉅野屬戴州,又廢宿城、乘丘二縣;八年鄆以城下濕,移治須昌。景龍元年又置宿城縣。天寶元年改爲東平郡。乾元元年復爲鄆州。"又,同卷載"東平併入須城"。

[三] 石城,《方輿勝覽》卷四十一有化州屬縣,名石城。並言其地"《禹貢》、《職方》所不載。五嶺之外,古越地,牽牛、婺女之分野。秦屬象郡,漢爲合浦郡高涼縣之地,高涼縣在今高州界。吳孫權立高涼郡,又立高興郡。梁因之,仍置羅州。唐以高州之石龍、吳川二縣置羅州,又於石龍縣置南石州,尋改南石州爲辯州;改羅州曰招義郡,辯州曰陵水郡。皇朝廢羅州入辯州,又改辯州曰化州,中興復置石城"。

[四] 古雍,《方輿勝覽》卷三十二"京西路·襄陽府"條載:"《事要》:郡名。古雍、古峴、襄漢。"

[五] 紹興庚申二月癸丑,即紹興十年(1140)正月十一日。此題刻恐應列於《晁公武等題名》之前。

四五、李景尋等題名(一)

拓本高二尺,寬二尺八寸。凡七行,首行五字;次三行,行三字;末三行,行六字。正書,徑三寸。

古汴李景尋[一]、

鄧褒、

趙子澄[二]、

趙公曦,

右四人。紹興十

三除前二日[三]俱

來。魚在水尚一尺(二)。

《宋史·宗室世系表》:燕王德昭五世孫有忠翊郎子澄,魏王廷美子德雍五世孫有武翼郎公曦。《説文》:"尋",古文"嗣"字。

【校】

(一) 繆裝初鈔本刪除《李景尋等題名》及其後的《杜肇等題名》,代之以《濟南張彥中等題名》。然該題刻實非石魚題刻。

(二) 魚在水尚一尺,底本脱"尚"字,今據拓本補。

【注】

［一］李景孚，古汴（今河南開封）人。《建炎以來朝野雜記·甲集》卷十五"四川軍粮數"條載："景嗣（孚），字紹祖，開封人。遵勗之後，貪酷吏也。終於直秘閣，知夔州。"

［二］趙子澄，《蜀中廣記》卷一百〇八載："趙子澄，字處度，宋諸王子，廉介修潔，流落巴峽四十年，藉添差禄以自給，善草隸，能詩，不知其能畫也。紹興末官秭，鄉士子重其風度，每載酒從之游。一日，乘醉入小肆，見素壁可愛，拈案上秃筆，作濺瀑，勢欲動屋"。題刻所云子澄，當即此人。

［三］"紹興十三除前二日"一句，除前二日，實即歲除前二日，故此日爲紹興十三年十二月二十八日。

四六、杜 肇 等 題 名

拓本高三尺，寬二尺二寸。凡五行，行七字。正書，徑三寸五分。

杜肇[一]、亻師宏⁽一⁾、張文
遇、張携、龐价孺、杜
建、鄧褒，紹興甲子[二]
正月四日俱來，杜
肇之子彦攸侍行。

【校】

（一）亻師宏，《八瓊室金石補正》作"任師宏"，今拓本磨泐甚多，幾不可辨，姑存而不改。

【注】

［一］杜肇，《宋史》卷二十六載建炎"乙亥，劉光世復楚州，階州統領杜肇復階州"。故知其曾爲階州統領。又，徐乾學《續資治通鑑後編》卷一百〇八言其於紹興二十六年爲涪州太守。

［二］紹興甲子，即紹興十四年（1144）。

四七、張 珛 等 題 名⁽一⁾

拓本高二尺八寸五分，寬二尺。凡五行，前二行行八字，後三行行七字。正書，徑二寸。

唐安張珤^[一]、上邽崔慶^[二]、

固陵冉彬、陽翟蔡适，

右四人同觀瑞魚，

實紹興甲子六日^[三]，

以識其來也，故書。

【校】

（一）此題刻，何鳳桐《宋代長江水文題刻實録》名爲《張瑤等題名》，當誤。"珤"，通"寶"，亦可書作"張寶"。

【注】

［一］張珤，宋代名張珤（寶）者較多，惟《建炎以來繫年要録》卷一百九十三所載"都統司將官張寶"時代與題刻中人較近，未知是否即爲此人。

［二］崔慶，上邽（今甘肅天水）人。《宋史》卷三百六十五載紹興間有"金統制王鎮，統領崔慶，將官李覬、崔虎、華旺等皆率所部降"。

［三］紹興甲子六日，即紹興十四年（1144）正月六日，此題當在《杜肇等題名》之後二日。

四八、李景尋等題名（再題）^(一)

拓本高二尺，寬二尺。凡五行，行五字。正書，左行，徑四寸。

紹興甲子春

正月晦^[一]，魚全

出，李景尋、鄧

襃、趙子澄載

來，冉彬與焉。

【校】

（一）此題刻，《八瓊室金石補正》名之爲《李景尋等再題》。

【注】

［一］紹興甲子春正月晦，即紹興十四年正月（1144）三十日。

四九、晁公遡題記

拓本高三尺，寬四尺六寸。凡二十行，行十二字。正書，徑二寸。

江發岷山[一]，東流入于巴，其下多
巨石，霜降潦收，則石皆森然在
水上。昔涪之人，有即其趾刻二
魚，或考其時，蓋唐云。其後始志
其出，曰：其占有年。前予之至，嘗
一出，已而歲不宜于稼。及予至，
又出，因與荊南張度伯受、古汴
趙子澄處度、公曒景初、李景尋
紹祖、楊侃和甫、西蜀張珫廷鎮、
任大受虛中[二]往觀。既歸，未踰月
而旱。予竊怪其不與傳者協，豈
昔之所爲刻者，自爲其水之候
而無與於斯耶！抑其出，適丁民
之有年，而夸者附之以自神耶！
將天以豐凶警于下，而象魚漏
之，則懼其不必于政，而必于象
魚，故爲是不可測者耶！於是歸
三十有六日，乃書此以告後之游
者。是歲，紹興十五年正月廿
八日也，嵩山晁公遡子西[三]。

《建炎以來繫年要錄》：紹興三十一年五月，左承議郎、知梁山軍晁公遡始至官，
以書遺大臣曰“公遡在蜀久，其山川險阻亦粗識之”云云。公遡，任城人也，公遡有《嵩
山居士集》五十四卷，《四庫總目》云：公遡，公武之弟。《宋史》無傳，其仕履無考。今
案：集中《上周通判書》題“左迪功郎、知梁山軍梁山縣尉”。又，程氏《經史閣記》稱，
嘗爲涪州軍事判官。又，《與費行之小簡》稱，紹興三十年內任施州通判。又，《眉州到

任謝表》及《謝執政啟》則知《四庫總目》中無此"知"字嘗知眉州。又,《答史梁山啟》稱"猥從支郡,遽按祥刑"。而集首師璿《序》亦稱其爲部使者,則又擢官提刑,而不詳其地。又,《眉州州學藏書記》題乾道年月,而《丙戌元夕》詩有"刺史敢云樂"句。丙戌爲乾道二年,是時正在眉州,此集刻於乾道四年,蓋皆眉州以前作。師璿《序》又稱公遡《抱經堂稿》以甲乙合第,汗牛充棟。此特管中之豹,則其選輯之本也。《(嘉慶)四川通志》:紹興中進士任大受,眉州人。

【注】

[一]"江發岷山"句,據《行水金鑒》卷七十九載:"江發岷山,抵巴東入荆襄,流至岳陽,與洞庭水合,其受決害者,惟荆州一郡爲甚。"又,《肇域志》卷三十一載:"大江源出岷山,歷嘉、叙、瀘,合涪江、巴江、黔江、南江、嘉陵、崖渠,凡蜀諸水,自巫山縣界來,經縣前東入歸州界。"

[二]任大受,字虛中。《(雍正)四川通志》卷三十三言其爲"隆興進士"。

[三]晁公遡,《(嘉靖)雲陽縣志》:"晁公遡任是邑,筑德輝堂,記見《方輿勝覽》。"《(咸豐)雲陽縣志》載:"晁公遡,慶元中雲安令。"清人王梓才等《宋元學案補遺》卷四《朝奉晁先生公遡》:"晁公遡,字子西。具茨子。紹興八年進士……歷官朝奉大夫。"

五〇、楊謂等題名

拓本高二尺九寸,寬一尺五寸。五行,行十三字。正書,徑寸餘。

紹興乙丑仲春上休日,石魚出水
四尺。按古記,大有年矣。使院□
□(一),楊謂(二)、杜嶢(三)、孟宗厚[一]、王注、康□(四)、
朱繼臣、幸永、張猷[二]、張□□□(五)、
馬顔、何玠[三]、□□同觀,□□繼至。

【校】

(一)使院□□,《題名記》作"使院衆歸",今拓本已泐。

(二)楊謂,《八瓊室金石補正》作"揚謂"。

(三)杜嶢,《八瓊室金石補正》作"杜嬈"。

(四)康□,今拓本已泐,《題名記》、《八瓊室金石補正》均作"康在"。

(五)"張□□□",《八瓊室金石補正》作"張□文安"。《題名記》作"張華、文安仲"。

【注】

[一] 孟宗厚，《兩浙金石志》卷八有《宋越顯寧廟加封勅牒碑》，其後按語云："忠厚，字仁仲，隆祐太后兄子。前後凡三。判越州，此其初任也。"又《宋會要輯稿·儀制三》載"信安郡王孟宗厚"。

[二] 張猷，《（雍正）四川通志》卷三十五載有紹興間進士"張猷，遂寧人。"

[三] 何玠，《兩浙金石志》卷十載"慶曆六年賈黯榜"有進士何玠，然所距較久，當非一人。

五一、杜與可題記

拓本高二尺五寸，寬二尺四寸五分。凡十行，行八字。正書，徑二寸。

戊辰春，五馬以雙魚
出水，率郡僚同觀。邦
人杜與可、楊彥廣[一]、蒲
德載、董夢臣繼至，因
思王仲淹[二]"時和歲豐，
通受其賜"之語，固知
燮理陰陽、秉鈞當軸
者，優爲之矣，乃刻石
以紀歲月焉。紹興十
有八年中春望日。

【注】

[一] 楊彥廣，據李勝《白鶴梁石刻題名人考按一百二十二則》考證："楊彥廣，涪州人，馮時行《縉雲文集》卷一有《題涪陵楊彥廣薰風亭》五言古詩一首。"

[二] 王仲淹，《御批歷代通鑑輯覽》卷四十七載："名通，字仲淹，河東龍門人，世稱文中子。著有《元經》十五卷、《中說》十篇。隋文帝仁壽三年（603）秋，仲淹詣闕，獻《太平十二策》，不用。罷歸，遂教授於河汾之間。弟子自遠至者甚衆，累徵不起。楊素甚重之，勸之仕。通曰：'通有先人之敝廬足以庇風雨，薄田足以供饘粥，讀書談道足以自樂。願明公正身以治天下，使時和年豐，通也受賜多矣。'終不仕。"

五二、鄧子華等題名[一]

拓本高一尺三寸，寬二尺。凡七行，行三字。正書，左行，徑四寸。

鄧子華[一]、

种平叔、

趙子經，

紹興戊

辰中春

十□□來[二]。

　　《宋史・宗室世系表》名子經者有三人：一爲令續子，官武經大夫；一爲令精子；一爲令駆子，官秉義郎，皆燕王德昭五世孫，未知此子經爲何人也。

【校】

（一）《八瓊室金石補正》於此題刻後列《吳克舒題名》（即本書題刻第五四），該題刻拓本今未見。今人編《涪陵市志》名其爲《紹興癸酉題刻》，云："在一石龕東壁，40×132 厘米，正書，二行：汴陽吳克舒紹興癸酉書雲日舉家來游，阱、椽侍行。"

（二）"紹興戊辰中春十□□來"一句，《八瓊室金石補正》作"紹興戊辰中春十□木□"。紹興戊辰中春，即紹興十八年二月。

【注】

［一］鄧子華，《杜肇等題名》、《李景孚等題名》均有名鄧襃者，《（雍正）四川通志》纂者以爲即鄧子華，開封人，子華爲其字。

五三、何憲盛辛唱和詩

　　拓本高五尺三寸，寬四尺六寸。凡十八行，行二十字。正書，徑寸餘。

□□□□□出水三尺餘。

通□□□□觀，因成拙詩一章，繕寫拜

呈，伏□

笑覽。知涪州軍州事何憲[一]。

何年天匠巧磨礱，巨尾橫梁了莫窮。不是江魚時隱

見，要知田稼歲凶豐。四靈效瑞非臣力，一水安行屬

帝功。職課農桑表勤惰，信傳三十六鱗中。

歲將大稔，雙魚出見，邦人縱觀，以慰維魚之占也。

戊辰正月二十有八日，魚出水數尺。

知府、學士置酒瑞鱗閣，邀賓佐以樂之，又蒙出示

佳篇，以紀其實。辛雖非才，輒繼

嚴韻，斐然成章，但深慚惡，伏幸

采覽。權通判軍州事盛辛[二]。

巨浸浮空無路通，雙鱗[一]紀瑞杳難窮。昔人刊石留山

趾，今日呈祥表歲豐。衆喜有年歌善政，獨慚無補助

成功。須知顯晦將千載，往哲標名歲大中。唐宣宗年號也。

縣令王之古謹刻，判官龐仔孺[三]書。

　　此刻不著年號，以紹興甲子《杜肇等題名》有龐价孺，疑與此判官龐仔孺爲弟兄行，姑列於紹興十八年戊辰歲。

【校】

（一）雙鱗，底本原作"霍鱗"，今據《題名記》並拓本文字改。

【注】

[一]　何憲，字子應。據《八瓊室金石補正》考證，其與南宋著名詞人王十朋交往頗多。王十鵬《梅溪後集》卷八有《次韻何憲子應喜雨》一首："亢陽誰謂不爲灾，飢饉連年甑有埃。旱魃忽隨冤獄散，雨師遙逐使車來，平反盡欲歸中典，調爕端宜位上臺，更喜詩如杜陵老，江流坐穩興悠哉。"其下加按語云："某至郡而雨，何憲詩云：'人間正作雲霓望，天半忽驚霖雨來。'"據考，此詩作於隆興二年(1164)六月王十朋任饒州知州時期，此時何憲亦或在饒州爲官。一説何憲即何麒，爲張商英外孫，其事俱見《宋詩紀事小傳補正》。鄭剛中《北山集》有《答何憲子應》一文，其中有"某頓首再拜，提刑直閣，伏被置中"一句，據此推斷，其或曾任提點刑獄官。

[二]　盛辛，高宗紹興十八年權涪州通判，事見《八瓊室金石補正》卷八十三。

[三]　龐仔孺，史傳不載。《嵩山集》有《宋任城晁公墓表》，載"承直郎、京東東路安撫司幹辦公事龐遜孺"。又，《萬姓統譜》云："龐恭孫，字德孺，武城人，徽宗時補施州通判。"此外，韓淲《澗泉日記》載有"龐謙孺，字祐甫，先公友也"，並云："自號'白蘋老人'，善騷雅。"以上所見諸龐氏，均與仔孺姓名相類，且行迹均在峽江一帶，時代則爲北南宋之交，由此推知，龐氏或與上述諸人爲親族兄弟，鐫刻時間則或爲紹興十八年(1148)。

五四、吴克舒題名[一]

　　拓本高四尺，寬一尺。凡二行，首行十字，次行十一字。正書，徑二寸四分。

汴陽吳克舒[一]，以紹興癸酉

書雲日挈家來游。枬、棩侍行。

【校】

（一）題刻原定名《高克舒題名》，録文作"吳克舒"。又見載於《八瓊室金石補正》，作《吳克舒題名》，徑改。繆裝初鈔本繫其年於紹興二十三年（1153）。此題刻實爲涪陵北巖題刻，非石魚題刻之屬。今姑存之。

【注】

[一] 汴陽，今河南開封。《蜀中廣記》卷十九載："涪陵江北普净院有'汴陽吳克舒以紹興癸未書雲日舉家來游，阱掾侍行'諸刻"，此題今已漫漶不清，人名無考。

五五、高 祁 等 題 名[一]

拓本高二尺四寸，寬一尺三寸。凡四行，行九字。正書，徑二寸。

郡幕[一]高祁子敏[二]、令張維

持國，簿譚詢永叔、尉蒲

□□之[三]同來，宋紹興乙亥

□□初五日，張縮處權題。

【校】

（一）《八瓊室金石補正》言："以後刻證之，此爲正月初五日所題。下方有'乙丑辛日周品級、文玉章游此'十二字橫列，似非宋刻，附識之。"如陸增祥判斷無誤，則"乙亥□□初五日"所脱之字，或爲"戊寅"二字。

【注】

[一] 郡幕，州郡幕職官員之省稱，《數馬集》卷八云："郡幕、縣尉，至小官也。"

[二] 高祁，字子敏。陸游《入蜀記》卷三載，乾道五年九月"二十五日，右文林郎、知歸州興山縣高祁來"。

[三] 尉蒲□□之，即縣尉蒲□，字□之。前題《杜與可題記》中有名蒲德載者，二人時間接近，慮及石魚題刻多有重複題名者，未知此處蒲姓者，是否即蒲德載。

五六、張 維 題 名

拓本高二尺,寬二寸。凡四行,行八字。正書,徑一寸六分。

宋紹興乙亥人日^[一],前
涪陵令張維持國^[二],
挈家觀石魚,弟縮
處權^[三]謹題。

【注】

[一] 紹興乙亥人日,即紹興二十五年(1155)正月初七日。

[二] 張維,李勝《白鶴梁石刻題名人考按一百二十二則》考證:"張維,字持國,紹興中涪陵令(《涪州石魚文字所見録·高祁等題名》)。與宋代著名詞人張先父親同名。先父張維,浙江烏程(今浙江湖州)人。仁宗朝官衛尉寺丞。以子貴,贈尚書刑部侍郎。有《曾樂軒集》,佚。事見《齊東野語》卷一五《張氏十咏圖》及清光緒《烏程縣志》卷一〇、一三。"另據《(雍正)四川通志》卷九上"劉鳳儀"條載:"張持國言其(劉鳳儀)書癖,曠廢職事,斥歸,後起知均、漢、梁三州。"未知此處之張持國是否以張維字稱。

[三] 張縮,字處權。據《(雍正)四川通志》卷三十六,紹興間鄉紳張縮,銅梁人,未知是否即爲題刻中人,如是,則張維、張縮兄弟應爲重慶銅梁人。

五七、又(張維題名)^(一)

拓本高一尺三寸,寬一尺二寸。凡七行,行七字。正書,徑二寸。

前涪陵令張維同
弟縮,拉郡人孟彦
凱、高永^[一]、許萬鍾,重
游石魚,共喜豐年
之兆。是日,縮搦毫
題石以記歲,時紹
興乙亥戊寅丙辰^[二]。

《繫年要録》：紹興二十五年正月己酉朔，則丙辰爲八日也，與前題名後一日。

【校】

（一）《八瓊室金石補正》名此題刻爲《張維等再題》。

【注】

［一］高永，胡宿《文恭集》卷十八有《高永可試助教制》一文，未知此處高永是否即爲題名之人。

［二］紹興乙亥戊寅丙辰，即紹興二十五年（1155）正月初八日。

五八、張松兊等題記

拓本高三尺六寸，寬四尺。凡六行，行十一字。正書，左行，徑四寸五分。

紹興丙子□□□，□□□□
張松兊[一]率□□□□□□□
王定國，太□□□□□□□
□□□回，濮國黄□□[二]，自北
巖泛舟迤邐來觀，石魚去無
尺許，已見鱗鬣□□□□。

《繫年要録》：紹興五年正月癸丑，左迪功郎、樞密行府書寫樞密文字張松兊爲左承奉郎。松兊，（張）俊從子[三]。上召對而命之。《（嘉慶）四川通志》：紹興五年進士王定國，金堂人。

【注】

［一］張松兊，《宋會要輯稿·兵二二》載：“紹興十八年十月十八日，通判黎州張松兊轉一官，以任内市馬及額故也。”同書“職官四一”又載，乾道三年四月二日“詔金州守臣帶管内安撫以刑獄公事張松兊言：‘金州最爲闊遠，守臣若不稍假以權，則統兵主將勢爲獨重，州郡施爲措置皆有所牽制’”。此外，《文定集》卷十一還有“張松兊、喻樗初九日内殿引見”的記載。據上述史料可知，張松兊曾先後出任黎州通判、金州知州、帶管内安撫以刑獄公事等職。

［二］濮國黄□□，據後題《黄仲武等題名》，此或亦是黄仲武。此題刻鐫於紹興丙子（紹興二十六年，1156），後題《黄仲武等題名》鐫於紹興丁丑（紹興二十七年，1157），兩者相距僅一年，故而

有此推論。

［三］俊從子，《所見録》、《題名記》皆作“俊”，誤，當作“浚”，張松兑爲張浚從子，而非張俊從子。事
見《文定集》卷十一《讀喻玉泉紹興甲寅奏對録》。

五九、黄仲武等題名

拓本高二尺六寸，寬一尺三寸。凡五行，行九字。正書，徑二寸。

濮國黄仲武[一]梁公、壽春
明宋子應小艇同來。是日
積雨初晴，江天一碧，徘徊
終日而歸，時紹興丁丑元宵
後五日。

【注】

［一］黄仲武，濮國人。據元李克家《戎事類占》所載，濮國即言合川地也。宋李流謙《澹齋集》卷三
有《送黄仲武尉青城》，可知其曾爲青城縣尉。

六〇、向之問等題名

拓本高一尺三寸，寬一尺。凡六行，行七字。正書，徑一寸六分。

乾道三年立春後
一日，童子八九人
刺船[一]來觀，庚光、堂
弟□、□□（一），向之問
書，弟之望、之才、之
□顯□，向益捧硯。

【校】

（一）“庚光、堂弟□、□□”一句，《題名記》作“庚光堂弟兊、弟瑩”。《三峽國寶研究——白鶴梁題刻
匯録與考索》作“庚光堂弟庚光”。黄海《白鶴梁題刻輯録》作“庚元堂弟□□□”。“弟之望、之

才、之□、顯□"一句,《題名記》作"弟之望、之才、之天、顯□"。

【注】

[一] 刺船,《吴下方言考》卷十一云:"'刺'音'辣'。揚子《方言》'所以刺船謂之檣'。案:刺,攔也。吴中船户使檣曰'刺'。俗讀作'譏刺'之刺,誤。"元好問《元遺山詩集》卷十四《贈湛澄之四章》,中有一詩云:"散聖風流有別傳,漆瞳一點出人天。石門故事君知否,好佐涪翁學刺船。"

六一、王宏甫題名

拓本高一尺三寸,寬一尺。凡五行,行六字。正書,徑一寸五分。

乾道丁□□□
二日[一],合陽[一]王宏
甫來觀石魚,孫
男桂老侍行并
書。

　　合州,亦稱合陽。見《輿地紀勝》

【校】

(一) 從題刻文字布局來看,"乾道"之後,"二日"之前應至少有四字,所題當爲月份。慮及前題《向之間等題名》鐫於乾道三年,即乾道丁亥,是年有石魚出水,故此刻極可能與之爲同年所題。

【注】

[一] 合陽,《輿地紀勝》卷一百五十九云合州亦有"巴川、合陽、合水、墊江、雲門、赤子"等稱。又言:"國朝平蜀,乾德三年仍爲合州,分蜀爲東西川峽路,而合隸峽路。及分川峽爲益、梓、利、夔四路,而合,梓州路。中興因之,今領縣五,治石照。"

六二、賈振文等題名

拓本高二尺六寸,寬一尺二寸。凡四行,行十字。正書,徑一寸七分。

乾道三年人日[一]，賈振文率

鄧和叔、李從周[二]、孫養正、庚

□卿^(一)、張□卿^(二)來觀，姪德象、

甥向仲卿侍行。

【校】

(一) 庚□卿，原作“庚□□卿”，《題名記》作“庚端卿”。

(二) 張□卿，《題名記》作“張靖卿”。《八瓊室金石補正》作“張智卿”。

【注】

[一] 李從周，據李勝《白鶴梁石刻題名人考按一百二十二則》考證：“字肩吾，又字子我，號蠙洲，四
川眉州人（按：一說彭山人），魏了翁門客。博見强識，能書，尤精六書之學，有《字通》一卷行世
（陳振孫《直齋書録解題》卷三、《宋史・藝文志》、倪濤《六藝之一録》卷三四九）。雖‘破碎冗
雜，殊無端緒……亦可備檢閲’（永瑢等《四庫全書總目》卷四一）。善填詞，有趙萬里輯《蠙洲
詞》，《全宋詞》收其《玲瓏四犯》、《初撥琵琶》等十首。”

[二] 乾道三年人日，即乾道三年正月初七日。

六三、趙彥球題記^(一)

拓本高四尺六寸，寬三尺。凡九行，行十八字。正書，徑一寸五分。

石魚不出，十有八年矣[一]。乾道丁亥^(二)，

玉牒[二]趙彥球攝守是邦^(三)，魚復出。是歲元日，大晴，

人日，亦如之，率僚屬游北巖。越三日，遂觀石魚。

水痕尤瘦，古刻宛然。涪人曰：一旬而三美具，此

大有年之兆，而

賢太守德化之所感也，在屬吏其敢不書？從游

者五人：□陽王如慈^(三)、古渝何肅、眉山宋中和[四]、玉

牒趙伯□□□□^[五]，

御前□□□□□□翊王浩。

《宋史・宗室世系表》名彥球者有六人：一爲公回子，魏王廷美子德恭六世孫。

一爲公亮子，一爲公耄子，一爲公尤子，皆廷美子德彝六世孫。一爲公立子，一爲公倚子，皆廷美子德雍六世孫。未知此彦球爲何人也。《（嘉慶）四川通志》：宋有進士王浩，蒼溪人，失其年，官監簿。

【校】

（一）此題刻，《八瓊室金石補正》作《趙彦球等題名》。

（二）乾道丁亥，姚藏繆校本按語云："'丁亥'二字，拓本此字已泐，文須查《紀元編》。"今據《紀元編》，此處丁亥當無誤，即乾道三年（1167），應與《賈振文等題名》鎸於同年。

（三）"玉牒趙彦球攝守是邦"句，繆荃孫於姚藏繆校本考云："'玉'字上不空格。"又云："'玉'字下似'端'字。"

【注】

［一］"石魚不出十有八年"句，似有失真之嫌。前題《張松兑等題名》已有石魚出水之記載，明言紹興丙子（紹興二十六年，1156）"石魚去無尺許"，距此不過十一年。

［二］玉牒，宋代皇族族譜稱爲"玉牒"。宋羅大經《鶴林玉露·丙編》卷三："玉牒脩書，始於大中祥符，至於政、宣而極備……編年以紀帝系，而載其曆數及朝廷政令之因革者，爲《玉牒》。"

［三］□陽王如慈，重慶中國三峽博物館藏清拓本似作"合陽王如慈"，慮及前有《王宏甫題名》亦成於此年，且均是合陽人，故推斷此王如慈與王宏甫或是同一人，宏甫或爲其字。

［四］宋中和，《（雍正）四川通志》卷七上載："眉山人，舉（隆慶）進士，慶元初守榮州，廉勤節儉，爲西蜀循吏第一。"

［五］玉牒趙伯□□□□，《（雍正）四川通志》載，重慶"銅梁山上有趙伯業讀書臺"，時有趙伯業乾道間在夔路爲官，此處所鎸未知是否即其人。

六四、向仲卿題記[一]

拓本高二尺五寸，寬二尺。凡十行，行十二字。正書，徑一寸四分。

涪陵江心石梁刻二魚，古今相
傳，水大落魚出見，則時和歲豐。
自唐廣德間，刺史鄭令珪已載
其事[二]，而魚之鎸刻莫詳何代，蓋
取詩人"衆維魚矣，實維豐年"之
義。淳熙五年正月三日，劉師文[一]

相約同勾晦卿、□清卿來觀[三]，時

水落魚下三尺，□人舟楫往來，

賞玩不絕，因書以識

升平瑞慶云。向仲卿題。

【校】

(一) 此題刻，《八瓊室金石補正》名爲《劉師文等題名》。底本及《題名記》均作《陶仲卿題記》。據今
　　拓本，“陶仲卿”當爲“向仲卿”之誤，今改正之。另，向仲卿之名，已見於《賈振文等題名》，當即
　　其人。

(二) “已載其事”句，底本原作“已三載其事”，今據《題名記》及今拓本所見刪“三”字。

(三) “□清卿來觀”一句，《八瓊室金石補正》錄作“賈清卿來觀”。

【注】

[一] 劉師文，即劉甲，師文爲其字，今四川省三臺縣有劉甲《重修潼川孔廟碑》，中有云：“公名甲，字
　　師文，元祐丞相忠肅公五世孫。”（原碑或已佚，重慶中國三峽博物館存該碑拓片。另，《宋代石
　　刻文獻全編》錄有該碑文字。）

六五、馮和叔等題記[一]

拓本高三尺，寬二尺七寸。八行，行八字。隸書，徑二寸餘。[二]

淳熙戊戌人日[一]，郡守、

劍浦[二]馮和叔季成[三]，郡

丞[三]、開封季□德輔[四]，率

前忠守、河內向士价

邦輔[四]，涪陵令、武信胥

挺紹祖[五]，郡幕、東平劉

甲師文，來觀石魚，以

慶有年之兆[五]。

　　《輿地紀勝·福建路南劍州劍浦郡軍事》：倚郭爲劍浦縣。今延平府也。《太平
寰宇記》：遂州，皇朝爲武信軍節度。《輿地紀勝》：徽廟潜藩，升爲遂寧府，依舊武信

軍。《(嘉慶)四川通志》：乾道五年進士胥挺，遂寧人。《宋史·劉甲傳》：字師文，其先永静軍東光人，元祐宰相摯之後也。父著，爲成都漕幕，葬龍游，因家焉。甲，淳熙二年進士，累官寶謨閣學士、知興元府、利路安撫使。又，《劉摯傳》：永静東光人，父居正，十歲而孤，鞠於外氏，就學東平，因家焉。此刻稱東平，書其先世所居也。龍游，爲今樂山縣。

【校】

(一) 繆裝初鈔本於此題刻後接一題刻云："實庚午春之七日，前成都通判陵陽程遲孫艤東去之，舟於涪陵岸下，太守謝宋卿以踏磧故事招飲北巖。謁伊川先生像於鈎深堂，敬賦古詩一章，刻諸巖石："春風吹客舟，沙際初倚柁。懷人愛其屋，木杪危石堕。欣從太守游，江色清照坐。當年紹述議，洛黨亦奔播。時人欲殺翁，甘此采薇餓。流離終愛君，怨語無騒些。寥寥十翼後，學《易》埶無過。'從容半日，盡興而返，同游者八人：前郡掾、蘄春張慶延元祚，郡從事、穎昌王邦基廷堅，州文學掾、龜陵申駒致遠，漢嘉瞿景明濡，縣佐、汶江彭楠國材，征官、上邽左延慶椿老，郡文學掾、南郡徐嘉言公美識。"今考，此題刻前半段出自涪陵北巖，後段則見於《徐嘉言題名》。

(二) 拓本尺寸，繆裝初鈔本作"拓本高三尺，寬二尺七寸。八行，行八字。分書，字徑五分許"。並於後列《張彦中、王紹祖題名》、《北巖劉濟川等題名》、《鈎深陳遇孫詩》等題刻三段，實均非石魚題刻。

(三) 姚藏繆校本"郡"誤"都"。

(四) "開封季□德輔"，所損文字，《八瓊室金石補正》作"栱"。"季"字，今拓本已泐半邊，唯似"李"字，姑存之。

(五) "以慶有年之兆"句，底本作"以誌有年之兆"，據今拓本改。

【注】

[一] 淳熙戊戌人日，即淳熙五年(1178)。

[二] 劍浦，許鳴磐《方輿考證》卷二有云："南劍州劍浦郡軍事，治劍浦，僞唐劍州。太平興國四年，加'南'字。縣五。五代晋時王延政置鐔州，即今延平府。"

[三] 馮和叔，字季成。《(景定)建康志》卷二十七載："馮和叔，右承事郎，紹興二十年二月初七日到任(上元縣令)，至二十三年五月初四日任滿。"

[四] 向士价，字邦輔，河内(今河南沁陽)人。晁公遡《嵩山居士集》卷四十四存有致向邦輔詩文一篇。

[五] 胥挺，字紹祖。武信即武信軍(今四川遂寧)，淳祐癸卯題名中另有"武信趙廣"。《輿地紀勝》卷一百五十五云，徽宗元豐八年封遂寧郡王，故於政和五年(1115)"升爲遂寧府"。而據《(雍正)四川通志》卷三十三，胥挺爲遂寧人，乾道五年(1169)進士。

六六、朱永裔題記

拓本高四尺，寬二尺五寸。八行，行十四字。正書，徑二寸四分。

詩人以夢魚爲豐年之祥，非比非興，

蓋物理有感通者，涪郡石魚出而有

年，驗若符契，比歲頻見，年示婁豐。今

春出水幾四尺，乃以人日躬率同僚

教官、相臺李衍，郡幕、七閩[一]曾稷，秋官、

武信胥挺[二]，武龍簿、東平劉甲來觀，知

今歲之復稔也，因識其喜云。是歲，淳

熙己亥，假守閬中朱永裔[三]書。

【注】

[一] 七閩，明正德十五年（1520）葉溥修《福州府志》云：“福州古七閩之地，自見於周《職方》，歷漢唐而宋，迄於我國朝則大盛，而爲八郡之會矣。”

[二] 胥挺，字紹祖，武信人，其名另見《馮和叔等題記》。

[三] 朱永裔，據李勝考：“字光叔，小名信哥，小字冠先，閬州閬中縣新安里人（按：《四川通志》卷三三作“南部縣人”），故左迪功郎朱驥之子。建炎元年六月十六日生，紹興十八年進士，五甲第六十四名。淳熙七年假涪州守。”又，鄧子勉編著《宋人行第考録》云：朱永裔，人稱“朱十九”。（中華書局，2001 年，第 61 頁）

六七、夏敏彥等題名[一]

拓本高二尺七寸，寬四尺六寸。七行，行五字。正書，徑四寸。

郡守、眉山夏

敏彥博，文學

掾、荆州董天

常可久，以人日

□民，因觀石

魚，慶豐年之

祥，淳熙甲辰[一]。

【校】

（一）此題刻命名爲《夏敏彥等題名》，恐誤，題刻人實爲夏敏，字彥博。《八瓊室金石補正》認爲此拓

並不完整，"後疑失拓"。

【注】

［一］淳熙甲辰，前見"人日"二字，當知即淳熙十一年(1184)正月初七日。

六八、徐嘉言題名

拓本高二尺，寬二尺四寸。十五行，行十二字。正書，字徑寸許。

慶元戊午中和節[一]，屬吏從
尉史君，送別新憲使
劉開闔[二]建臺臨按，自小荔園旋
觀石魚，歷覽前賢留刻，蓋自唐
迄今五百餘載，郡人每以魚之
出，兆年之豐事，既有驗於古，可
以卜今歲之稔，無疑也。涪陵宰、
臨汝馮愉端和(一)，置酒與僚友更
賀(二)，從容半日，盡興而返。同游者
八人：前郡掾、蘄春[三]張慶延元祚，
郡從事、潁昌[四]王邦基廷堅，州
文學掾、龜陵[五]申駒致遠，糾曹(三)、漢
嘉瞿常明孺，縣佐、汶江彭楠國
材，征官、上邽左延慶椿老，郡文
學掾、南郡徐嘉言公美[六]識。

【校】

(一) 馮愉，底本作"馮倫"，今據拓本正之。據李勝考："馮愉，字端和，臨汝人，紹熙五年五月乙未以
　　通判遂寧府權州事(無名氏《兩朝綱目備要》卷九)，慶元二年涪陵郡守。"

(二) 繆裝初鈔本此句後所接與原題刻有異，作："涪陵宰臨汝馮倫端和，置酒與僚友更諸儒踐陳迹，
　　如蟻困，旋磨巖栖，獨鈎深混沌，與鑿破書，成置篋中。山鬼巖夜邏，向來新説行，書籍乃生禍，
　　氛埃滿汴州。久被犬羊，三宛何如？北巖石樵牧不敢做詩，寒不成章，聊爲茲賀，庚午嘉定三
　　年。"此當誤接北巖題記。

（三）糾曹，底本作“判□”，今據拓本正之。

【注】

［一］慶元戊午中和節，即慶元四年(1198)二月初二日。繆裝初鈔本作“中秋節”。

［二］新憲使劉開闔。憲使，提點某録刑獄公事的別稱。慮及此前諸題均有劉甲之名，且劉甲曾官居此職，此處劉開闔或即指劉甲。

［三］蘄春，《方輿勝覽》卷四十九載：蘄春郡“晋以爲縣，屬弋陽郡。東晋改蘄春爲蘄陽縣，避宣太后諱也。北齊置齊昌郡及羅州。後周改爲蘄州。隋廢爲郡。唐復爲蘄州。皇朝因之。今領縣五，治蘄春”。

［四］穎昌，《輿地紀勝》卷第一百六十云：“神宗自忠武軍節度使建儲，升許州爲穎昌府。”其地即今河南許昌一帶。

［五］龜陵，《(康熙)涪州志·建置沿革》：宋代涪州“後移治三臺山，元復舊治”。《(乾隆)涪州志》卷二《沿革》沿用其説，宋代涪州“屬夔州路，咸淳三年移治三臺山，元復舊治”。同書卷二《山川》：“龜山，州東……古州治據其上，其形如龜，故州亦名龜陵，《舊志》：‘在州東北，亦名三臺，宋咸淳中移州三臺，即此’。”

［六］徐嘉言公美，《(萬曆)溫州府志》載：“周澄，左朝請大夫、知(溫州軍州事)。淳熙二年浚河道，政事修舉，委教授徐嘉言編《永嘉志》。”

六九、趙時儵題名

拓本高一尺五寸，寬一尺七寸。凡六行，行五字。正書，徑二寸五分。

玉牒時儵[一]丞

郡于兹(一)，石魚

兩載皆見之。

壬戌仲春，携

屬同妹夫王

倬[二]游，男若金侍。

　　《宋史·宗室世系表》：魏王廷美子德彝八世孫時儵，子若金，與寧宗爲弟兄行，姑附於嘉泰二年壬戌歲。

【校】

（一）“丞郡於兹”句，姚藏繆校本有繆氏按：“‘丞’字，拓本不清，細審，此字疑誤。”

【注】

［一］時儗，即趙時儗。“儗”，古通“擬”，《宋史》卷二百三十八有趙時擬，薆夫子，寧宗時官夔州路，
當即此人。

［二］王倬，四川仁壽縣人，宣和進士，玉牒趙時儗妹夫。著有《班史名物編》十卷。

七〇、賈 復 等 題 名^(一)

拓本高二尺七寸，寬二尺五寸。凡五行，行十三字。行書，徑二寸。

澶淵賈復同姪衍之、徽之，男翼之、
姪婿郭知□春聚等來觀石魚，
承^(二)先人州判留題，遺迹^[一]雖未目
睹，手澤或可意窺，以江痕尚
□故也^(三)，時戊辰開禧^[二]元宵前。^(四)

　　開禧三年之次年戊辰改元嘉定，蜀中道遠未奉改元之詔，故猶稱開禧耳。紹興七
年丁巳有《知軍州澶淵賈思誠題記》，疑即此所稱“先人州判留題遺迹”也，距此年已七
十二年。

【校】

（一）《題名記》稱《賈澳等題名》。《八瓊室金石補正》作《賈澳題記》，觀今拓本，“澳”字當爲釋讀之誤。

（二）承，《八瓊室金石補正》作“尋”，拓本亦似爲“尋”字，姑存之。

（三）“以江痕尚□故也”一句，所泐之字，《八瓊室金石補正》作“長”。

（四）姚藏繆校本繆氏按語云：“細閱拓本，似當未全，疑尚有尾行。”

【注】

［一］“承先人州判留題遺迹”句，紹興七年有《賈思誠題記》。賈思誠，字彥孚，澶淵人，時爲左朝散
郎、知涪州軍州事。此所謂州判，梁章矩《稱謂録》卷二十二《通判·州判》：“州判。按：宋之州
判，蓋以尊於知州者爲之，今則知州尊於州判矣。”宋敏求《春明退朝録》卷中：“凡節度州爲三
品，刺史州爲五品……國初，曹翰以觀察使判穎州，是以四品臨五品州也。品同爲‘知’，隔品
爲‘判’。自後唯輔臣、宣徽使、太子太保、僕射爲判，餘并爲知州。”據此，題刻所謂先人，當即
賈思誠無疑。

［二］開禧戊辰，即嘉定元年(1208)。

七一、禄幾復等題名

拓本高三尺，寬二尺六寸。六行，前四行八字，後二行七字。正書，大小不一，約徑四寸。

判官禄幾復[一]、兵官王
世昌[二]、趙善暇[三]、知録郝
烜(一)、縣令楊灼、司理孫
震之、司户李國緯[四]、主
簿何吽(二)、縣尉鄧林，
歲戊辰上元同來。

《魏鶴山集》有《知威州録堅復誌略》云：開禧改元，潼川禄子固擢進士。禄本于姓，以王父字爲氏。唐季曰宗憲，自鳳翔徙於郫。本朝曰儒，舉賢良方正科，與眉山蘇氏厚善，儒生勉，勉生天授，天授生居一，居一生柬之、櫪之，櫪之，子固父也。子固名堅復，紹定六年卒，年六十，疑與幾復爲弟兄行也。《宋史·宗室世系表》：太宗子元份六世孫有善暇，與孝宗爲弟兄行。《(嘉慶)四川通志》：慶元中進士楊灼，閬中人。姑列此刻於嘉定元年戊辰歲。

【校】

(一) 郝烜，《題名記》作“郝煊”，今據拓本，當以《所見録》爲是。

(二) 何吽，底本及《題名記》作“何昕”，拓本已泐。

【注】

[一] 禄幾復，《陶齋臧石記》卷十九云：“四川涪州白鶴梁石魚有宋判官禄幾復題名，并可補姓氏書之缺。”其事他書不載。

[二] 王世昌，度宗咸淳三年合州(今重慶合川)監軍，與知州張珏、統制史焀等復廣安大梁城。後權瀘州安撫使，元兵迫城，誓不屈節，及城破，自經死。

[三] 趙善暇，《涪陵縣續修涪州志》卷九云：“趙善暇，熙寧二十一年兵官。”宋神宗熙寧年號，共計使用十年，州志所謂熙寧二十一年，當爲傳鈔之誤。

[四] 李國緯，曾爲涪陵縣司户參軍。《輿地碑記目》、《蜀中廣記》、《全蜀藝文志》、《(雍正)四川通

志》等均載其曾編《夔州（舊）圖經》。

七二、曹士中題名^{（一）}

拓本高一尺三寸，寬一尺。凡二行，行五字。正書，字徑二寸。

嘉定庚辰^{［一］}，江
東曹士中^{［二］}觀。

【校】

（一）此題刻，姚藏繆校本“曹士中”後有衍文“爲與”。繆氏校語云：“‘爲與’不知由何處録入，石已
漫去，似應作□。”

【注】

［一］嘉定庚辰，即嘉定十三年（1220）。

［二］曹士中，《（康熙）江西通志》卷五十載：“嘉定四年趙建大榜進士，都昌人，曾爲泉州僉判。”此
説另見載《（嘉靖）康熙通志》卷十三《南康府·科目·宋》以及《（同治）南康府志》卷十四《選
舉·進士》、《（光緒）江西通志》卷二十二《選舉表·宋進士》。然《（同治）九江府志》卷二十
九《選舉·進士》所載則不同，其云：“嘉定四年辛未趙建大榜曹士中，湖口人，官至湖廣
提幹。”

七三、李公玉題記^{（一）}

拓本高三尺六寸，寬二尺四寸。凡七行，行九字。分書，徑二寸五分。

寶慶丙戌穀日^{［一］}，涪陵石
魚出水面六尺，郡太守
唐安李公玉，喜其爲□
年之兆，挈男澤□□□
覺民載酒來，□□□□
叔咏，眉山□□□□□
白子才、張□□□□□。^{（二）}

【校】

（一）此題刻，《八瓊室金石補正》定名爲《李公玉等題名》。《中國西南地區歷代石刻文獻匯編》名爲
　　　《宋李瑀石魚題記》。

（二）此行末，姚藏繆校本有繆氏按語云“《李公玉題記》有邊欄”。

【注】

［一］寶慶丙戌穀日，即寶慶元年（1226）年正月初八。

七四、又（李公玉題記）

拓本高三尺三寸，寬二尺。凡七行，行十一字。正書，徑一寸六分。

瑞鱗古迹

此四字，徑七寸，另行，正書。

郡守李瑀公玉、新潼川守秦
季樞宏父[一]、郡糾曹掾何昌宗
季文、季樞之子九韶道古、瑀
之子澤民[二]志可同來游，石魚
閟八年不出，今方瞭然，大爲
豐年之祥，此不可不書。寶慶
二年正月十二日[一]，涪州太守[二]。

　　　秦九韶《數學九章》十八卷，淳祐七年自序，《書錄解題》稱爲魯郡人[三]。是時，地
已入於元矣。

【校】

（一）此題刻鐫於“寶慶二年正月十二日”，文中又言“石魚閟八年不出”，由此推知，石魚前次出水在
　　　嘉定己卯、庚辰間，也就是《曹士中題名》前後。

（二）姚藏繆校本按語云：“‘涪州太守’係四小字，在‘日’字下，書亦甚拙惡，似後人刻。”

【注】

［一］秦季櫶，合《南宋館閣續録》卷七、卷九記載，其字宏父，普州安岳（今屬四川）人，紹熙四年陳亮
　　　榜同進士出身，治《春秋》十七年。寶慶元年正月，以秘書少監兼實録院檢討、國史院編修官，
　　　六月除直顯謨閣、知潼川府。

［二］李澤民，字志可，據郝玉麟、盧焯等修《福建通志》卷七載，其爲寶慶間涪陵郡守李公玉子，唐安
　　　（時稱江源，今四川崇州）人。理宗淳祐初知寧德縣事。八年，移長溪令，興廟學，築東湖（築堤
　　　長百丈，周九百七十五步，邑民便之，號曰“李公堤”），士民德之。

［三］“魯郡人”句：《直齋書録解題》卷十二云：“《數術大略》九卷。魯郡秦九韶道古撰。前世算術，
　　　自《漢志》皆屬曆譜家要之數，居六藝之一，故今解題列之雜藝類。”又，同卷述《紀元曆》時稱：
　　　“本朝（南宋）承平諸曆，略具正史志，不見全書。此二曆，近得之蜀人秦九韶道古，故存之。”由
　　　此看來，所謂魯郡，實言其鄉貫，蜀人蓋言其生身之所。

七五、寶 慶 題 字^(一)

拓本高二尺五寸，寬七寸。一行。隸書，徑二寸餘。

寶慶丙戌，水齊

【校】

（一）此題刻，今拓本亦存此六字，《八瓊室金石補正》名《丙戌殘題》，録文作“寶慶丙戌，水落□□”。
　　　陸增祥按：“後有元天曆年題記五行，宋刻蓋爲所磨矣。”此題刻與前題《李公玉題記》或刻於同
　　　時，亦或一人所題。

七六、□ 鎬 等 題 名^(一)

拓本高二尺，寬二尺六寸。凡五行，行七字。正書，徑四寸。

□鎬、星江□□□、
潼川馬驥^[一]、□□□
錢釋之^[二]、浚儀
□□
潮彦診，紹定□□
正月五日同觀。

【校】

(一) 此題刻,《八瓊室金石補正》以及黃海《白鶴梁題刻輯録》、陳曦震《水下碑林白鶴梁》定名爲《紹
定殘刻》,《三峽國寶研究——白鶴梁題刻匯録與考索》名之爲《江□□等題記》,《長江三峽工
程水庫水文題刻文物圖集》作《馬驥等題記》,王曉暉《白鶴梁題刻文獻匯集校注》作《□鎬星
江等題記》。重慶中國三峽博物館藏舊拓本"鎬"字之上,又見"周"字之半。而後題《趙以
(汝)廩題詩》末句有云:"片雲不爲催詩黑,欲雨知予志在民。"其中"片雲不爲催詩黑",語出
王從周詩。《娛書堂詩話》云:"王從周鎬,吉之永豐人,仕至忠州太守。喜爲詩,亦有警句。
《早行》云:'髮爽帶風梳,齒疏和月漱。'《觀橋寓樓》云:'避喧那厭雨,宜睡不思茶。'《將雨》
云:'雲學催詩黑,風仍作頌清,'"又,涪州、忠州相隔不遠,據上所見,此處題名人極可能是
王從周。

【注】

［一］馬驥,《宋史》載,南宋中期有兩位馬驥,一曾官居都統制。一人則與"虞允文、杜莘老等復除爲
起居郎"(《宋史》卷三百八十八)。未知此處所指是哪一個,更或二者皆不是。《(道光)重慶府
志》卷一載:"宋杜莘老墓。在縣南杜村,官殿中侍御史,子美十三世孫,丞相虞永文題其墓曰
'剛直御史'。"慮及馬驥與虞永文、杜莘老均官蜀地,因此更可能爲上文所言第二人。

［二］錢釋之,據《(嘉靖)嘉興府圖記》載,嘉熙中有錢釋之居官嘉興府。

七七、謝興甫等題名

拓本高二尺七寸,寬二尺。凡六行,行八字。正書,徑二寸五分。

長沙謝興甫起□□、
資中楊坤之夷叔、□
人虞會和叔,紹定庚
寅上元後一日^[一]來觀
石魚,子籛侍。

雙龍鱗甲奇,變化待何時囲^(一)

【校】

(一) "雙龍鱗甲奇,變化待何時囲"諸字並非《謝興甫等題名》中語。《八瓊室金石補正》認爲此"十
一字疑亦宋人所題"。姚藏繆校本"變化待何時囲"一句,脱"時"字。

【注】

［一］紹定庚寅上元後一日，即紹定三年（1230）正月十五日。

七八、張霽等題記[一]

拓本高四尺四寸，寬三尺二寸。凡十一行，行十八字。正書，字徑二寸。

石魚報稔之瑞，曠歲罕見。淳祐癸卯冬[一]，水落而
魚復出，既又三白呈祥，年豐可占。郡太守山西
張霽明父[二]，率同僚來觀，通判開封李拱辰居中[三]、
教授古通王櫨鈞卿[四]、判官古黔鄧季寅東叔[五]、録
參長沙趙萬春伯壽、司理鳳集孫澤潤之、司户
□□趙與扔仲器、監酒潼川李震發子、華□安
□應午子酉、監税資中張應有嗣行[六]、涪陵縣令
武信[七]趙廣僖公叔、主簿合陽李因夏卿、尉合陽
馮申龍季英、忠州南賓簿尉開漢王季和和父、
節幹成都周儀可義父、節屬益昌張申之西卿[八]、
郡齋奉節王建極中可與焉。時嘉平既望謹識。

《宋史·宗室世系表》：燕王德昭九世孫有與扔。《輿地紀勝·順慶府》有《開漢
志》引《郡守李繁序》云：紀將軍加封《誥詞》有云"實開漢業"，故建樓，命曰"開漢"。
《郡志名編》亦曰"開漢"，理亦無礙[九]。而《郡志序》云：又以"開漢"名郡，於理未安。
今觀此刻，直以"開漢"爲地名矣。益昌爲昭化縣，亦見《（輿地）紀勝》。《（嘉慶）四川
通志》：嘉熙二年進士張申之，内江人。蓋別是一人。

【校】

（一）此題刻，《八瓊室金石補正》作《張霽等題記》，《中國西南地區歷代石刻文獻匯編》名《宋張霽石
魚題記》。

【注】

［一］淳祐癸卯，即淳祐三年（1243），題刻末又有"時嘉平既望謹識"之語，故知此題刻鐫於淳祐三年

臘月十六日。

[二] 張霽，《長編》卷十七載有右補闕、知江州張霽，然其爲太祖時人，故此處張霽當另有其人，惜史傳記載不詳。而“綿州石堂院題刻”中有一宋人題名云：“紫巖張明父領尉未兩旬，奉憲檄行四境諸刹，因成訪古，觀覽殆遍。”（原題刻拓本今存重慶中國三峽博物館。）此張明父或即爲張霽。

[三] 李拱辰，據《(雍正)廣西通志》卷五十一，嘉定中有昭州教授李拱辰。

[四] 王櫃，《四川通志》卷三十三云：“王櫃，字鈞卿，古通（今四川達州）人，淳祐三年涪陵郡教授。”《(乾隆)達州志》卷三則言其爲端平二年進士。

[五] 鄧季寅，《涪陵縣續修涪州志》卷九載：“鄧季寅，字東叔，淳祐二年判官。”

[六] 張應有，字嗣行，資中人（一說綿州人），紹定進士，淳祐三年涪陵郡監稅。

[七] 武信，《通鑑》載：唐昭宗光化元年王宗滌言於王建，以東川封疆闊遠，請分遂、合、瀘、渝、昌五州爲武信軍。二年詔升遂州，爲武信軍，領遂、合、瀘、渝、昌五州。

[八] 張申之，《(雍正)四川通志》卷三十三載有乾道進士，名張申之，成都府人，或即爲此人。

[九] “《郡志名編》”句：《輿地紀勝》卷一百五十六原載：“郡守朱繁《開漢志序》云：紀將軍加封《誥詞》有云‘實開漢業’，故建樓，命名曰‘開漢’。《郡志名編》亦曰‘開漢’，理亦無礙。而《郡志序》云：又以‘開漢’名郡。象之切詳：州名、郡名，皆朝廷所錫，不應擅改。今《九域志》第曰‘南充郡尚朝廷所以命也’，未請於朝，以求改命，而自稱曰‘開漢’，於理未安。”

七九、王季和題記(一)

拓本高三尺，寬二尺一寸五分。十行，行八字。正書，徑二寸餘。

山西張侯(二)來鎮是邦，
癸卯、甲辰[一]，魚出者再，
邦人皆謂前所罕見，
屢書以識其異。忠
南郡幕、開漢王季和[二]，偕
所親張文龍，郡齋、益
昌張申之(三)，奉節王建
極，侍太守來觀，臘月念肆
日也。

張侯即前刻張霽，癸卯、甲辰爲淳祐三、四年。

【校】

（一）此題刻，《八瓊室金石補正》作《張霽等題記》。

（二）姚藏繆校本繆按："山西張侯即霽也，是時所題。"

（三）張申之，已見前題。《重修涪州志》作"張田之"，當誤。

【注】

［一］癸卯、甲辰，姚藏繆校本按語云："題記所稱癸卯、甲辰乃淳祐三、四年也。此是錢説。"淳祐癸卯年至淳祐甲辰年，分别爲淳祐三年和淳祐四年，故姚氏言淳祐三、四年。從"臘月念肆日"及"癸卯、甲辰"等語可推知，此題刻作於《張霽等題記》之後八日，即淳祐癸卯（淳祐三年，1243）臘月二十四日。

［二］王季和，朱熹《晦庵集》卷五十四有《答王季和》二文。又，《宋元學案》卷二十二"附録"（《謝景迁先生船場祠堂碑銘》）曰："景迁先生以大觀之庚寅謫居甬上船場，其後七十餘年而監官王季和爲立祠，放翁記之詳矣。雲豪案：季和名鉛，襄陽人。"未知是否爲此人。

八〇、鄧剛等題名

拓本高三尺九寸，寬一尺六寸。凡四行，行十二字。正書，徑四寸。

大宋淳祐戊申正月[一]，石魚呈祥，
郡守、廬陵鄧剛季中[二]，率
通判、江陽何行可元達[三]同觀，望
日謹誌。

　　江陽，爲今瀘州。[四]

【注】

［一］淳祐戊申正月，題刻又云"望日謹誌"，可知即淳祐八年（1248）年正月十五日。

［二］鄧剛，據《（嘉靖）贛州府志》卷七所載，鄧剛於寶慶二年權會昌縣知縣事。此書所載之人，與題刻所見者時間相近，且題刻中鄧剛即江西廬陵人，故二人或即同一人。

［三］何行可，據題刻所記，字元達，江陽人，時任涪州通判。《涪陵縣續修涪州志》卷九又云"淳祐九年通判"，據題刻所見推斷，志文所載時間或誤。

［四］瀘州，《輿地紀勝》卷一百五十三載，瀘州"本漢江陽縣地，屬犍爲郡。東漢末，爲江陽郡。晋太康二年，移郡治於支江、汶江合流之際，以縣爲治。穆帝於此置東江陽郡，領江陽縣。《隋志》舊曰江陽，並置江陽郡。開皇初，郡廢。大業初，置瀘川郡，縣改名焉。《舊唐書志》云：梁置瀘州，故以江陽爲瀘川縣，州所治也。本朝乾德五年，併涇南縣入焉。"

八一、趙汝廪題詩^(一)

拓本高二尺七寸，寬二尺九寸。凡八行，行十字。正書，徑二寸五分。

淳祐庚戌正月八日，郡守開

封趙汝廪觀石魚，賦五十六言：

預喜金穰^[一]驗石鱗，□能免

俗且怡神。曉行鯨背占前

夢，瑞紀龜陵^[二]知幾春。拂石

已無題字處，觀魚皆是願豐

人。片雲不爲催詩黑^(二)，欲

雨知予志在民。

　　涪州有龜山，故又號“龜陵”，舊有《龜陵志》，見《輿地紀勝》。

【校】

(一) 趙汝廪，底本作趙以廪。《題名記》亦作《趙以廪題詩》。今觀原拓本，“以”字當爲“汝”字之誤。檢涪州方志，各志均記載有涪州知州趙汝廪，而未見趙以廪之名，故改之。趙汝廪，《(雍正)四川通志》卷六及《涪陵縣續修涪州志》卷九均載其“知涪州，歉歲則貸公庾，豐年則貯義倉，勸農興學，民立生祠於學宮，以配程、黃、尹、譙四賢”。另據《字溪集》卷十二：“寶祐元年癸丑，公(字溪先生)年六十七，與稅巽父論《啟蒙小傳》，與湖北漕袁君鼎東論《進學》，與紹慶守趙公汝廪論《易》。趙守延公講學，公辭。”可見，趙汝廪曾先後任涪州知州及紹慶府知府，且長於論《易》。又，同書卷十一載《贊趙廣安》一詩，下夾行小注曰：“汝廪，字景賢。”或可推知其字景賢，還曾出爲廣安守。此外，從《字溪集》卷八《趙使君汝廪刊〈易學啟蒙〉於涪屬予爲跋》一文可知，在涪州任上，趙汝廪還曾刊刻《易學啟蒙》一書。另據《字溪集》卷九載，陽枋曾撰《祭趙景賢使君文》，贊其人云：“公資禀高明，才華卓出。好語開口，妙句落筆。貫百家而剖析，飽信史而涉歷。齊漢儒兮不群，董謫仙兮俊逸。”

(二) 姚藏繆校本“黑”誤“墨”。

【注】

[一] 金穰，《史記·天官書》云：“太歲所在，金穰、水毀、木饑、火旱。”金穰，此代指豐收之年。

[二] 龜山，《(嘉慶)大清一統志》卷三百八十七載：“龜山，在涪州東。”《輿地紀勝》則云其“在黔江東

岸，州治據其上，其形如龜，故州亦名龜陵。《舊志》：在州東北，一名三臺山。宋咸淳中移州治三臺山，即此"。

八二、蹇材望題詩記[一]

拓本高二尺四寸，寬三尺三寸。凡十四行，行十字。正書，徑二寸。

涪以石魚之出，占歲事之
豐，以歲事之豐，彰太守之
賢尚矣。長寧劉公叔子鎮
是邦，又出，夫豈偶然？別駕、
潼川蹇材望[一]廥皇祐劉
轉運詩以紀之。
宋寶祐貳年嘉平下澣[二]書。

何代潛鱗翠琰鎸，雙雙依
藻更依蓮。夢符端報屢豐
兆，物盛魚麗美，萬物盛多宜歌大
有年。玉燭調和從可卜，金
刀題咏又開先。渾如潑剌波
心躍，感召還知太守賢。
粤明年[三]人日重游。

【校】

（一）此題刻，《八瓊室金石補正》名爲《蹇材望詩》。黃海《白鶴梁題刻輯録》作《蹇材望題記》。《三峽國寶研究——白鶴梁題刻匯録與考索》作《蹇材望和劉叔子詩并序》。《長江三峽工程水庫水文題刻文物圖集》作《蹇材望詩并序》。詩句部分又收於《宋詩紀事補遺》，名爲《題石魚》。題刻拓片另見於貴州省博物館，題爲《蹇材望詩》，《中國西南地區歷代石刻文獻匯編》則録爲《宋寶祐二年蹇材望石魚題記》。

【注】

［一］蹇材望，《宋詩紀事補遺》卷七十二載："字君厚，累官潼川別駕，湖州通判。"

[二] 寶祐貳年嘉平下澣，即寶祐二年(1254)臘月下旬。
[三] 粵明年，即“越明年”，指次年。全句謂寶祐三年(1255)正月初七日重游石魚。

八三、劉叔子題詩記(一)

拓本高四尺，寬一丈。凡十七行，行十五字。正書，徑二寸。

鑑湖之石魚，唐人所刻也，《圖經》謂三五年
或十年方一出，出則歲稔，大率與渝
江晉義熙碑[一]相似。聖宋寶祐貳年歲
次甲寅蠟月立春後一日[二]，郡假守長寧
劉叔子君舉[三]，偕別駕蹇材望君厚送客
江上，過石魚浦，尋訪舊迹，則雙魚已見，
實維豐年之兆，因披沙閱古碣，得轉運
使尚書主客郎中劉公忠順所題一詩，
叔子感慨頹波之滔滔，激節石魚之砥
柱，而轉運公之佳句，與之相爲無窮，敬
嗣韻以識盛事，尚庶幾《小雅》歌“牧人”之
意云爾。

銜尾洋洋石上鐫，或依于藻或依蓮。夢
占周室中興日，刻自唐人多歷年。隱見
有時非强致，豐凶當歲必開先。太平誰
謂真無象，罩罩還歌樂與賢。
三年春王正月乙巳，崙男貢士從龍書。[四]

《輿地紀勝·重慶府》：“豐年碑”在江岸，謂之“義熙碑”，每水落而碑出，則年豐。
人爭摹打，數十年不一見。

【校】

(一) 此題刻，《八瓊室金石補正》名爲《劉叔子詩》。

【注】

[一] 渝江《晋義熙碑》，《白華前稿》卷十八載："寶祐甲辰臘，涪守長寧劉叔子君舉，追和唐大中六年轉運使、尚書主客郎中劉忠順詩，其序曰：石魚唐人所刻，與渝江晋《義熙碑》相似，見則歲稔。《義熙碑》，當即今所稱'雍熙碑'。"又據胡昌健考《義熙碑》爲東晋義熙三年（407）重慶渝江中的一段題刻（《重慶渝中區文史資料》第十三輯，第 182 頁）。

[二] 寶祐二年歲次甲寅臘月立春後一日，即是寶祐二年（1254）臘月二十七日。此題刻與前題《蹇材望題詩記》均爲"賡皇祐劉轉運詩"而成，且兩題刻叙事，實前後承繼，當爲一時所題。

[三] 劉叔子，字君舉，長寧軍（今四川長寧縣）人，理宗朝登進士第，此時爲涪州知州。據《宋詩紀事補遺》卷七十一所考，其於"寶祐二年知重慶府"。又，《後村集》卷六十六載其曾爲將作監丞及太府寺丞。

[四] "龠男貢士從龍書"一句，"龠"，即"命"字，宋人薛季宣《書古文訓·堯典》："乃命羲和"之"命"，即作此形。李勝在《涪陵歷史文化研究》一書中以爲"龠"即"中"，"龠男"，疑即中男，次子之意（中央文獻出版社，2006 年，第 200 頁），恐誤。

八四、李可久等題名

　　拓本高一尺六寸，寬一尺六寸。五行，中一行五字，前後俱六字。正書，左行，字徑二寸。

李可久[一]偕弟光
錫、光福，蔣伯禹，
古廷輔來觀，
戊戌中春七日，
廷輔之子鎡侍。

【注】

[一] 李可久，南宋咸淳間嘉興人，道士，曾刻印《元始説先天道德經注解》一卷，未知是否即爲此人。慮及石魚出水數年才可一見，加之《馮和叔等題記》亦爲戊戌中春所鎸。此題或亦鎸於此年，即淳熙戊戌中春，也就是淳熙五年（1178）。

八五、盛芹等題名[一]

　　拓本高二尺三寸，寬二尺八寸。五行，行六字。正書，字徑二寸餘。

盛芹[一]率張适游
[二]，弟張遜同來，子
姪德公(二)、孝胄、興
宗[三]侍，歲丙子上
元後二日[四]。

【校】

(一) 此題刻，《題名記》不載，姚藏繆校本此題上方有繆氏按語云："涪州北巖有盛芹《普净寺記》，有云：'芹濫(監)入左等，來牧兹郡'，末'紀得具二'下有脱'程子監涪州，在稱酒務，盛芹記'。報石子爲紹興二十六年，此處記同時所題也。"

(二) 子姪德公，《八瓊室金石補正》作"子女德公"，當誤。

【注】

[一] 盛芹，《八瓊室金石補正》謂："盛芹，疑即盛景獻。芹，其名。景獻其字也。"

[二] "盛芹率張适游"一句，《八瓊室金石補正》作"盛芹率張适、游蒙"，今拓本此名泐損嚴重。陸增祥言："游蒙。疑即游正父。蒙以養正，名字相協。"又云："張适，疑即張景南，取意於南宫氏"。今姑録其説於此。

[三] 興宗，《八瓊室金石補正》録作"興忠"。

[四] 歲丙子上元後二日，《八瓊室金石補正》按云：或即紹興二十六(1156)年。

八六、周品級等題名(一)

拓本

乙丑辛日(二)四字横列
周品級、
文玉章游此。

【校】

(一) "文玉章游此"，"游此"二字，底本原爲小字。題刻位於《高祁等題名》下方，文字横列。《長江志》認爲其鎸於南宋末。《涪州石魚文字所見録》名之爲《周品級等題名》亦將其列入南宋。陳曦震《水下碑林白鶴梁》作《周品級游記》。今觀此刻，文字甚陋，題刻所録二人，亦不見於史傳，當非士大夫所題。

（二）姚藏繆校本録作"日辛丑乙"，當誤。

八七、姚昌遇等題名[一]

拓本高二尺四寸，寬二尺。三行，首五字，次七字，末四字。正書，徑三寸或四寸不等。末行下方有"明成化辛卯張本仁"等題字，不録。

吳興姚昌遇、
彭城錢好問，
偕侍
親觀故迹。

【注】

[一] 此題刻左下方另有明成化間題刻一段，今拓本文字已泐。

八八、銅鞮徐朝卿[一]太原(一)

拓本一行，在《陳襄卿題記》後，正書，徑三寸五分。

【校】

(一) 此題刻磨泐甚多，諸家所録，惟《題名記》録字較爲完整，其云："銅鞮徐朝卿、太原王晋伯、宣武侍其唐留，聞豐年獲兆，欣然觀之□□來游者，洛陽張□老，宋乾道□年。"今姑附此。

【注】

[一] 徐朝卿，汪應辰《文定集》卷九有《贈徐朝卿序》一文，結合石魚題刻所録，其當爲銅鞮（今山西沁縣）人，於建炎間爲涪州知州。汪氏言其"本業儒，爲性静慎，無世俗日者多言詫嚴之態，故術之精確，至於如此，而不免於汧澼絖也。雖然，由子之術而論之，則既有所係矣。"

八九、無諍居士王漢老來觀[一]

拓本高二尺六寸，寬四尺五寸。一行，在《謝昌瑜題記》前。正書，徑二寸五分。

【注】

［一］王漢老，《(咸淳)臨安志》卷五十一載，宋末有王漢老，曾知臨安縣。相同記載另見《(民國)杭
　　州府志》。又據《(光緒)永嘉縣志》卷二十一，其曾爲"右文殿修撰王益大并妻林宜人墓"撰《壙
　　志》，後署其職"前承議郎、帶□□□文思院、通判慶元軍府事王漢老"。另據該書卷十二所載，
　　其爲"(王)允初孫，明州倅"，即或曾出爲明州通判。從此人生平判斷，題刻至早當題於宋咸淳
　　間。又據題刻所謂"無諍居士"之號，也可能鎸於宋亡之初，是時其或歸隱於涪州一帶。又，金
　　代亦有號"無諍居士"者，其名劉迎，字無黨，東萊(今山東掖縣)人，大定進士，初爲幽王府記
　　室，改太子司經，工詩，所作有《淮安行》、《河防行》等傳世。今姑並録於此。

九〇、遂寧傅端卿游此⁽⁻⁾

拓本高四尺，寬八寸。一行。正書，徑四寸二分。

餘十字，正書，徑二寸。

【校】

(一) 遂寧傅端卿游此，《八瓊室金石補正》録文脱"此"字。

九一、董　時　彦　游

拓本

前三條無年號，後五條并無干支，姑附於南宋末，俟考。

九二、楊　公　題　詩

拓本高二尺五寸，寬二尺三寸。七行，首行六字，餘十字。正書，徑二寸。

太守楊公留題

邀客西津上，觀魚出水初。
長江多巨石，此地近仙居。

所記皆名筆,爲詳舊奏^(一)書。

豐年知有驗,遺秉利將舒。

戲草春波静,雙鱗樂意徐。

不才叨郡寄,燕喜愧蕭疏。

　　此詩無可考,亦姑附於南宋末。

【校】

(一) 此處"奏"字,底本僅具上半部,今據拓本補。

九三、安 固 題 記^(一)

　　拓本高二尺二寸,寬一尺二寸。聶文煥正書,徑一寸二三分。

皇元至大辛亥十二月,奉訓大夫、夔一行

路萬州知州兼管本州諸軍奧魯^(二)、二行

勸農事安固,奉省檄整治各路三行

水站賦役,事畢,偕忠翊校尉、同知四行

涪州事咬尋進義^[一],副尉、涪州判官五行

楊煇,敬^(三)謁伊川先生祠,因觀石六行

魚,中旬三日聶文煥謹書^(四)。七行

【校】

(一) 此題刻,《八瓊室金石補正》未見收録。《三峽國寶研究——白鶴梁題刻匯録與考索》名之爲《聶文煥題記》。

(二) 奧魯,底本作"臭魯",今據拓本改。

(三) 敬,底本及《題名記》均作"敏",今據拓本改。

(四) 原拓本於此句後,另有"時馬福從行"一句,馬福,《元文類》卷四十一載,元初隨伯顔攻宋者,有千户馬福,未知是否即爲題刻中人。

【注】

[一] 咬尋進義,《涪陵縣續修涪州志》卷九記作"咬尋通義"。奧魯,該志云:"元奧魯,至順三年奉政

大夫，夔路萬州知州兼管本州軍事。"當誤。奧魯在元時，爲征戍軍人的家屬所在，此處實乃言安固職事爲"兼管本州諸軍奧魯"。

九四、宣 侯 題 記^(一)

拓本高二尺五寸，寬一尺四寸。五行，正書。徑一二寸不等。

天曆己巳^[一]春，水去魚下二尺，

歲大熟，庚午復去五尺，

監郡宣侯爰及同僚洎邦

人士游慶記耳，

王正^[二]上元日題。

【校】

（一）此題刻，黃海《白鶴梁題刻輯錄》作《王正題記》，陳曦震《水下碑林白鶴梁》作《宣侯爰題記》。

【注】

〔一〕天曆己巳，即元文宗圖帖睦爾天曆二年(1329)。

〔二〕"王正"二字，今拓本已磨渺不清。"王正"，古書常語，即朝廷所頒曆法，亦指欽定曆法之正月，此處即正月之意。

九五、淶陽□等題字三種

拓本

淶陽□題

至元

天曆□午石魚現涪州

　　按：元明宗於致和^(二)元年戊辰九月襲位，改元天曆，踰年己巳八月殂，懷王圖貼睦爾襲位，以明年庚午爲至順元年，以是推之，"午"上當是"庚"字，乃至順元年也。其猶稱天曆者，意道遠尚未奉改元之詔與？

【校】

（一）此段題刻，《題名記》作："至元天曆□午，石魚現涪州。"黄海《白鶴梁題刻輯録》録文："皇元天曆庚午石魚現□□□。""㳠"，或爲"漆"字俗體，見《唐處士樊端墓誌》。

（二）致和，姚藏繆校本誤作"改和"。

九六、張八歹木魚記

拓本高三尺五寸，寬二尺六寸。正書，徑一寸五六分不等，下刻木魚形。

《涪陵誌》：江心石魚，出則大稔。予守郡次年　一行

始獲見。率僚友來觀，方拂石間，適有木魚　二行

依柳條中流浮至，衆驚喜曰：石魚自　三行

古爲祥，木魚尤爲異瑞也，請刻之以　四行

示將來云。至順癸酉仲春十有三日，　五行

奉議大夫涪守張八歹謹識。(一)　六行

　　按：元文宗崩於至順三年壬申之八月。十月，明宗子鄜王懿璘質班即位，太后秉政。十一月，鄜王薨，太后遺使迎明宗長子妥懽帖睦爾於静江。踰年癸酉六月，即位于上都，改元元統。此碑刻于二月，故猶稱至順。(二)

【校】

（一）據拓本，"涪守張八歹謹識"後，另有"蒲阪張珹、吏龐嗣榮從焉"十字。

（二）繆裝初鈔本此按語文字未見。僅見"至順癸酉即元統元年"九字。

九七、蒙 古 題 字[一]

【注】

[一] 此段題刻非蒙古文題字，今人多以爲係元代八思巴文字。有學者認爲該題屬六字咒語，無具體意義。曾超、王曉暉等人論著均作"生命的意義在於榮譽"。哈斯喜貴先生解釋其意爲"生命在於榮譽"。中國社會科學院民族學與人類學研究所烏蘭研究員釋爲"生命裏有榮譽"。武漢大學申萬里教授認爲，元朝時蒙古人去世，往往會在柳樹上掛一個六字條幅，以示此人一生有榮譽。此題刻蓋有此指。

跋　一

　　光緒三年六月，姚彥侍觀察自重慶至成都，以涪州石魚題名百餘種示保塘，命略考其仕履、行事以備稽核。因爲排比，先後得北宋二十二種，南宋六十四種，附宋末九種，元五種，凡百種，自明以來不錄。諸人中史有傳者，朱昂、黃庭堅、龐恭孫、劉甲。史無傳而其書行世者，吳震、晁公武、晁公遡、鄧椿、秦九韶。其餘間有見於他書可考者，略爲按語，綴於各條下。觀察自考定數條，謹依次列焉。石魚在涪州城下江心，非冬春間水涸時不得見，椎拓者少，故所存大半完善。惟蜀中金石諸書，率未著錄。近時新修《涪州志》頗有登載，然亦不備，亦多舛訛。觀察治川東久，政平人和，頻歲豐稔，石魚數見，得於其間遍拓題名，至百餘種，可謂多矣。猶以未得唐人石刻爲憾。保塘以謂題名江心，亦“杜征南沉碑漢水爲後世名”之意。然自唐廣德至今所題，其没於水中未見者當甚多，就其所見可考者，亦十不得二三。昔人言金石不如竹帛，諒哉。觀察好古盛意，命訂是編，蓋亦不忍没其後世之名，并以補諸城劉氏《三巴金石苑》所未備也。

光緒四年正月十一日，海寧錢保塘謹識

跋 二

涪州大江有石梁，長數十丈，上刻雙魚，一魚三十六鱗，一銜蓂葉，一銜蓮花，或三五年，或十餘年一出，出必豐年，名曰石魚。《寰宇記》：開寶四年，黔南上言，大江中心石梁上有古刻云，廣德元年二月，大水退，石魚見，部民相傳豐稔之兆。《輿地紀勝》云：唐大順三年，鐫古今詩甚多。余入蜀，友人間以元符庚辰《山谷題名》相餉者，而甲子、丁卯、癸酉三過涪江，均值盛漲，未睹石魚。乙亥殘冬，客渝城姚彥侍觀察署。觀察曰："石魚出矣，歲其大稔乎？"又曰："宋人題名，聞有數十段，不僅山谷，子爲我訪之。"丙子人日，挈打碑人浮江而下二百四十里至涪州，賃一小舟，絕江抵石魚，魚出四五十步，人從字上行，旁午交錯。淘沙剔石，得宋《謝昌瑜題記》等一百零八段。自宋開寶迄元至順，而唐刻終不得。土人云：唐刻尚在下，非水至涸不得見。又云：銅柱灘下近生一灘，灘水多沸騰，雖旱年亦不能見。余因盡拓所見，次日揚帆東下矣。觀察理打本，屬海寧錢鐵江大令保塘考之。迨丁丑冬間還蜀，業已釋字文，加考證，録成清册。余假觀，因留篋中。觀察旋擢湖北提刑以去，打本終未畀余。光緒甲辰，臨桂況君夔生自蜀來寧，贈石魚文字一篋，亟取對校，如見故人。缺三種，多兩種，剔出北巖兩種，爲量尺寸，畫行數字數，附印《古學彙刊》以廣其傳。

壬子長至，江陰繆荃孫跋

石魚文字補遺

劉興亮　輯補

一、劉沖霄詩并序

拓本長一〇三厘米,寬六十四厘米。八行,正書,字徑六厘米。

昔大明洪武十有七年,歲在甲子正
月人日,奉訓大夫、涪州知州劉沖霄^(一),
承務郎、涪州同知李希尹,從仕郎、涪
州判官范莊,吏目顏亮、學正黃思誠、
訓導張敬先、驛丞王青,因水落石魚
呈瑞,游觀,遂書於石,以紀一時之盛事云^[一]。
詩曰:石魚見處便豐年,自我居官亦有緣。
願得從今常獻瑞,四民樂業永安然。

【校】

(一)"以紀一時之盛事云"一句,《重修涪州志》作"以記一時之盛世云"。

【注】

[一] 劉沖霄,《(雍正)河南通志》卷三十二載:"劉沖霄,四川内江人,舉人。"曾歷官松溪知縣,南陽
　　府同知,奉訊大夫、知涪州等。

二、黃思誠題記

拓本長七十三厘米,寬六十八厘米。十四行,正書。字徑,大字九厘米,小字四厘米。

□公事于涪,學正黃
公思誠^[一],□涪州□江有□石,有
魚與□斗,□□□人皆有題記,
□之是□□夢□□□
□□索予記游,成四句而□□
日即□□□□黃公,公亦奇之,

乃命□□□□□□。黃公言□

□□□□□□□

維□□乃出之

□□□勒銘,民

安□□。

洪武二十一年正月□□□。

□□□出□□□川等

□□□□從之□□□。

【注】

［一］ 黃思誠,郝玉麟纂修《(乾隆)福建通志》卷三十九載,其爲徽州休寧人,貢生,歷官海鹽訓導。

<h1 style="text-align:center">三、雷 穀 題 記</h1>

三、雷 穀 題 記^(一)

拓本長八十厘米,寬六十八厘米。十行,正書,字徑四厘米。

予知是州,視篆初,有告曰:江心有

石魚、秤、斗,出則年豐。是歲甲申水

涸,率僚屬以游觀,得睹者魚,而雙秤

斗猶漬之水。時果稔,輸用足。乙酉仲

春二日,同僚友徵仕郎陳子仲致中、

從仕郎荀仕能復覽,魚去水五尺,秤、

斗不見如昨時。朝使、江右晏孟瑄,泊

州學正、古邵歐陽士麟^[一],訓導、西陵易巽,

義陵張致和^[二],古邰成禮同游。生員萬琳^[三]等侍。

奉訓大夫、涪陵守古邑雷穀^[四]運通志。

【校】

(一)《八瓊室金石補正》將此題刻列爲宋題刻,當誤,從雷穀所歷官時間並結合題刻中所見“乙酉仲
    春二日”記時來看,此題刻當成於明洪武十年(1377)。

【注】

［一］歐陽士麟，《（光緒）湖南通志》載，“洪武十四年辛酉科”有歐陽士麟，新寧（今湖南新寧）人。

［二］張致和，《（雍正）四川通志》載：岳池縣人，永樂年間舉人。

［三］萬琳，《（雍正）四川通志》載其爲涪州人，永樂年間舉人。又，《涪陵縣續修涪州志》載明宣德間有舉人萬琳，與陳素同榜。《（康熙）涪州志》載其爲明永樂甲午科舉人。

［四］雷穀，古邑（今廣西南寧）人，《（隆慶）岳州府志》載洪武庚午年（洪武二十三年，1390）曾爲岳州知州。

四、戴良□題記

拓本長一〇四厘米，寬五十厘米。十三行，正書，字徑五厘米。

祥魚出水羡豐年，

踪迹規模萬載傳。何

代遺形留石上，至今

詩咏滿江邊。行商來

往停舟覩，節使周回

駐馬鎸[一]。予輩幸臨觀

咏後，靈鰲准擬化龍

天。

時天順三年仲春月吉旦，

重慶府陰陽學正術

戴良□題。

涪陵良工肖鼎鎸。

同舍人范守正、傅廷用樂游。

【校】

（一）“節使周回駐馬鎸”一句，陳曦震主編《水下碑林白鶴梁》作“節使周沉駐馬鎸”。

五、晏瑛詩并序

拓本長一百一十厘米，寬九十五厘米。十三行，正書，字徑六厘米。

予湖□□□,自景泰四年癸酉來牧是邦,

嘗聞石魚、秤、斗在□□□石上,恨未獲見。

父老相傳,出則爲稔歲。至天順三年己卯,

奉□□□□遂率諸僚友往觀,其魚果顯,

魚在□□□□□□□,而水見,一覽□餘,□

□□□□,於是遂作成鄙詩一律,以爲

□□之迹焉:

前人刻石作魚鐫,沉在中流歷幾年。今日呈

祥表豐歲,何時變化處中天。商徒舟過。

邀觀古,騷客身游寫賦傳。天順三年□□

□率僚登覽賦詩聯。

涪州通判晏瑛[一]題,

時同女婿□□游。

【注】

[一] 晏瑛,籍貫、字號均不詳,時爲涪州通判。據文獻記載,湖北應城有明代碑刻《火神廟碑記》爲
　　晏瑛所題(《應城文史》第 25 輯,第 131 頁)。

六、成化鈔寫古文詩記[一]

拓本長四十八厘米,寬三十五厘米。四行,正書,字徑五厘米。

成化辛卯二月望日,

涪州太守□公[二]遣

差吏張本仁、王□

抄寫古文詩記。

【校】

(一) 黃海《白鶴梁題刻輯録》、陳曦震《水下碑林白鶴梁》均名之爲《抄寫古文詩記》。《長江三峽工
　　程水庫水文題刻文物圖集》作《抄寫石魚文字題記》。

(二) 涪州太守□公,黃海、曾超所著於泐字處補"龍"字。

七、李寬觀石魚記

拓本長一百四十八厘米，寬八十五厘米。十七行，正書，字徑二點五厘米。

江心有石焉，層見疊出，矼然於萬流之中，而其深不知

□千萬仞[（一）]，固不可窮也。涪爲西蜀岷江之匯，當春夏之交，

江□漲溢，其石淹没而不可見，至秋冬或猶然，間或水落石，

▧其年必豐。昔之好事者，因刻石魚，題咏於上，以爲大有。

▧自唐迄宋迄元以至我▧，

▧鉅卿，騷人墨客，悉皆有詩有記。銀鈎鐵畫、瓊章玉句，隱

▧江波之中，歷數千載而不磨滅，蓋天地間一奇迹也。正

▧寅仲春既望，[（二）]予偕叙州府同知陳旦、保寧府同知郭惢、

▧府通判盛應期、德陽縣知縣吳璉、新繁縣知縣祁瓛、江

安縣知縣徐崧、皆奉▧

▧於涪，簿書獄訟既倦，於勤鬱不得暢時，州守袁宗夔[［一］]來

告於予。曰"江中石魚，今忽復見，州民皆以爲豐年之祥，盍往

觀之"。予於是遂泛舟逆流而上，衆亦相繼來觀，石魚果見。自

▨公雄文傑制累累可數，而其隱伏於江波之中而未見

□□不知其幾也。嗚呼！真天地間一奇迹哉，是不可以不記，

□□乎書▨。

大明正德丙寅仲春既望，四川按察司僉事、懷□李寬記。

【注】

（一）"而其深不知□千萬仞"一句，《重修涪州志》作"而其深不知幾千萬仞"。

（二）此句"正"後之字皆殘，據下文落款"正德丙寅仲春既望"，此句似同爲"正德丙寅仲春既望"。

【注】

［一］袁宗夔，據《李東陽集》卷二百二十八《明故江西布政司左參政趙君孟希墓誌銘》所載，其字子裏，曾官□□府同知，爲江西布政司左參政趙孟希之婿。《涪陵縣續修涪州志》卷九作"袁宗奎"。

八、黄壽石魚詩

拓本長六十五厘米，寬四十二厘米。六行，正書，字徑四厘米。

時乎鸞鳳見，石没亦是豐。

時乎鷗鴉見，石出亦是凶。

豐凶良有自，奚關水石踪。

節用愛人心，胡爲有不同。

大明正德庚午，涪守江西

南城黄壽[一]書。

【注】

[一] 黄壽，《重修涪州志》卷十五云：“正德間州牧，朝暮焚香危坐，凡百念慮動，處事皆符應世，因號爲神官。”（此語另見後題和詩）又，《（康熙）江西通志》卷五十三云：“黄壽，南城人，順天中，試知州。”後題（《聯句和黄壽詩》）謂其“名壽，字純仁，號松崖，江右南城人”。正德庚午，即正德五年（1510）。《涪陵縣續修涪州志》卷九引《（乾隆涪州志）》云：“萬曆中由黄州以異政擢涪守，尚儉革俗，期年而六事孔修。”從題刻中所鎸時間推斷，方志所載萬曆間擢涪守事或存訛誤。

九、聯句和黄壽詩

拓本長六十五厘米，寬四十二厘米。十二行，正書，字徑四厘米。

魚出不節用張瓛(一)，年豐難爲豐劉用良[一]。魚没知節用文行[二]，
年凶未必凶文羽夏[三]。造化存乎人蔣建辰，豐凶豈無踪劉是。
神官儉且廉吴崇夔，小子心當同張儒臣[四]。
黄公博學六經，尤精於書。登京榜筮仕，判黄州，以異政擢爲涪
守，尚儉革弊，期年而六事孔修。庚午元日，渡江拜
伊川先生祠，舟還次江心，觀石魚留題。蓋以歲之豐歉，不關於
石魚之出没，惟係於國用之儉奢(二)。其輔相天道，收束人心之
美意，不其茂哉。時瓛等侍行，庸是續貂，相誓晋周，亦當崇

黄公之儉德,而不敢倡豐亨豫大之説也。

公名壽,字純仁,號松崖,江右南城人。朝暮焚香危坐,凡百念

慮動處而事皆符應,世因號爲

神官云。

【校】

(一) 張瓛,黄海《白鶴梁題刻輯録》作"張獻"。"劉是"作"劉昊"。

(二) "蓋以歲之豐歉不關於石魚之出没,惟係於國用之儉奢"一句,《三峽國寶研究—白鶴梁題刻匯録與考索》連同後文作"蓋以歲之豐歉不關術,石魚之出没惟係術,國用之儉奢,其輔相天道,收束人心之美意,不其茂哉"。

【注】

[一] 劉用良,《(雍正)四川通志》卷三十五載,劉用良,涪州人,正德丁卯(正德二年,1507)舉人。而《(康熙)涪州志》卷二及《(乾隆)涪州志》卷九均言其爲"正德甲子科舉人"。

[二] 文行,《重修涪州志》卷二云:"通判文行墓,長里花垣壩。"《民國涪陵縣續修涪州志》卷十五載,文行,涪州人,歲貢生,後爲湖南辰州府通判。《(康熙)涪州志》列其入明貢生表。

[三] 文羽夏,《(乾隆)涪州志》卷一有載"知州文羽麟墓,在長里朱沙坪"。該志卷九另載有貢生文羽書,未知是否與其爲弟兄行。

[四] 張儒臣:見《新中國出土墓誌·重慶卷》第66頁《明故顯考妣張公石氏墓誌銘》,該志撰者即張儒臣。爲其父張格、其母石氏而撰,張格爲張楫同母兄,時張儒臣爲陝西平涼府涇州儒學訓導。

一〇、張　楫　題　詩(一)

拓本長六十八厘米,寬三十四厘米。五行,正書,字徑四厘米。

江石有雙鱗,沉浮驗年歲(二)。隱

微宜自規,(三) 凶樂正相係。古人

形此鎊,(四) 覽者發長喟。勿謂仰

無聞,順理終有瀉。(五)

大明正德庚午郡人張楫題。

【校】

(一) 題刻文字另收入《重修涪州志》,名爲《白鶴梁石魚》。

（二）"沉浮驗年歲"一句，《重修涪州志》作"浮沉驗年歲"。

（三）"隱微宜自規"一句，《重修涪州志》作"牧長宜自規"。

（四）"古人形此鐫"一句，《重修涪州志》作"古人爲此鐫"。

（五）"勿謂仰無聞，順理終有瀉"一句，《重修涪州志》作"魚格符易占，中孚自有濟"。

一一、和涪守黃壽詩^(一)

拓本長五十厘米，寬四十五厘米。八行，正書，字徑三厘米

石魚隨出没，民安即

是豐。一州蒙作福，百

姓免遭凶。張弛誰能

測，奸橫自斂踪。

天工奪造化^(二)，屈指幾

人同。

大明正德庚午

涪人張楫^[一]拜和。

【校】

（一）曾超《三峽國寶研究——白鶴梁題刻匯録與考索》名之爲《張楫拜和詩》。黃海《白鶴梁題刻輯録》名爲《□□題記（和黃壽）》。《長江三峽工程水庫水文題刻文物圖集》作《和涪守黃壽詩》。陳曦震《水下碑林白鶴梁》題爲《□□題記》。《白鶴梁詩萃》則曰《張楫》。

（二）"天工奪造化"一句，《三峽國寶研究——白鶴梁題刻匯録與考索》作"天工奇造化"。

【注】

［一］張楫，涪州諸志載其祖張玄，父張善吉，進士。長兄，張柱，進士。張楫由歲貢官遼府教授，後至楚府教授。

一二、涪州同知題記^(一)

拓本尺寸不詳，共存二行。

正德□年二月二十九日，李☒，

☑涪州同知記☑。

【校】

（一）題刻端首僅存正德二字，後失紀年，同時期其它題刻《聯句和黃壽詩》、《張楫題詩》、《和涪守黃壽詩》等均鐫於正德庚午年（正德五年，1510），故知是年爲石魚出水年，據此或可推知此題刻也爲正德五年所題。

一三、羅奎詩并序（一）

拓本分作詩、序兩拓。詩拓長一百三十八厘米，寬六十三厘米。十三行，正書，字徑八厘米。序拓長八十厘米，寬六十八厘米。七行，正書，字徑八厘米。

萬曆己丑上元後
一日，予偕江、金二
別駕往觀石魚。
讀宋淳祐中劉
太守同蹇別駕
廣劉轉運詩，因
步韻以紀事云：
神魚翠璧托
奇鐫，不落池
塘豈傍蓮（二）。春
雨漲江翻巨
浪，晴波浮石
兆豐年。漁人
把釣空垂餌，
太史占祥慶
有先。惟願此
中相繼見，公
餘同咏附前
賢。

惠陽羅奎[一]。

【校】

（一）題刻詩句部分另見《重修涪州志》，名爲《羅奎白鶴梁石魚》。
（二）“神魚翠壁托奇鐫，不落池塘豈傍蓮”一句，《重修涪州志》作“神魚翠壁覽奇鐫，不向池塘共戲蓮”。“漁人把釣空垂餌，太史占祥慶有先”一句，志作“漁人把釣空船後，太史占祥瑞雪先”。“惟願此中相繼見”，志作“惟願雙鱗相繼見”，《三峽國寶研究—白鶴梁題刻匯録與考索》作“惟願此中常相見”。

【注】

[一] 羅奎，惠陽人。《（崇禎）清江縣志》載，嘉靖十九年庚子，羅奎任清江縣同知。

一四、江應曉詩記[一]

拓本長一百一十厘米，寬八十八厘米。九行，正書，字徑八厘米。

扁舟江上覓神鐫，
結社何須訪白蓮。[二]
水底影浮剛一尺，
畎中兆協已千年。
沉碑我識杜元凱[一]，
博物誰同張茂先[二]。
別駕重來廣轉運，
風流太守是前賢。
新安江應曉[三]

【校】

（一）陸增祥《八瓊室金石補正》誤將此題刻列爲宋代題刻，名爲《江應曉詩》。
（二）“扁舟江上覓神鐫，結社何須訪白蓮”一句，《三峽國寶研究——白鶴梁題刻匯録與考索》録作“扁舟江上覓神鐫，灶何須訪白蓮”。“別駕重來廣轉運”一句，作“別駕重來齊轉運”。

【注】

[一] 杜元凱，即杜預，元凱爲其字。曾在襄陽興水利，百姓稱之爲“杜父”。元凱作兩碑，一碑沉萬

山山下潭水中,另一碑沉峴山山下水中,碑文述己之功業。據《太平御覽》卷六十二載,元凱沉碑時云:"百年之後,何知不深谷爲陵也。"江應曉在此借杜元凱沉碑事,並引申其意,即使百年之後,深谷突起爲丘陵,亦是徒然。空有丘陵出,多少英雄豪傑、古聖先賢,不是都凋零作古了嗎?

[二] 張茂先,即張華,字茂先,晋惠帝時爲司空。《晋書》卷三十六載張茂先雅愛書籍:"身死之日,家無餘財,惟有文史溢於机篋。嘗徙居,載書三十乘。秘書監摯虞撰定官書,皆資華之本以取正焉。天下奇秘,世所希有者,悉在華所。由是博物洽聞,世無與比。"此詩用典,即源於此。

[三] 江應曉,《(光緒)重修安徽通志》載:"江應曉,字覺卿,歙縣人。以貢通判涪州,厭苦簿書,歸就駐蹕山築室,博覽群籍,著有《對問編》、《囂囂集》,學者稱'山城先生'。"

一五、金 國 祥 詩 記[一]

拓本長一百一十厘米,寬八十厘米。九行,正書,字徑八厘米。

江石之魚何代鐫,
江頭之石擁青蓮。
呈奇偏遇上元節,
題句因書淳祐年。
來去豈爲篸笠引,
浮沉不作黿鼉先。
今人漫續古人咏,
他日還傳此日賢。
新安金國祥[二]

【注】

[一] 陸增祥《八瓊室金石補正》誤將此題刻列爲宋代題刻,名爲《金國祥詩》。

[二] 金國祥,新安(今河南洛陽新安縣)人。《(光緒)湖南通志》言其曾爲安鄉縣(今湖南安鄉縣)學訓導。《(雍正)河南通志》言其爲信陽州(今河南信陽市)人。

一六、七 叟 勝 游

拓本長八十四厘米,寬三十六厘米。十一行,正書,字徑五厘米。

七叟勝

游。劉□□〔一〕、

劉道、曾彦甲、

劉昌祚[一]、陳文煒〔二〕、

夏可洲[二]、羅瑛[三]，

俱郡人，時

年近期頤，

大明天啟七年

丁卯上元

之吉。錢□道、

向雲程、□□翁、□□□。

【校】

（一）刘□□，《（乾隆）涪州志》卷九載有明代貢生劉懷德與劉昌祚等同時，曾爲無錫縣縣丞，且題刻漫損文字疑似"懷德"二字，而《（同治）涪州志》亦録有此題刻，釋作"劉志德"。

（二）陳文煒，《重修涪州志》卷十、《涪陵縣續修涪州志》卷十五均作"陳文常"。

【注】

[一]　劉昌祚，《（乾隆）涪州志》卷十言其"號瀛臺，美豐儀，精詞翰，雖屢試臺省，毫無貴介氣。神宗朝以祖忠愍公之蔭，屢旨起用，皆高尚不就。時有七叟爲侶，共聯題咏。今江心石魚尚存七叟勝游之刻"。《涪陵縣續修涪州志》卷十五亦載劉昌祚事，唯文字小異："劉昌祚，號瀛臺，司諫劉之孫，恬雅工辭翰，無貴介氣。神宗朝以祖蔭召用，弗就，結七叟爲友，日事觴咏，白鶴梁刻有'七叟勝游'四字。"《（民國）南充縣志》卷十六收其《秋色賦》一篇。

[二]　夏可洲，前此諸書均作"夏河洲"，今據《（乾隆）涪州志》卷十所記正之。該志載："夏可洲，號海鶴，博通詞賦，讀書大渠灝，架草亭於江岸，日吟咏著述。渝州倪司農遇同顔其居曰'野史堂'，因贈一聯云：'有才司馬因成史，未老虞卿已著書。'始名，猶露副榜，則身達城市，人號'野史名儒'。"又，《（乾隆）涪州志》卷九載，夏可洲，曾中明嘉靖年"甲午、庚子兩闈"。明天啟間另有夏可潤，《重修涪州志》卷八言其爲涪州訓導，或與其爲兄弟行。

[三]　羅瑛及劉道，《（乾隆）涪州志》言二人均爲"歲貢生，已仕"。其中羅瑛爲涪州訓導，《涪陵縣續修涪州志》卷十五誤録作"羅英"。劉道爲涪州教授。

一七、秦司正題記

拓本尺寸、行數不詳

秦司正,崇禎庚辰[一]。

【注】

［一］崇禎庚辰,即崇禎十三年(1640)。

一八、張 栻 題 記

拓本長八十四厘米,寬三十六厘米。七行,正書,字徑五厘米。

石鯉呈祥出水中,
老天有意報時豐。
雖然造化先消息,
還自
黄侯變理功。
張栻
官石匠吳仲一

一九、王士禎石魚詩

拓本長八十四厘米,寬三十六厘米。六行,正書,字徑五厘米。

康熙十一年典試四川鄉試、
户部郎中王士禎[一]題。
涪陵水落見雙魚,北
望鄉園萬里餘。三十
六鱗空自好,乘潮不
寄一封書。後學陳廷璠[一]書

【校】

(一) 王士禎,《(乾隆)涪州志》作"王士貞"。《(道光)涪州志》作"王士正",均爲避清帝諱所改字。
　　《清文獻通考》卷二百二十一稱其"字貽上,號阮亭,又自號漁洋山人,順治乙未進士,官至刑部尚書,謚文簡"。《清史稿》有傳。此詩另見其《漁洋文集》。

【注】

[一] 陳廷瑤,《聽雨樓隨筆》卷四記載:"號六齋,涪州人,以孝廉補粵西。藤縣素多盜,捕戮殆盡。偶乘舟外出,泊荒洲,寢後聞有人,連呼速起,披衣開窗,起視無人,旋聞舟前群盜洶涌而來,踰窗登岸,匿林中。賊入,執役問官所在。入見衾枕宛然,疑其尚臥,衆刃交下,碎榻而去。後偵知官竟無恙,驚爲神佑,盡避去,民爲立生祠。"《(乾隆)涪州志》卷九言其"乾隆丁酉中庚子科"。同書卷十一《藝文志》載其《吊何貞女》文一篇。《涪陵縣續修涪州志》卷十二稱其爲"乾隆庚子舉人,嘉慶辛酉大挑一等,分發廣西。歷任荔、圃、藤縣知縣。父于宣,兄弟俱早喪"。《(道光)涪州志》卷九云:"陳廷藩,煦之本生父,封朝議大夫。"該書卷十又載:"(廷藩)性廉正不苟,取治荔浦時,俗好起親尸骨,入甕停葬爲作正葬,嚴諭止之。藤素多盜,設法彌禦。又修培書院課士,文風大振。種種善績,出自醇儒。子五,皆顯宦,迎養署中,勖以清廉。嘗令分俸以助族戚貧乏,里黨中無不仰其德範,崇祀鄉賢。"此外,該書首卷"壟墓"門另有云:"朝議大夫陳廷藩墓。長里寶帶溪。"《(同治)重修涪州志》稱其嘉慶十六年(1811)知涪州曾作《張晴湖祠碑記》。

二〇、蕭星拱觀石魚記

拓本長一百三十七厘米,寬一百二十八厘米。十八行,正書,字徑六厘米。

涪江之心有石魚,春
初魚見,可卜豐稔。州
之八景云石魚兆豐
稔者,即其所也。甲子春正
月,忠州守朱世兄[一]自巴渝
返。舟過此,其尊人與余誼屬
師弟,而其叔朱羽公諱麟禎[二]者,
初官于涪,士民德之,亦嘗來此。余
因携觴偕往,以續舊游。見石魚復出,
則是年之稔可知,因舉觴相慶曰"國
之重在民,民之重在食,而食之足,又在
樂歲之有餘,則吾儕之此一游也,非但
以游觀爲樂,直樂民之樂也"云爾,於是
乎記。

大清康熙二十三年甲子春正月二十

九日，同游知忠州事、三韓商玉朱之璉、

浙江慈溪寅凡周允奇。

郡守盱江蕭星拱[三]題。

【注】

[一] 忠州守朱世兄，即題刻末所署朱之璉，《(雍正)四川通志》卷三十一載："朱之璉，鑲白旗，監生，康熙二十二年任(忠州知州)"。另據《續文獻通考》載："一等侯朱之璉，漢軍正白旗人，明太祖第十三子代簡王桂後。雍正二年十二月，特旨加恩，封一等侯，奉歲祀。乾隆十四年八月，贈一等延恩侯，世襲。朱震，朱之璉子。雍正九年四月襲。"

[二] 朱麟禎，《姚端恪公集》載："康熙九年五月，内部覆四川涪州知州朱麟禎等戴罪造册援赦銷案一疏，溯查原案，則康熙六年因清丈地畝造册遲延一事也。"據此可知，朱麟禎任涪州知州，當在康熙九年前後。蕭星拱，《(雍正)四川通志》卷二十八中載："涪州治，康熙六年知州朱麟禎建，二十二年知州蕭星拱復修。"據此推知，其於康熙六至九年間任涪州知州。又，同書卷三十一載，其本江西吏員，調任涪州前爲忠州知州。康熙三十年調任重慶府知府。《(康熙)涪州志》僅載其爲"江西人，保舉"。

[三] 《涪陵縣續修涪州志》卷九云："蕭星拱，江西人，康熙十九年知州事，修學宮，補修州署。"

二一、張天如鐫石魚題記

拓本長五十厘米，寬二十五厘米。六行，正書，字徑四厘米。

清康熙年甲子履端後五日，

郡人明德張天如敬鐫雙

魚爲誌。

　　　　邑人陳世道

同游　　門人吳珂、吳玫

　　　　工人黃俸朝

二二、蕭星拱重鐫雙魚記

拓本長二百二十厘米，寬一〇八厘米。二十行，正書，字徑七厘米。

涪江石魚，鐫於波底，
現則歲豐。數千百年
來，傳爲盛事。康熙乙
丑春正，水落而魚復
出。望前二日，偕同人
往觀之，仿佛雙魚，蕖
蓮隱躍。蓋因歲久剥
落，形質模糊，幾不可
問。遂命石工刻而新
之，俾不至湮没無傳，
且以望“豐亨之永兆”
云爾。時同游者，舊黔
令、雲間杜同春悔川[一]，
州佐、四明王運亨元
公[二]，盱江吴天衡高倫，
何謙文奇，西陵高應
乾侣叔，郡人劉之益
四仙[三]，文珂奚仲[四]。
涪州牧盱江蕭星拱
薇翰氏記略。

【注】

[一] 杜同春，字悔川，雲間(今上海松江)人，拔貢。康熙五年(1666)任黔江縣知縣。又，《(乾隆)涪州志》卷一：“知縣杜同春墓。長里元壇坎。”

[二] 王運亨，字元公，四明人。《(康熙)涪州人》卷二：“浙江人，吏員。”

[三] 劉之益，號四仙，涪州人。以往學人均言四仙爲劉之益之字，今據涪州諸志所載，四仙實爲其號(見《(乾隆)涪州志》卷十、《民國涪陵縣續修涪州志》卷十二)。《(康熙)涪州志》僅列其名入貢生表。《(乾隆)涪州志》卷十言其“聞見博洽，康熙癸亥年(康熙二十二年，1683年)創修涪志。”《涪陵縣續修涪州志》卷十二云其“素有文名，明獻賊(張獻忠)破涪，會永曆正號於粤，之益自念家世忠孝，乃間關赴行在，授直州牧，升禮部義制司員外郎，旋升貴州思仁道僉事、監營軍”。《重修昭覺寺志》卷六載有劉之益《訪丈雪老人》詩一首：“六十餘年復此游，記今八秩雪盈頭。蜀宫帝子知誰去，竺國祗人弗假修。疇昔恨無白足侣，喜兹盡是赤髭儔。徘徊欲宿談前事，凡骨未仙不敢留。”《(道光)涪州志》卷一：“劉之益墓。長里錢家塏。”

［四］文珂，字奚仲，涪州人，《（康熙）涪州志》卷二載爲明貢生。《民國涪陵縣續修涪州志》卷二十七載，康熙二十二年（1683）纂修州志。又，《（同治）重修涪州志》卷二：“知縣文珂墓。長里花垣壩。”

二三、高 應 乾 題 記⁽一⁾

拓本長五十五厘米，寬五十厘米。八行，正書，字徑五厘米。

訪勝及春游，雙魚
古石留。能觀時顯
晦，不逐浪沉浮。守
介難投餌，呈祥類
躍舟。胥歸霖雨望，
千載砥中流。
西陵高應乾侶
叔氏題

【校】

（一）此題刻所鐫時間，《八瓊室金石補正》、《（道光）涪州志》、《全宋詩》、《宋代蜀詩輯存》諸書均相沿認爲其爲宋代題刻，高應乾亦爲宋人。然據李勝考，此題刻當作於“康熙乙丑”與蕭（星拱）氏等同游之時（《涪陵歷史文化研究》，第 124 頁）。

二四、徐上升、楊名時詩記

拓本長一百八十厘米，寬一百一十四厘米。二十行，正書，字徑四厘米。

預兆豐年
約賦石魚江上鐫，
伊人佳句比青蓮。
留形遠垂建炎代，
多誌由考淳祐年。
潛見何心關運會，

人材有意贊今先。

民依可念愁魴尾，

題石故願刺史賢。

涪庠士徐上昇同兄上□、上朝和。

江上魚兮石上鐫，

浪生鱗甲擁爲蓮。

鑒湖不游驚魚笛，

白鶴將鳴和有年。

在藻興歌時已遠，

臨淵難羨鈎誰先。

風流刺史懸魚節，

化作游鱗頌今賢。

涪庠士楊名時和

清康熙乙亥人日刻魚和書。

二五、董維祺題記

拓本長五十五厘米，寬五十厘米。八行，正書，字徑五厘米。

溯清流而漱甲，砥洪

波以安瀾。旋因止水，

住爲依山。留卜豐年

之兆，待作化龍之觀。

皇清康熙丙戌春正五日[一]，江心石魚報出，土人

云"見則歲稔"。余因偕僚友往觀，并勒銘

以誌其兆云。

內閣纂修實録、涪刺史、千山董維祺[一]題。[二]

【校】

（一）"皇清康熙丙戌春正五日"一句，黄海《白鶴梁題刻輯録》作"皇清康熙丙戌春正五日"，"戌"恐

爲"戌"字之誤。

（二）"内閣纂修實録、涪刺史、千山董維祺題"一句,《三峽國寶研究——白鶴梁題刻匯録與考索》脱"題"字。

【注】

［一］董維祺,據《（雍正）四川通志》卷三十一:"董維祺,鑲白旗監生,康熙四十三年（涪州知州）。"又,同書卷五載其事迹:"涪州儒學在州南,明宣德景泰間建,萬曆中守憲陳大道增修,廣置學田,明末圮。國朝康熙四十六年,知州董維祺重建。"另外,該志卷十下《黄志焕傳》云:"黄志焕,涪州人,事父母以孝稱。康熙已丑夏,五城中失火,延燒民居。父適病卒,志焕先扶母置他所,復冒烈焰入,負父尸以出。州牧董維祺目擊之,額其門。"此外,《涪陵縣續修涪州志》卷九言:"董維祺,奉天人,康熙四十三年知州,留心教養,續修州志。"《（乾隆）涪州志》卷十一《藝文志》載有董維祺《涪陵八景》詩八首。

二六、羅克昌題記

拓本長一百八十厘米,寬一百一十四厘米。十八行,正書,字徑四厘米。

古涪江心卧石梁,梁上鑿魚魚徜徉。豈是王
餘留半面,非同沙内曳紅裳。三十六鱗形質
全,聞説在昔唐人鑴。鑴石成魚魚賴水,胡爲
失水偏有年。嗚呼噫嘻知之矣,紀聞紀見俱
至理。白魚入舟周載祥,聖嗣鍾靈獨夢鯉。
講堂鸑鶴集三鱸,公卿象服説非俚。太人占
之曰維豐,比事更與瑞麟通。獨繭芒鈎强不
起,石文潛見悉天工。我來涪陵魚常出,歲歲
倉箱盈百室。今兹休暇復往觀,魚高水面空
唇窟。額手稱慶告⁽一⁾農夫,及時舉籽莫荒蕪。
聖朝仁愛天心見,人事承庥切自圖。主伯亞旅
勤胼胝⁽二⁾,三時不懈凍餒無。純孝裂冰雙鯉躍,
類推集祉在中孚。我將去矣無多囑,願爾群
黎共惇篤。作善降祥魚效靈,江石千年兆人
足。

乾隆十六年歲次辛未二月初四日,前涪州

刺史珠湖羅克昌[一]題。

命子元定書。

【校】

(一) 告,《(乾隆)涪州志》作“與”。

(二) “主伯亞旅勤胖胝”一句,《三峽國寶研究——白鶴梁題刻匯録與考索》及黄海《白鶴梁題刻輯
　　　録》作“王伯亞旅勤胖胝”。

【注】

[一] 羅克昌,據《(乾隆)江南通志》卷一百三十四,雍正七年己酉科進士。又,《涪陵縣續修涪州志》
　　　卷九載:“羅克昌,江南高郵進士。留心教養,建書院,課農桑,實心爲政,書‘誠’字於鈞深書院
　　　之講堂,字體逕丈。”《(道光)涪州志》卷九以其治迹,稱之爲“賢大夫”。元定,即羅元定,羅克
　　　昌之子。

二七、乾隆乙未題記[一]

拓本長五十六厘米,寬三十八厘米。十行,正書,字徑四厘米。

□□□□□□□,

判出神漢奏歲豐。

浮見同呈□載鎸,

藻蓮□□□秋獲。

鱗□□□分雲上,

□□三才各□□。

多少哲賢□□□,

□□□□不常逢。

乾隆乙未[一]上元

戲化□白

【校】

(一) 此題刻,《長江三峽工程水庫水文題刻文物圖集》以及《三峽國寶研究——白鶴梁題刻匯録與

考索》定名《七律一首》，黃海《白鶴梁題刻輯録》作《乾隆年間題刻》。

【注】

［一］乾隆乙未，即乾隆四十年(1775)。

二八、張 師 范 詩 記

拓本長六十厘米，寬三十五厘米，四行，正書字徑六厘米。

石鯨自有形，躍入蛟
龍宅。霖雨及時行，永
顯濠梁迹。
嘉慶乙亥春分日，州牧張師范[一]識。

【注】

［一］張師范，據《兩浙輶軒録補遺》卷六：“字司諫，一字蒿村，桐鄉歲貢生，著有《嵩村詩抄》。”
　　又，《(道光)涪州志》卷三載：“張師範，江蘇陽湖人，由監生捐從九(品)，辦理軍營報銷，奏
　　補知縣。”《涪陵縣續修涪州志》卷九則云：“嘉慶十六年任(涪州)。聽斷明敏，壬申、癸酉、
　　甲戌歲屢旱，悉心賑濟，全活甚衆。復置濟田，重修養濟院以惠窮黎，設義學以教貧寒子
　　弟，并修聖廟及尹子祠、三畏齋、程子注易洞。又詳請建昭忠祠、厲壇。引疾去，士民爲
　　立生祠於北巖祀之。”另外，《(同治)忠州直隸州志》卷十二收其詩《郭建橋》、《汝溪灘》
　　(四首)。

二九、張師范題詩并記

拓本長二百六十三厘米，寬一百六十厘米。十八行，行書，字徑十厘米。

大江日夜流，陵谷巨雲間。奇石
撼波濤，崩雲勝霹靂。北巖水落
時，中有白鶴脊。清淺漾雙魚，豐
儉以出没。我來已一載，歲□憫溝瘠[一]。
晨夕劇憂惶，富庶慚豪述。今

作濠梁游,因撫昆明石。芝草與蓮
花,銜出就我側。好風送斜暉,晴
巒媚空碧。初春風物佳,瑞見驗秋
獲。共有忘簽喜,復尋古篆迹。逸
響滿滄浪,騷雅緬疇昔。相與促
題詩,俯仰法踽踽(二)。茲邦無苦旱,
我欲致河伯。刻劃一鯨魚,飛躍
蛟龍宅。來時顯作霖。長渥涪陵
澤。吞吐疊烟波,江天恣曠适。
大清嘉慶癸酉歲新正四日,偕諸同人往觀石魚(三),
魚已見水面,喜盈於色,作此誌。勝而續風騷,復
於白鶴梁之西,續刻巨魚,以卜衆維年豐之兆,且
冀雨澤常潤我州,遂命勒石焉。張師范題并書。

【校】

(一)“歲彰憫漠瘠”一句,《白鶴梁題刻輯録》作“歲朝憫漠脊”,《三峽國寶研究——白鶴梁題刻匯録
與考索》作“歲彰憫渥脊”。
(二)“俯仰法踽踽”一句,《白鶴梁題刻輯録》作“俯仰浩踽踽”。
(三)“偕諸同人往觀石魚”一句,《三峽國寶研究——白鶴梁題刻匯録與考索》脱“諸”字。

三〇、陳鵬翼等題名

拓片長七十七厘米,寬四十七厘米。四行。字體甚拙,字徑七厘米。

嘉慶元年三月十八日,水退
至此,猶下八尺多。
陳鵬翼[一]、
侯顯廷同書。

【注】

[一]陳鵬翼,據《(道光)涪州志》卷一載,曾爲涪州同知。“雲里小江三門子黄角壩”有其墓。

三一、姚覲元題記^(一)

拓本長九十厘米，寬四十厘米。四行，篆書，字徑六厘米。

光緒乙亥[一]冬，魚出。歲其
大稔乎？喜而記之。二品
頂帶布政使銜、分巡川
東兵備道，歸安姚覲元[二]。

【校】

(一)《長江三峽工程水庫水文題刻文物圖集》、黃海《白鶴梁題刻輯錄》、陳曦震《水下碑林白鶴梁》
　　定名《姚覲元題記》。《三峽國寶研究——白鶴梁題刻匯錄與考索》名爲《姚覲元題詩》。《中國
　　西南地區歷代石刻匯編》作《姚覲元石魚題刻》。

【注】

[一] 光緒乙亥，即光緒元年(1875)。
[二] 姚覲元，字彥侍，歸安人，道光癸卯舉人，官至廣東布政使。著有《大疊山房詩存》。

三二、婁標題記^(一)

拓本長一百三十五厘米，寬八十二厘米。八行，隸書，字徑十一厘米。

去者已去，來者
又來。萬古如斯，
何撫此而徘徊。
大清光緒七年
正月既望，偕兄
樞、中江蔣蘅[一]、桐
城姚茂清游此。滇霈婁標[二]題。

【校】

(一)《中國西南地區歷代石刻匯編》作《清姚茂清等人石魚題刻》。

【注】

[一] 蔣蘅,中江(今四川中江縣)人。《蘿溪山舫詩草》有蔣蘅光緒五年(1879)跋文一篇。

[二] 婁樗,據後題《濮文昇題記》所載,當爲霑益(今云南曲靖縣)人,史言其"工詩,擅書法"。據《弓齋日記》,時爲涪州吏目,與姚覲元友善。

三三、濮 文 昇 題 記

拓本長一百五十三厘米,寬一百厘米。十九行,隸書,字徑六厘米。

咸豐癸丑,先大夫琅圃公[一]來
治涪州,文昇與兄文暹[二]、弟文昶、
文曦[三]侍,三載于兹,頗窮蒐訪,獨
以未睹石魚爲憾。同治辛未,文
昇復承之是州,自時厥後,凡三
至焉。江山雲物,皆若有情,然終
莫見斯石也。今年春,水涸魚出,
因偕諸友流覽其上,詩酒之暇,
餘興未已,爰叙顛末,以誌不忘。
同游者霑益婁樗、婺源胡壽春、
蕪湖沈福曾、中江蔣蘅、岳尚先(一)、
眉州何晋銑、歸安吳瑜、烏程沈
鋅庚、昭文范觀治、營山張元圭[四]
及余弟文曦子賢懋、賢忱、賢恭、
賢怡、賢泌、猶子賢愈、妹夫順德
張思源、甥寶應朱學曾、順德張
元鈺(二)。
　　清光緒七年辛巳春正月甲子
朔二十日癸未,溧水濮文昇[五]記。

【校】

（一）“中江蔣蕙、岳尚先”一句，《三峽國寶研究——白鶴梁題刻匯録與考索》脱“蔣蕙”之名。

（二）順德張元鈺，《三峽國寶研究——白鶴梁題刻匯録與考索》作“順德張元玨”。

【注】

［一］琅圃公，《碑傳集補》卷二十五《欽加三品銜河南升用道南陽府知府濮公行狀》一文言：“父琅圃公，以進士官四川涪州，牧循聲卓著。”另據《涪陵縣續修涪州志》卷九載，琅圃公即濮瑗。濮瑗字又蘧，號琅圃，“江蘇溧水進士，咸豐三年任。實心爲政，不事粉飾，士民畏威懷德，卒於官，州人立祠祀之”。

［二］文暹，《三峽國寶研究——白鶴梁題刻匯録與考索》録爲“父暹”。文暹，實即濮文暹，《欽加三品銜河南升用道南陽府知府濮公行狀》載其“字青士，晚號瘦梅子”，曾官南陽府知府。

［三］文曦，即濮文曦。《（光緒朝）東華續録·八十三》載四川“候選知縣濮文曦，深通化學，諳習開廠辦礦事宜，該員現在京候選”。據此可知，濮文曦或曾爲川内某縣候選知縣。

［四］張元圭，據《（光緒）湖南通志》卷一百四十七載，其爲營山（今四川營山）人，光緒間曾爲湖南耒陽縣學訓導。

［五］濮文昇，字號不詳，同治時曾爲涪州知州。據《（同治朝）東華續録·九十八》載，其曾在涪州知州任上，赴黔江會同覆行相驗法國教士遇害案。《涪陵縣續修涪州志》云：濮文昇，瑗次子。同治十年任。初莅，涪人德其父，頗愛之。文昇多情任性，重世誼，凡其父之門生，不問賢否，虛心聽受，往往淆曲直。於是富人投其所好，重贄拜門下者五六人，在外爲威福，始終庇之。一年調任去，十二年繼施牧後回任，十三年又調任去。光緒三年冬，繼吴牧後回任。歷練既深，較平正。七年預徵，八年捐輸，據州人之請，棄復完糧徵銀舊例，剔除徵錢浮價之積弊，足以晚蓋，惜次年即卒於官。涪陵今存其《重修駱市橋碑記》。另據《弓齋日記》，其與姚覲元友善，二人多有唱和。

三四、孫海白鶴梁銘

拓本長一百二十八厘米，寬八十六厘米。十三行，正書，字徑六點五厘米。

白鶴梁銘
長江宛宛，來自汶易。毌渝
注夔，匯此巖畺。曰惟涪都，
蜀之巨填。鏡波沖容，碕石
蔽暎。惟鶴之梁，在水中沚。
惟魚之祥，穀我士女。仙人
邈矣，緬想雲壑。澄潭净淥，

珠玉盈碣。我僑此土,駒景

鴻泥。陵谷遷變,际此刻辭。

秦州孫海譔并書。

歷下朱焜、大荔屈秋

泰同游,時光緒七年

中春上浣也。

三五、孫海題白鶴梁

　　拓本長九十七厘米,寬四十七厘米。大字一行,小字二行。正書。字徑,大字二十一厘米,小字四厘米。

白鶴梁

西州[一]孫海[二]題,時

辛巳[三]初春也。

【注】

[一] 西州,即指秦州。白鶴梁又有題刻《白鶴梁銘》作秦州孫海。

[二] 孫海,字吟帆,秦安(今甘肅秦安縣)人。據《晚晴簃詩匯》卷一百五十七,咸豐辛酉拔貢,官遂寧知縣。有《欲未能齋詩存》存世。

[三] 辛巳,由《白鶴梁銘》所記,即光緒辛巳,亦即光緒七年(1881)。

三六、謝 彬 題 記

　　拓本長一百二十五厘米,寬四十五厘米。大字一行,小字一行。行書。字徑,大字二十五厘米,小字三厘米。

中流砥柱

辛巳二月花朝後三日[一]。

邑人謝彬[二]書。

【注】

［一］辛巳二月花朝後三日，即光緒七年二月十五日。

［二］謝彬，字號不詳，涪陵人。《晚晴簃詩匯》卷一百八十七載：涪人“謝彬嘗摹雲友及林天素小像”。

三七、蔣蘅等題記

拓本長三十三厘米，寬三十厘米。共六行，行書，字徑三厘米。

彼爾朱之仙人[一]，尚
不可□□，□□速
□於斯者，又仍可
乎求真[一]。蔣蘅題。
同游者朱學曾[二]、
濮賢泌、張元鈺。

【校】

（一）“尚不可□□，□□速於□斯者又仍可乎求真”一句，《三峽國寶研究——白鶴梁題刻匯録與考索》作“尚不可考者，表氾速於斯者又仍可考求”，黄海《白鶴梁題刻輯録》作“尚不可考者，春□速朝於斯者，又仍可乎求真”。

【注】

［一］爾朱之仙人，即涪州諸志所載之爾朱仙。《（乾隆）涪州志》卷十二載：“爾朱仙，名通微，別號元子。其先元魏爾朱族，遇異人得道，唐僖懿間落魄成都市中，於江濱取白石投水，衆莫測，後自省至合，賣丹於市，價十二萬。刺史召問其價，更增十倍，以其反覆，盛以錢籠棄諸江。至涪，漁人姓石者得之，授以丹，二俱仙去”。

［二］朱學曾，濮文昇外甥，寶應（今江蘇寶應縣）人。

三八、蔣蘅再題[一]

拓本長二十二厘米，寬二十厘米。五行，行書，字徑二點五厘米。

石梁猶是，白鶴不

歸。江水滔滔,令我

長悲。蔣蘅偕朱學

曾、濮賢泌到此題。

光緒壬午[一]之正月。

【校】

(一)《三峽國寶研究——白鶴梁題刻匯録與考索》、《白鶴梁題刻輯録》、《水下碑林白鶴梁》均名之
　　爲《蔣荇等題記》。"荇"蓋"蘅"之誤。

【注】

[一] 光緒壬午,即光緒八年(1882)。

三九、范錫朋觀石魚記

拓本長一百一十厘米,寬四十厘米。十五行,正書,字徑四點五厘米。

觀石魚記

涪江心有石梁,梁下有石魚二,相傳爲唐人所刻。歷代游

觀,碑石琅列,僉謂出則兆豐。其上者皆贋迹,顧欲求其真,

必伺乎水極淺涸。然水又驟漲落,逾時靡定。故有官斯土

者終任不及見,即居是邦之父老,有白首亦不及見者。蓋出

而未往,既往而旋没矣。余督涪榷之明年,適值

宣統建元閏二月之十有一日,遽聞魚出,急擢舟往觀,至則魚

僅浮水面,而碑字猶没水中。閲日,魚尋没不可復睹。噫! 何幸而

及此一見也。洪維

聖人,御宇百物,效靈彼冥頑蒲蒸之倫者,亦將躍

恩波而思呈露[一],昭格所至,祥社萃臻,行看額手而頌太平也。不

僅爲此邦瑞已,又豈特摩挲古迹,比重漢洗云爾哉。維時黎

大令尹驄[二]、高笕使應摳、胡二尹毓蕃[三]、吴二尹鴻基[三]、曹府經維翰[四]、

西席合州茂才陳君瑞、算席段君維崧[五]暨長次子家蔭、家翼,相

與偕觀,咸愉愉請詞,而督榷觀察使者桂林范錫朋,[六]遂援筆爲之記並書。

【校】

（一）"亦將閱恩波而思"一句，《三峽國寶研究——白鶴梁題刻匯録與考索》脱"亦"字。

【注】

［一］黎尹驄，字班孫、貴州遵義人。黎庶昌之子。性情温良，嗜古學，不喜科舉制藝，最好搜藏各式金石書畫，舉凡漢玉、古印、鍾鼎、碑版、字畫等，搜羅極富。

［二］胡毓蕃，據《成都通覽》載，其字衍甫，官班法政學堂本科畢業學員銜名，曾官縣丞。

［三］吴鴻基，民國二十六年（1937）曾任仁懷縣長。

［四］曹維翰，《大興縣志》載有平遠（今廣東平遠縣）人曹維翰，廩生，曾官大興知縣，未知是否爲其人。

［五］段維崧，據《（光緒朝）清實録》載，光緒三十年（1904）六月乙卯，引見新科進士，中有名段維崧者，"著歸班銓選"。

［六］范錫朋，據題刻所記，其或曾攝川東道事。另據《清續文獻通考》卷三百三十七載，光緒末，清廷於日本"横濱、築地兩口，擬設正領事官一員，業將隨帶正理事官候選同知范錫朋派充神户、大阪兩口"。

四〇、辛亥殘題

拓本尺寸不詳

辛亥秋[一]

【注】

［一］此三字，泐損較爲嚴重，書體拙劣，恐爲清末人所題。

四一、聯句詩

拓本長三十七厘米，寬二十二厘米。七行，正書，字徑二厘米。

江上石魚鐫（周），
游戲水中蓮（湯）。
揚鬐沐□□（□），
鳴皷報豐年（楊）。

廣德詩云古（徐），

清□識已先（張）。

堯民志帝利（□），

刑□郡□虞（黃）。

□琦、

湯又仲[一]、

□□□。

【注】

[一] 湯又仲，《三峽國寶研究——白鶴梁題刻匯録與考索》及王曉暉《白鶴梁題刻文獻匯集校注》均
釋作“湯文仲”。《（乾隆）涪州志》卷九載有清初涪州貢生湯又仲。又，《碑傳集補》載朱際昌撰
《李鷺洲先生傳》：“聞外祖湯又仲公以公繼聘孺人，目具重瞳，聰慧能文，慎於擇婿，以公文名
大振，始協委禽之願。”如上述所見之湯又仲即爲題刻所鎸之人，則此題刻應成於清初。

四二、施紀雲題記

拓本長一百厘米，寬八十五厘米。八行，正書，字徑六厘米。

乙卯正月，江水涸，石魚出。時哀

鴻在野，方與官紳籌振恤，喜豐

年有兆，亟往觀焉，魚形古拙，鱗

有剥落痕。志載其下刻秤、斗，今

未見也。同游者鄒進士增祜[一]，劉

孝廉子冶[二]，張樹菁、顔廣恕兩茂

才，曹純熙上舍與其弟鏞，舊史

氏施紀雲記[三]。

【校】

（一）鄒進士增祜，《白鶴梁題刻輯録》作“鄒進士增右”。

（二）劉孝廉子冶，《白鶴梁題刻輯録》作“劉孝廉子治”。

（三）“曹純熙上舍與其弟鏞，舊史氏施紀雲記”一句，《三峽國寶研究——白鶴梁題刻匯録與考索》
作“曹純熙上舍與其弟鏞舊，史氏施紀雲記”。黃海《白鶴梁題刻輯録》作“曹純熙上舍與其弟

鏞舊,史氏。施紀雲記。"實際上,舊史氏恐爲施紀雲之自稱。因其曾爲前代國史館總纂,故言此。

四三、王叔度等題記^(一)

拓本長一百二十厘米,寬九十四厘米。十八行,行書,字徑五厘米。

民國十二年二月十二即壬戌十二月
廿六日也,余與安平王叔度^[一]、隆昌張
憲星、貴陽李任民□□□□□
義周陸□□□□□□□□□□□□
石魚□□□□□□□□□因臨
吾家□□□□□□□□□□□□
□□□□□□□□□
□□□□□□□□□
□□□□□□□□□□□毋丘
□□□□□□□□□□□
□□□□□□□□□□
□□□□□□□□□□
□□□□□□□□□□
□□□□□□□□□□□□□天水四
□□春暖□□□□□□呼
□□□□□□□□魚如
□□□□□□
□□□□□□。楊鴻勝鐫。

【校】

(一) 黃海《白鶴梁題刻輯錄》名爲《揚鴻勝題記》。《三峽國寶研究——白鶴梁題刻匯錄與考索》作《楊鴻勝題記》。《長江三峽工程水庫水文題刻文物圖集》作《王叔度等題記》。

【注】

[一] 王叔度,據《貴陽教育紀事》(貴州人民出版社,1991年,第127頁)載,其爲貴州平壩人,老同盟

會委員,曾任孫中山秘書團副。李任民,貴州人,曾創辦貴陽導文小學。

四四、顏愛博等題記

拓本長六十七厘米,寬六十二厘米。七行,正書,大字,字徑十一厘米。

神仙福慧,
山水因緣。
民國辛未[一]春,曲阜顏愛
博、江津成肇慶、
崇慶楊茂蒼(一)[二]、合川蔣漢霄、
周極甫[三]偕游斯梁,歷視
往迹,憩而樂之,鎸此紀念。

【校】

(一)楊茂蒼,《白鶴梁題刻輯録》作"揚茂蒼"。

【注】

[一]民國辛未,即民國二十年(1931)。
[二]顏愛博,名蒼霖,貴州正安縣人,祖籍山東曲阜。參加辛亥革命,被任清鎮縣縣長。新中國成
　　立後被聘爲貴州省文史館館員。成肇慶,清末有金陵書局校勘成肇慶,未知是否爲其人。
[三]周極甫,號維幹,民國時爲川軍八六四團團長,時駐涪陵。

四五、民生公司盧學淵等題記

拓本長七十厘米,寬四十五厘米。七行,正書,字徑五厘米。

民生公司渝萬河床考察
團冉崇高、江世信、李暉漢、
魏哲明、羅嘉猷、殷平志[一]、陳
資生、趙海洲[二]等廿九人經

此留念。重慶水位倒退壹

尺六寸,宜昌水位倒退壹尺

八寸。民國廿六年三月十三日[一],盧學淵[三]題。

【校】

(一)"民國廿六年三月十三日",《三峽國寶研究——白鶴梁題刻匯録與考索》作"民國二六年三月
十三日"。

【注】

[一]殷平志,曾爲長江下游引水協會理事長。

[二]趙海洲,據涪陵市地方志編纂委員會編《涪陵市志》(四川人民出版社,1995年,第24頁)載,其
原爲涪陵龍潭土匪,後爲川軍楊森部收編。

[三]盧學淵,即盧作孚,今重慶合川人,著名實業家、教育家、社會活動家。早年加入同盟會,投身
保路運動,並參加少年中國學會,尋找救國道路。後在渝組建民生實業股份有限公司,發展中
國民族航運業。抗戰時期爲内遷重慶人員運輸物資做出過巨大貢獻。關於此次題刻活動,
《新世界》雜志1937年第5期曾發文《渝萬河床考察團在白鶴梁題字》載其本末:"十四日午,渝
萬河床考察團陳資生、李暉漢等二十餘人,乘民用到涪,在白鶴梁鑒別水位,並將渝宜倒退水
位,請盧學淵經理書寫,雇工刊於該梁,共七十七字,以留紀念。"

四六、文德銘等題記

拓本長一百一十厘米,寬五十厘米。五行,隸書,字徑六厘米。

民國丁丑[一]仲春,偕弟德修、德禄、德禧

游白鶴梁,觀石魚。

雙魚石出兆豐穰[一],弟後兄先叙雁行。

白鶴不知何處去,長江依舊水泱泱。

文德銘[二]題、劉冕階[三]書。

【校】

(一)"雙魚石出兆豐穰"一句,"穰"字,《三峽國寶研究——白鶴梁題刻匯録與考索》作"襀"。

【注】

[一]民國丁丑,即民國二十六年(1937)。

［二］文德銘,涪陵人,其詩得郭沫若、老舍贊賞,曾任涪陵《江洋通訊社》名譽主編。20世紀50年代後爲涪陵市地方史志學會會員,涪陵市文史研究委員會《涪陵文史資料選揖》副主編。有《民國間涪陵行使貨幣的變遷》一文見載於《涪陵文史資料選輯》。

［三］劉冕階,字明銳,別號天臺山人,一生勤學,絶意仕途,立志振興國學。民國年間,先後任教於涪陵縣各校,並與友人創辦國學專修館。工書善畫,融會鄭板橋、張船山、惲南田、陳洪綬、唐伯虎諸家神韻。所畫花鳥人物,形象逼真,瀟灑豪放,幾到“鳥欲飛,花如笑,樹木風姿招展,人物呼之欲出”的境界。

四七、劉鏡沅題記

拓本長一百一十厘米,寬五十厘米。六行,行書,字徑六厘米。

白鶴繞梁留勝迹,

石魚出水兆豐年。

丁丑孟春⁽一⁾,江水涸,石魚出。余與陳翼汝⁽一⁾表弟、德藩宗兄及

石應績、潘俊高、張肇之、郭載之諸兄,冕階、澤金兩弟,

載酒來觀,酒後率書以紀勝游云。

　　　——大悔劉鏡沅題。

【校】

（一）據此題刻記事及紀年,當與《文德銘等題記》鎸於同年,即民國丁丑年（民國二十六年,1937）。

【注】

［一］陳翼汝,涪陵人,民國二十一年（1932）曾與人發起組織涪陵國醫支館。

四八、劉鏡沅題詩⁽一⁾

拓本長一百厘米,寬九十五厘米。六行,行書,字徑五厘米。

白鶴梁中白鶴游,窗龍飛去

幾千秋。祇今皓月還相照,終

古長江自在流。鐵櫃峻嶒樵子

路，鑒湖欸乃漁人舟。升沉世事

何須問，把酒臨風一醉休。

民國丁丑大悔劉鏡沅題。

【校】

（一）《白鶴梁題刻輯録》及《三峽國寶研究——白鶴梁題刻匯録與考索》定名《劉鏡源題詩》，陳曦震
《水下碑林白鶴梁》則作《劉鏡源詩記》，《長江三峽工程水庫水文題刻文物圖集》名爲《劉鏡源詩》。

四九、劉鎔經游白鶴梁詩

拓本長一百二十四厘米，寬六十七厘米。八行，行書，字徑七點五厘米。

游白鶴梁

江水西來去自東，浪淘淘盡幾

英雄。兩三鳴鶴摩天漸，卅六鱗魚

兆歲豐。皇祐序詩劉轉運，元符紀

事黄涪翁。遍舟載得潞州酒，醉

聽漁人唱晚風。

民國丁丑仲春，至山老人劉鎔經[一]題，年七十六矣。

邑人劉樹培[二]塗鴉，同游文君明盛、王君伯勛[三]。

【注】

[一] 劉鎔經，自號至山老人，涪陵人，長於醫術，《涪陵縣續修涪州志》卷九載，民國初曾爲興文縣教
諭，四川彭水縣、井研縣訓導等，曾自編《眼科仙方》，並石印出版涪陵本《傷寒雜病論》。

[二] 劉樹培，名幹，字維基，涪陵人。畢業於成都警校。工書，學柳趙，筆勢雄健，章法奔放無拘，爲
當地著名書法家。

[三] 王伯勛，民國間有王伯勛，貴州安龍人。早年畢業於貴州講武學校，參加過北伐戰爭，又到過
日本留學，學習軍事。抗戰時期，曾在重慶陸軍大學將官班學習。

五○、何耀萱白鶴梁記[一]

拓本長一百六十一厘米，寬五十四厘米。二十五行，隸書，字徑六厘米。

白鶴梁記

民國廿六三

月，雨澤稀少，河

流枯落，洽西，鑒

湖中有石梁橫

亘，古鑿有兩石

魚於其上，相傳

水涸魚出，出則

歲豐。公餘之暇，

偕曾海清[一]、劉昇

榮、王和欣、譚佑

甫、蔣慎修、周國

鈞、周哲生[二]、劉静

禪諸君，命舟渡

梁，眺覽弌周，果

見魚出。竊思涪

陵亢旱，六載於

兹，民不聊生，哀

鴻遍野。今天心

仁愛，示兆於石，

斯亦吾民之大

幸也。海清命余

爲記而勒諸石。

邑人何耀萱記，

方伯弝書。

【校】

（一）《三峽國寶研究——白鶴梁題刻匯録與考索》、《白鶴梁題刻輯録》、《水下碑林白鶴梁》定名《何
　　耀萱題記》。《長江三峽工程水庫水文題刻文物圖集》則作《白鶴梁記》。

【注】

［一］曾海清，據《涪陵市志》記載，其於民國二十三年（1934）爲涪陵興記電燈股份有限公司副經理。

　　民國二十四年(1935),任涪陵縣榨菜業同業公會主席。
[二]周哲生,涪陵人,曾任職涪陵縣商會。

五一、"世道澄清"題刻

　　拓本長八十四厘米,寬五十厘米。五行,行書,字徑十三厘米。

世道澄清。
民卅春,軍次涪陵,□郭氏冠三[一],
携涵、洵二兄買舟登點易洞,
眺經白鶴梁,觀石魚有感。
富春李園[二]。

【校】

(一)"民卅春,軍次涪陵,□郭氏冠三"一句,《三峽國寶研究——白鶴梁題刻匯録與考索》作"涪州
　　春,軍□涪陵縣郭氏冠三",黄海《白鶴梁題刻輯録》作"民卅春,軍□涪陵使郭氏冠三"。
(二)富春李園,黄海《白鶴梁題刻輯録》作"富春李圖"。

五二、抗戰佚名題記[一]

　　拓本長一百厘米,寬三十三厘米。二行,隸書,字徑八厘米。

摧伏倭寇,奠定
和平,石魚出兮。

【校】

(一)《三峽國寶研究——白鶴梁題刻匯録與考索》定名《佚名石魚詩》。黄海《白鶴梁題刻輯録》、陳曦
　　震《水下碑林白鶴梁》則名《佚名詩》。《長江三峽工程水庫水文題刻文物圖集》作《無名氏題刻》。

五三、龔堪貴《卜算子·游白鶴梁》

　　拓本長七十厘米,寬四十厘米。十二行,正書,字徑四厘米。

卜算子·游白鶴梁

涪陵長江心，

白鶴梁馳名。

相傳石魚唐人刻，

還有佛像神。

石魚兆豐年，

游者題詩稱。

儘管有唯心觀點，

貴在四代文。

涪陵專員公署

龔堪貴[一]

一九六三年二月十四日下午

【注】

[一] 龔堪貴，四川省達縣（今四川達州市）人。1933 年參加革命，1937 年加入中國共產黨。土地革命戰爭時期，曾任紅四方面軍戰士、連部文書、營部書記，太行山第十八集團軍第八路軍一二九師三八五旅營部書記、團部書記、團政治處組織股長、旅政治部組織幹事、旅供應處政治委員。解放戰爭時期，歷任太行三分區赴東北幹部團政治處主任，吉遼軍區炮兵團政治委員，吉林軍區警衛團政治委員、保衛部科長、副部長、聯絡部副部長。中華人民共和國成立後，先後任長春市公安局副局長兼公安總隊政治委員，撫順市公安局副局長兼撫順市人民檢察署檢察長，中共撫順市委政法部部長，四川省涪陵專署副專員、黨組書記，中共涪陵地委委員。1974 年離職休養。（據重慶中國三峽博物館龔廷萬先生回憶，1963 年春長江水位枯下，龔堪貴、林樵各題詩一首，由涪陵文化館郭昭岑請涪陵百貨公司美工陳南屏將詩稿謄録，再由當地石工鐫刻上石，終成白鶴梁最後一批題刻文字。）

五四、林 樵 題 詩

拓本長六十九厘米，寬四十七厘米。五行，行書，字徑六厘米。

水枯江心石魚現，相傳

魚現兆豐年。豐稔

豈由魚斷定，戰勝

自然人勝天。

涪陵專員公署林樵[一]，一九六三年二月十四日

【注】

[一] 林樵，曾任涪陵專員公署副專員，並爲西南服務團涪陵團史研究會顧問。

五五、涪陵縣文化館題記

　　拓本長一百九十厘米，寬一百三十六厘米。十二行，正書。大字，字徑十八厘米。

紅日艷艷映碧空，白鶴翩翩舞東風。
鑒湖泛舟歌盛世，石魚銜花慶年豐。
我縣人民在共産黨和毛主席的
英明領導下，在總路綫、大躍進、人民
公社三面紅旗的光輝照耀下，戰勝了連
續三年的特大旱灾，使我們的經濟情況
日益好轉，去年比前年好一些連續，肯定今
年必將比去年更好。

涪陵縣文化館
一九六三年二月十五日

　　石魚距水：1.45 公尺
　　長壽水位：零下 0.68M

五六、通 州 觀 石 魚 (一)

　　拓本尺寸等不詳。

通州觀石魚

【校】

（一）此題刻，今存拓本未見，據黃海《白鶴梁題刻輯録》録入。

五七、李 從 義 題 記

拓本尺寸不詳一行，正書。

涪陵驛丞李從義[一]

【注】

[一]李從義，涪陵驛丞。明清之制，各州縣驛站之地，均設驛丞。涪陵，古爲涪州，據此推斷，此題刻或鑴於明清時期。

五八、南 陽 公 題 記[一]

拓本尺寸不詳。七行，正書。

▢陽公司徒▢
▢慶前有▢
▢前知▢
▢徒▢巡檢南陽公[一]
▢中流，石梁上古記
往觀焉，見古記，石魚
▢來，呈於豐歲，錦▢

【校】

（一）《三峽國寶研究——白鶴梁題刻匯録與考索》名之爲《南陽公題刻》，《長江三峽工程水庫水文題刻文物圖集》定名爲《殘刻》。

【注】

[一]南陽公，據《蜀典》載："宋有四川漕使井度，按晁公武《（郡齋）讀書志·序》言得南陽公書五十篋。陳振孫曰：'南陽公，未知何人。或云井度憲孟也。是井度字憲孟矣。'從陳振孫所言，另

就題刻所見諸官稱推斷，此題刻或鎸於宋代。

五九、文儀等題記

拓本長一百一十二厘米，寬六十五厘米。七行，正書，字徑四厘米。

▨是江于春漲▨▨應▨天意▨吾民▨
▨出見魚鱗，文儀▨説年豐歲景▨
▨石▨▨▨會▨
▨曰偕游者▨天▨
▨息年▨
▨有▨

六○、李□元題記⁽一⁾

拓本長六十厘米，寬五十五厘米。五行，正書，字徑七厘米。

▨勳都▨銜▨
▨化縣令▨
▨李元▨
▨文人許家▨書▨
▨李▨元鎸。

【校】

(一)《三峽國寶研究——白鶴梁題刻匯録與考索》名之爲《李元□題刻》，黃海《白鶴梁題刻輯録》作
《許家□題記》，《長江三峽工程水庫水文題刻文物圖集》僅題《殘刻》。

六一、傅春題記⁽一⁾

拓本長四十六厘米，寬二十厘米，橫竪各一行，正書。

乙卯人日，

傅春出游此。

【校】

（一）石魚諸題刻，乙卯年所鐫者有《蔡興宗等題名》，言爲紹興乙卯正月十九日。未知此題是否亦鐫於此年。若是，則此題刻爲宋人題刻。

六二、古　泉　詩

拓本尺寸等不詳。

多少前人佳句□，

無非雅頌石魚踪。

何知瑞在藻蓮□，

猶按紋鱗六□同。

□古泉。

六三、彭 松 年 題 記⁽一⁾

拓本長九十八厘米，寬六十三厘米，三行，草書，大字字徑十六厘米，小字，字徑三厘米。

惟汶永年。乙卯涪陵□彭松年。

【校】

（一）此題刻黄海《白鶴梁題刻輯録》命名爲《舒長松題記》，然録文則爲“舒長松”。《三峽國寶研究——白鶴梁題刻匯録與考索》及《白鶴梁題刻文獻匯集校注》均作《舒彭松“恒收永年”題刻》。陳曦震《水下碑林白鶴梁》作《恒收永年》。《長江三峽工程水庫水文題刻文物圖集》作《舒長松題刻》。此題刻因文字草亂，加之題刻面剥落嚴重，極難辨識。《重修涪州志》卷八《人物志》載有彭松年，涪陵人，道光、咸豐兩朝曾先後任納溪縣訓導，浙江餘姚知縣等。又，咸豐四年（1879）爲乙卯年，此時彭松年因所守縣城失守，被革職，嚴審確情後强令歸鄉。從上述史實來看，題刻或即其所題。

六四、高　聯　題　記^(一)

拓本長三十八厘米，寬三十三厘米，六行，正書，字徑八厘米。

誰把游龍江上鐫，
爲霖爲雨兆豐年。
總看何日金晴點，
勝踏雲霓潤大
千。涪高聯題，
大父高懋桂。

【校】

（一）"勝踏雲霓潤大千"一句，《三峽國寶研究——白鶴梁題刻匯録與考索》作"勝踏雲霓閱大千"。

龍脊石題刻

清　錢保塘　輯

梁

一、鄱陽王題名^(一)

天監十三年十二月，

鄱陽王^[一]任益州軍

府，五萬人從此過，故

記之。

【校】

(一) 此題刻實非龍脊石題刻，錢氏蓋誤。今拓本長六十四點五厘米，寬五十厘米。正書，字徑約四厘米。四行，行八字。另見收録於清吴慶坻撰《蕉廊脞録》，撰者定名《梁天監十三年題名石刻》，並云："梁天監十三年題名石刻，在雲陽縣磨崖，椎拓者少，字極完整。文曰'天監十三年十二月，鄱陽王任益州軍府，五萬人從此過，故記之'。後有宋人題字四行，曰'嘉定九年花朝前七日，同郡鄭子思爲拂塵於六百九十八年之後□□'，二字樵黏，上一字似是'王'字，下一字似是'屯'字，其下有'巽趙錦夫侍行德顯天麟'十字，最後小字二行，云'元祐八年十二月廿七日因打碑游此記之'。按：《梁書》鄱陽忠烈王恢，文帝第九子，天監十三年以荆州刺史遷益州。《武帝本紀》及《(蕭)恢傳》同。是蓋其入益州時題名也。先伯祖曼雲公《硯壽堂詩鈔》有《雲陽山中觀梁天監十三年鄱陽王題名詩》。"又，《(民國)雲陽縣志》卷二十二言："此題刻在縣南飛鳳山麓瀨岸石壁上，與龍脊石相直，須水涸乃可拓。蕭梁石刻自忠順候神道外，存世者絶少。此書質實洞達，極爲爾來嗜古家所重。惜崖石粗，風雨剥蝕，難講精拓耳。宋人兩跋，亦饒豐致。"

【注】

[一] 鄱陽王，梁武帝第九弟蕭恢。據《梁書·蕭恢傳》："鄱陽忠烈王恢字弘達，太祖第九子也。"又，《梁書·武帝記》載天監十三年之事，云："十三年春正月壬戌，以丹陽尹晋安王綱爲荆州刺史。癸亥，以平西將軍、荆州刺史鄱陽王恢爲鎮西將軍、益州刺史。丙寅，以翊右將軍、安成王秀爲安西將軍、郢州刺史。"其中蕭恢、蕭秀均爲其弟。繆荃孫《藝風堂文集》卷六《梁鄱陽王題記跋附宋嘉定題名》所加按語："《梁鄱陽王題記》，正書，前人未著録。《梁書》本傳：鄱陽忠烈王恢，太祖第九子。天監十一年，出爲使持節都督荆、湘、雍、益、寧、南北梁、南北秦九州諸軍事，平

西將軍,荆州刺史。十三年,遷散騎常侍,都督益、南北秦、沙七州諸軍事,鎮西將軍,益州刺史。使持節如故,便道之鎮。據《補梁疆域志》:荆州治江陵,益州治成都。自荆之益,雲陽在所必經,當刻於是時也,此刻在四川雲陽縣南三里龍脊石,即《輿地紀勝》所載之龍脊灘,在大江之中,夏秋没於水,冬盡春初始見。宋人題名,交午重疊約百許段。光緒丙子,葉大令慶榑搜得之。縣僻無拓工,風急石粗,紙墨皆燥,故訖無精拓本。"

附:宋鄭子恩等題名[一]

嘉定九年花朝前七日[一],同

郡鄭子恩[二]爲拂塵於六百

九十八年之後。同游王仲

巽[三]、趙錦夫,侍行德顯、夫麟。

元祐八年十二月二十七[四],因打碑游此記。

【校】

(一) 此題刻,隸書四行,字徑五點五厘米,字距零點五厘米,行間互有穿插。繆荃孫《藝風堂文集》卷六云:"《宋嘉定鄭子思題名》,分書,自梁天監十三年甲午,至宋嘉定九年丙子,計七百有二年,此云六百九十八年,少四年,誤。自嘉定丙子至光緒丙子,又得六百年,傳世日遠,其寶貴當何如耶。子思題名在丙子,葉大令得是刻亦在丙子,亦奇。鄭子思、王中巽、趙錦夫、德顯、天麟俱無考。"

(二) 鄭子恩,繆荃孫《藝風堂文集》卷六録作"鄭子思"。

(三) 王仲巽,《藝風堂文集》録作"王中巽",其後"夫麟"作"天麟"。

(四) "元祐八年十二月二十七日"底本原脱,今據《(民國)雲陽縣志》卷二十二並今拓本補入。

【注】

[一] "嘉定九年花朝前七日",花朝,亦稱"百花生",晋代在農曆二月十五日,至宋以後,始漸改爲二月十二日,故此題刻所鎸當即嘉定九年(1216)二月初五日。此題刻爲宋人觀《鄱陽王題名》後所作續題,然正如繆荃孫所云紀年推算有誤,從天監十三年,至嘉定九年,當爲七百零二年,而非鄭子恩等人所謂"六百九十八年之後"。

蜀

二、張匡翊題名[一]

蜀廣政癸亥歲[一]二月十
日，雲安榷鹽使、守右
驍衛大將軍、前守眉州
刺史、駙馬都尉張匡
翊與同僚同屆此。

【校】

(一) 此題名又被稱作《廣政碑》，《徐乃昌日記》有載，其曾得精拓本。石高三十厘米，寬五十五厘
米。隸書，字徑約六厘米，共五行三十八字。因年代久遠，風雨剝蝕，碑文中“蜀”、“廣”、“日”、
“雲安”、“驍衛大將”、“刺史駙”、“翊”、“賓”字均脫落不見。該碑原緊鄰《鄱陽王題名》，後隨
《鄱陽王題名》一同移至張桓侯廟保存。題刻文字另見存於《四川鹽法志》、《緣督廬日記鈔》、
《語石》、《全唐文補遺・第七集》、《(民國)雲陽縣志》、《八瓊室金石補正》等，所錄無異辭。其
中《八瓊室金石補正》定名爲《雲安榷鹽使張匡翊題名》，並云：“高一尺五寸五分，五行，行字不
一，字徑二寸二三分，分書，在四川。”又曰：“癸亥爲廣政二十六年，是年十一月，宋改乾德
元年。”

【注】

[一]“廣政癸亥歲”，即後蜀廣政二十六年(963)，據此知此題刻鐫於蜀亡前二年。

宋

三、張告等題名

拓本高三尺四寸，寬三尺五寸。五行，行五字。字徑四寸，正書，左行。

假守張告[一]、邑
人崔著，市征[二]
郭齊，嘉祐六
年正月立春
日游。

【注】

[一] 張告，湖北宜昌三游洞有《治平元年張告等題名》，其文云："假守張告正辭、僉判毛晦杲之、巡檢馬師古宗範、新洋水寨主鄧晋臣抗宗、推官郭元與方叔，治平元年清明後一日游。正辭男公亮、公著，杲之男祐甫方叔，男彤侍。"故知張告曾於治平元年假守峽州。又，《宋史全文》載，大中祥符七年"十一月，知秦州張告言，蕃部傲擾，已出兵格斗，望量益士卒"。大中祥符七年(1014)距嘉祐六年(1061)近四十七年，恐非一人。崔著，鄭獬《鄖溪集》卷二十二有《崔進士(墓)誌》："進士崔著，家於夷陵，贈工部侍郎，遵度之孫，左侍禁仲來之子。生四十一年，至治平之乙巳三月壬午，卒於江陵，無室家以服其喪，無子以主其祭，斥其橐裝以葬之於北郭長林門外。地衍而高，增土三尺，築垣以隱之，植木以覆之。荆州守鄭某瑀辭於石以誌之"。此崔著，卒於治平乙巳(治平二年，1065)，晚於《張告等題名》，葬地與雲安相距不遠，未知是否即題刻者。

[二] 市征，市中徵收賦税者。《管子·幼官》："田租百取五，市賦百取二，關賦百取一。"劉向《説苑·尊賢》："朝食不足，暮收市征；暮食不足，朝收市征"。《宋史·扈蒙傳》："稍遷左補闕，掌大名市征。"

四、張衮臣等題名

拓本高二尺四寸，寬一尺三寸。四行，行十字。字徑二寸，正書。

治平丙午歲^[一]正月十二日，

殿丞、邑宰張袞臣^[二]，侍禁護

戎蘇幾聖再游龍脊灘，男

蘇約從行，奉命書。

監鐫衛連。

【注】

［一］治平丙午歲，即治平三年（1066）。

［二］張袞臣，即下題所見“張子褒”。王灼《碧鷄漫志》卷二載，嘉祐、元豐間“有張袞臣者，組（曹組）
之流，亦供奉禁中，號‘曲子張觀察’，其後祖述者益衆，嫚戲污賤，古所未有”。又，沈遘《西溪
集》有《奉職張文簡、張袞臣可逐州長史制》。上述張袞臣與題刻者同時，未知是否即其人。

五、知軍事劉士堯等題名

拓本高三尺五寸，寬二尺四寸。七行，行十七字。字徑三寸，正書。

龍脊灘。郡人以歲首出

游其上，都官外郎、知

軍事劉士堯□，邑宰張子

褒、護戎蘇宗□^(一)、幕官馮越

石^[一]、榷征王孝和^[二]、新滑臺從

事趙庠^[三]及糾掾劉可道、決

曹^[四]盧仲宣、縣尉錢禹卿^[五]同

觀鷄卜，時治平丙午歲壬

戌日^[六]識。

【校】

（一）蘇宗□，即前題蘇幾聖。拓本未見。底本作七行，録文則九行，姑仍之。

【注】

［一］馮越石，據蘇頌《蘇魏公集》卷三十一有外制《前權知雲安軍判官馮越石、前華州下邽縣令張杲
之可並著作佐郎；集慶軍節度推官、前知磁州文城縣彭天麟可大理寺丞》，可知馮越石曾爲著

作佐郎。

［二］王孝和，《（萬曆）溫州府志》卷七載，王孝和於至和間以虞部外郎知溫州軍州事。

［三］趙庠，《宋會要輯稿·食貨四五》載，宣和五年“九月五日，户部奏：‘荊湖南北路剗刷大禮錢帛趙庠申：勘會荊湖南北路諸州軍起發上供錢物，有畸零數少去處，依條般往近便及沿流去處州軍團並成綱，起發上京，限日轉發，違限杖一百。今團併州軍承他載起到錢物，如不依限交收轉發，欲望立法約束，及許管押人越訴。户部看詳，欲依趙庠所乞，如他州或別路起到錢物，限次日交收，仍乞立法施行。諸路准此。’從之”。此處所見荊湖南北路剗刷大禮錢帛趙庠，恐即題刻者。

［四］決曹，宋代州郡專職治獄官。西漢始置。《漢書·于定國傳》：“其父于公爲縣獄吏，郡決曹，決獄平，羅文法者于公所決皆不恨。”東漢亦置，主罪法事，以掾主之，秩三百石。

［五］錢禹卿，《（雍正）浙江通志》卷一百七十載晁補之《錢禹卿墓誌》：“字仲謨，俶曾孫，以父任爲太廟齋郎，調雲安尉，徙令繁昌，改大理丞，擢通判霸州，遷通直郎，在霸州有告榷場火者，衆相傳遼兵至，守陣警備。禹卿曰：‘何至是！’遣捕之，果小偷也。在環州，屬靈武用兵，守辟禹卿提舉糧草，夏縱抄，而禹卿崎嶇獨全。霸、環，西北要害郡，朝廷方欲用之，而禹卿於元豐五年卒。”又，錢保塘《歷代名人生卒録》卷五：“錢禹卿，忠懿王曾孫，元豐五年三月丁酉卒，年五十。”

［六］治平丙午歲壬戌日，即治平三年正月初七日，此刻當在《張袞臣等題名》前五日，故該刻云“再游龍脊灘”。

六、鄧沖等題名

拓本高三尺五寸，寬一尺四寸。十四行，行二十七字。字徑二寸，正書。

游龍脊題名記
夫雲安風俗，春之勝游，惟龍脊爲初。今自押
録以下，偕得游賞，于是興盡，邸暮而歸，於是
各留姓、名、字，仍刻之于石，以記一時之樂云
耳。時大宋元祐三年戊辰正月初七日。
鄧沖，字和叔。衛寧，字道安。
袁易，字長吉。蒲之，字子善。
冉夔，字舜伯（書序）。楊盛，字世昌。
符良，字應賢。□□，字温之。
馮賦，字子文。成保，字子安。
唐卿，字公佐。黎拱，字端夫。
金吉，字聖從。□□，字得目。
王岷，字子山。李位，字德卿。

符宗,字伯紹。^(一)

【校】

(一)"袁易,字長吉。蒲之,字子善。冉夔,字舜伯,書序。楊盛,字世昌。符良,字應賢。□□,字溫之。馮賦,字子文。成保,字子安。唐卿,字公佐。黎拱,字端夫。金告,字聖從。□□,字得臣。王岷,字子山。李位,字德卿。符宗,字伯紹"諸句,底本未見,今據拓本補。另,題刻尺寸,底本原作六行,今觀拓本,實爲十四行,亦正之。

七、唐 言 題 名

拓本高二尺四寸,寬一尺九寸。九行,行十一字,正書。

元祐三年戊辰歲孟月有七,

同年二親游此龍脊,集古賢

留傳,以鷄子一枚卜一兆,可

爲得喜慶團圓之卦,恐後

再來題名。

□□□□□□安符^(一),

魯國唐言^[一],字子正^(二),

武都縣吏冉夔書,

簡池勾震攻刊^(三)。

【校】

(一)"□□□□□□安符"底本原脱,僅以別體注"一行泐",今據拓本所見補,行數亦正作"九行"。

(二)"魯國唐言,字子正"句,底本原作"重"字,今據拓本改。

(三)"武都縣吏冉夔書,簡池勾震攻刊"等十三字,底本未見,據拓本補。

【注】

[一]唐言,李燾《續資治通鑑長編》卷一百九十四載:嘉祐中,有"桂州進士唐子正,爲試將作監主簿,知桂州"。又,王象之《輿地紀勝》卷二十八載:"子正,桂州人,往來宜春有一從者,以其行疾,恐其竄去,遂遣歸。自全州一千餘里,日午已到袁州,留書驛吏以呈唐云:'大抵有心求富貴,到頭無分學神仙'"。然上文所引,稱魯國唐子正,未知是否同一人。

八、唐言再題名

拓本高二尺，寬一尺五寸。七行^(一)，行字不等。正書，字徑一寸八分。

元祐四年己巳歲孟月有七日，同年二

親再游於前，以鷄子一枚卜，兆德

喜慶團圓之卦^(二)，又再游

題名。

□□□□□，字□聲□□^(三)。

魯國唐言字子正，甲子生。

勾震刊^(四)。

【校】

（一）題刻行數，底本原作四行，今據拓本，當爲七行。

（二）卦，據拓本所見，似作"掛"，今姑存之不改。

（三）此行遭人爲鑿損，底本原脱，僅注"一行泐"，今據拓本所見補入。

（四）《（民國）雲陽縣志》纂者云："同年二卿，蓋其父母乃同歲生也。元祐四年一刻，記奉親重游之事，石尤剥泐，其可辨者語義略同。後署魯國唐言字子正，甲子生及勾震刊（引者按：又作'勾震攻刊'），皆拙於詞翰，以北宋遺迹。又，所記有孝慈具慶之意，故過而存之。"

九、□□淳夫、歐陽忠□等題名^(一)

拓本高四尺，寬三尺一寸，九行，行七字，正書，字徑四寸。

□□□□□□

古淳夫、歐陽忠□

存道、周譓季和、韓

介夫和叔、田功成

師敏^[一]、史幹臣忠輔^[二]、

論延齡思永、李□

日華、宋師民承之^[三]，

紹聖丁丑歲^[四]正月

七日同游龍脊灘。

【校】

（一）此題刻底本云八行，謂前泐一行。今觀拓本，共爲九行。後另有緒題，今定名《宋師民等題名》。其文作："春陵周譓季和、東海田功成師敏、建康史幹臣忠輔、太華論延齡思永。宋紹聖丁丑正月同游，廣平宋師民承之書。"未見□□淳夫、歐陽忠□存道、韓介夫和叔、李□日華等四人之名。

【注】

［一］田功成，字師敏。與黃庭堅友善，《山谷別集》卷十載："彭水令田師敏，下車未能一月，余觀其規摹必將惠及鰥寡，因其乞書，書此二良吏傳贈之。"據此知其曾爲彭水縣令。

［二］史幹臣，字忠輔。《（雍正）四川通志》卷三十三載有開禧進士史忠輔，未知是否即此人。

［三］宋師民，黃廷桂《（雍正）四川通志》卷三十三載，宋師民，字承之，紹興進士。又，新編《眉山縣志》言其爲眉山人（四川人民出版社，1992年，第1091頁）。

［四］紹聖丁丑歲，即紹聖四年（1097）。

一○、郡守王翯等題名

拓本高三尺五寸，寬二尺六寸。七行，行七字。正書，字徑四寸。

郡守每歲人日率同僚游

龍脊灘，與民同樂，乃行春

之故事，盡興抵暮而歸^{（一）}，右

四人同來：

東牟^[一]王翯澤民、夷儀^[二]石砳

國良、鄆城王貫師道^[三]、鄞江

姚衍彥承。政和歲丁酉^[四]題。

【校】

（一）歸，《（民國）雲陽縣志》作"返"。

【注】

［一］東牟，古縣名，西漢置，治所在今山東牟平。

［二］夷儀，周代，邢國之都。在今邢臺市西部漿水鎮（一説今山東聊城西南）。

［三］王貫，字師道，鄆城人。《續資治通鑑長編拾補》載，崇寧四年九月，“陝西路同州安信之、成州郭執中，河北路相州寧景、深州王察、邢州李偘、棣州王貫，除名勒停”。未知其中王貫是否即題刻者。

［四］政和歲丁酉，即政和七年（1117）。

一一、使吏周明叔題名

拓本高三尺四寸，寬一尺七寸。五行，行十字。正書，字徑一寸五分。

宣和歲次乙巳孟春人日[一]，
使吏周明叔[二]因從典吏任(一)，
公美而下，邀于鰲脊灘，就
東亭聚飲歌樂，逮晚比歸(二)，
次日，再緣公遣到此。

各段均曰“龍脊”，此獨曰“鰲脊”，因宣和間禁用“天”、“龍”等字耳。[三]

【校】

（一）從，底本原作“徙”，今據《（民國）雲陽縣志》及拓本所載改。

（二）比，底本作“北”，今據《（民國）雲陽縣志》及拓本所見改。

【注】

［一］宣和歲次乙巳孟春人日，即宣和七年（1125）正月初七日。

［二］周明叔，底本定名誤作周叔明，今徑改。宋有周晉，字明叔，號嘯齋，著名詞人周密之父，歷任州郡，嘗守汀州，未知是否即此人。

［三］洪邁《容齋隨筆·續筆》卷四載：“周宣帝自稱天元皇帝，不聽人有天、高、上、大之稱。官名有犯，皆改之。改姓高者爲姜，九族稱高祖者爲長祖。政和中，禁中外不許以龍、天、君、玉、帝、上、聖、皇等爲名字，於是毛友龍但名友，葉天將但名將，樂天作但名作，句龍如淵但名句如淵，衛上達賜名仲達，葛君仲改爲師仲，方天任爲大任，方天若爲元若，余聖求爲應求，周綱字君舉，改曰元舉；程振字伯玉，改曰伯起；程瑀亦字伯玉，改曰伯禹；張讀字聖行，改曰彥行。蓋蔡京當國，遏絶史學，故無有知周事者。宣和七年七月，手詔以昨臣僚建請，士庶名字有犯天、玉、君、聖及主字者悉禁，既非上帝名諱，又無經據，諂佞不根，貽譏後世，罷之。”《（民國）雲陽縣志》纂者云：“蓋後題名六閱月，而此禁遂馳矣。”

一二、判官李造道等題名^(一)

拓本高尺,寬一尺四寸。九行,行十一字,正書,字徑寸餘,左行。

建炎戊申正月上七日^(二),判官李
造道、司户趙執^(三)、權知縣毋丘元
望、縣尉馮當可^[一],陪郡侯謁武
烈公神祠,遂泛江而下,散步
此磧,時天宇清明,江國熙然,
嘗試與諸公拂白石以危坐,
嗽清流而長歌,則興味與簿
書間何若^(四)? 諸公咸一嘆。 馮當
可題。
雞字石作陳寅刊^(五)。

【校】

(一) 此題刻鎸字自左至右,文字另見於《蜀中廣記》、《全蜀藝文志》、《(雍正)四川通志》、《蜀典》,均
名爲《馮時行龍祭灘留題》。
(二) 建炎戊申正月上七日,周復俊《全蜀藝文志》卷六十四録文作"建炎戊申正月上巳日"。
今拓本似作"建炎戊申正月十七日",拓本泐損較多,姑並存之。 建炎戊申,即建炎二年
(1128)。
(三) 趙執,《雲陽張恒侯廟・長江三峽工程文物保護專案報告・丙种第五號》作"趙執權"。
(四) "何若"二字,底本原作"若何",且有乙正符號,今均據拓本改。
(五) "雞字石作陳寅刊"一句,"雞",拓本似作"鎸"。 "刊",拓本似爲"刻",姑存之。

【注】

[一] 馮當可,即馮時行。

一三、毋丘知縣題名^(一)

拓本高二尺,寬一尺三寸。六行,行字不等。正書,字徑二寸。

建炎戊申正月望日^[一]，

知縣朝奉^[二]毋丘使轄匠刻

張待制詩石，凡五日畢。

足觀山色風波景，意想

春事只如然也。小孩丘梅

素亦携遨^(二)此。陳修舉書。

【校】

（一）題刻文字自左至右書，另見收《中國文物地圖集·重慶分册（下）》（文物出版社，2010 年，第
　　403 頁）（以下簡稱《地圖集》），定名爲《陳修舉題刻》。

（二）遨，底本原作"游"，今據拓本改。

【注】

［一］建炎戊申正月望日，即建炎二年(1128)正月十五日。

［二］朝奉，宋有朝奉郎，朝奉大夫等官名，南宋後，時人以"朝奉"尊稱，周必大《文忠集》卷四十一有
　　《送徐淵子知縣朝奉還臺》詩。

一四、判官李造道等再題名^(一)

拓本高二尺，寬二尺四寸。十一行，行八字。正書，字徑二寸，左行。

建炎戊申正月上七

日，判官李造道^[一]、司户

趙執、權知縣毋丘元

望、縣尉馮當可^[二]，郡

侯謁武烈公祠，遂泛

江而下，散步此磧。老

杜詩云：元日逢人日，

未有不陰時^[三]。議者謂

天寶之季，此詩盡之。

今日天宇清明，江國

熙然，太平之期指日

可俟，又獲與諸公偕

游，所謂人日也。馮當

可書。

　　此段見《蜀中名勝記》，然後半已泐，武烈公祠，即張桓候祠，祠在飛鳳山之脊。

【校】

（一）《全蜀藝文志》定名爲《龍春灘留題》。底本云“十一行”，實録爲十四行，或爲拓本未見，引自他
　　書使然。姑不改。

【注】

［一］李造道，汪森《粵西叢載》卷二載：《白龍洞題名》云：“淳熙五年，廣漢張栻敬夫時以閏六月朔旦
　　北歸湖湘前三日，與長安周椿伯壽來游水東諸嵓，以致其欲去之意，賓客相追尋於山間者，陽
　　武萬俟立中不倚、建安黃德琬延瑞、八桂張仲宇德儀、蔣礪良弼、唐弼公佐、李化南夫、延平張
　　士佺子真、邯鄲劉乘晉伯、長沙李揆起宗、吳獵德夫、宜春李逢源造道、東萊吕修年永叔”。未
　　知此中所見李逢源，字造道，是否即題名人。

［二］馮當可，即馮時行。當可乃其字，號緝雲。南宋詩人。紹興間進士。因召對反對與金和議，忤
　　秦檜，出知萬州，尋罷職。秦檜死，起守蓬州、黎州、彭州。隆興元年（1163），提點成都刑獄。
　　有《緝雲文集》存世。重慶飛雲巖、北巖、天生城等地多有其題名。

［三］原詩見收《杜工部集》卷十七：“元日到人日，未有不陰時。冰雪鶯難至，春寒花較遲。雲隨白
　　水落，風振紫山悲。蓬鬢稀疎久，無勞比素絲。”題刻所引爲首句，文字略有出入。

一五、盧能父等題名

　　拓本高一尺六寸，寬一尺二寸。四行，行七字。正書，字徑二寸。

箕穎［一］盧能父，豹林

种民望，弟志遠，以

紹興癸丑二月朔

［二］來游。

【注】

［一］箕穎，即指箕山和穎水。相傳堯時，賢者許由曾隱居箕山之下，穎水之陽，後因以“箕穎”指隱

居者或隱居地。

[二] 紹興癸丑二月朔，即紹興三年(1133)二月初一日。

一六、郡人周明叔等題名

拓本高二尺七寸五分，寬二尺六寸。六行，行八字。正書，字徑三寸。

郡人周明叔同義友
李應求[一]、李義夫、唐子
文[二]、李卿夫、張德扶[三]、袁
進叔、黎深甫，游于龍
脊，聚飲抵暮而還。時
紹興丙寅人日[四]謹題。

【注】

[一] 李應求，《(弘治)八閩通志》卷六十二：“李巖起，字應求，古田人，乾道間中特科尉，政和調監臨
　　安西酒庫，遷池州總幹，辭乞致仕，遂監南嶽廟。巖起高才好學，爲時輩所推服，丞相周必大甚
　　優遇之。”又，張元幹《蘆川歸來集》卷十《休庵銘》云：“同郡李君應求榜其燕居曰休庵。”張元
　　幹，字仲宗，號蘆川居士、永福(今福建永泰人)，故上述史料所言李應求恐是同一人，但未知是
　　否即此題刻者。

[二] 唐子文，陸心源《三續疑年録》卷五載有唐子文，名林，年“五十二，生元貞二年丙申，卒至正七
　　年丁亥”，與此題刻相去甚遠，題刻所見當另有其人。

[三] 張德扶，彭乘《續墨客揮犀》卷四：“余友人張德夫嘗夜觀書，有蟛蜞誤躍入燈盞中，視之有兩
　　首，未幾德夫卒。”此名張德夫，而題刻者名張德扶，惟宋人題刻好書別字，未知是否爲同一人。

[四] 紹興丙寅人日，即紹興十六年(1146)正月初七日。

一七、軍使鄭國宋渙等題名

拓本高四尺八寸，寬三尺四寸。六行，行九字。正書，字徑四寸許。

紹興戊午[一]春正月八日，
軍使鄭國宋渙淵明[二]，
拉同僚浚儀賈議經國、

許昌林舜臣鄰之^[三]、弟舜

鄰德之,游覽終日,薄暮

還城。

【注】

[一] 紹興戊午,即紹興八年(1138)。

[二] 宋澳,字淵明。宋代典籍所載名宋澳者共二人,《摛文堂集》卷八有榮州刺史宋澳,又,《問奇類
林》卷二十二載一宋澳,與彭汝礪同年,未官而死,汝礪"經理其後甚至"。

[三] 林舜臣,字鄰之,《(雍正)浙江通志》卷一百三十六有紹興間進士林舜臣,任教諭。未知是否即
此人。

一八、邑宰宋澳等題名

拓本長二尺,寬八尺六寸。二十一行,行四字。正書,字徑四寸。

邑宰宋澳

淵明,拉袁

溉澤之^[一]、馮

俊子才、林

舜臣鄰之、

趙伯寅延

慶^[二]、張光範

公達、袁師

奭宗召^[三]、何

浩季叔、常

裎欽伯^[四]、楊

□文炳、陳

俞武、子常

垠退甫、李

公弼正仲^[五]。

紹興己未

人日^[六]同游,

淵明之子

介壽、柏壽，

子才之才

師亮侍行。

【注】

[一] 袁溉，字澤之，又字道潔，《後村集》卷九云"薛常州季宜從之學《易》"。

[二] 趙伯寅，字延慶，《宋史·宗室世系表》存其名。

[三] 袁師奭，《（雍正）四川通志》卷八載其"雲陽人，紹興間進士第，父孝純，兄師允、師文，與師奭四人相繼登科。鄉人榮之"。《（嘉靖）雲陽縣志》云："紹興進士，與父純孝，兄師允、師文，俱明經登第"。《（咸豐）雲陽縣志》稱其爲"元祐六年辛未科馬涓榜進士"。

[四] 常禋，字欽伯。《皇宋中興兩朝聖政》卷四十九有"丙寅（紹興十六年），新知真州常禋進對奏寬民力事"。另據《宋會要輯稿·選舉三〇》：紹興二十七年"五月四日，荊湖南路轉運司等保奏，知潭州長沙縣常禋名臣之後，修潔自持，束吏愛民，衆所稱譽，望賜擢用。詔常禋特轉一官，候任滿日與升擢"。

[五] 李公弼，《寰宇訪碑録》卷七載有《李公弼題名》，云："正書，元符二年閏九月書。"又，《（乾隆）江南通志》卷一百十九有治平間進士，名李公弼。此外，《宋會要輯稿·儀制一〇》載治平二年有李公弼爲樞密副使。然上述所記，與此題名時代相距久遠，恐非同一人，姑附此。

[六] 紹興己未人日，即紹興九年(1139)正月初七日。

一九、穎昌朱醇父等題名

拓本高三尺五寸，寬六尺八寸。九行，行五字。正書，左行，字徑五寸許。

穎昌朱醇父、

成都趙圖南、

京兆种允濟、

漢初[一]安志行、

洛陽陳居中，

鎮洮王希魯，

以紹興己巳[二]

人日同游，汴

陽王寧祖[三]書。

【注】

〔一〕漢初,古縣名,縣治在今四川武勝縣烈面鎮漢初村,因雍齒曾築城於此而得名。

〔二〕紹興己巳,紹興十九年(1149)。

〔三〕王寧祖,王士禎《池北偶談》卷十八載:"《杜工部集》,則内翰王原叔洙所注也。《吴彦高集》云:是元祐間秘閣校對黄本,鄧忠臣慎思所注,託名原叔。改正王内翰注,則王寧祖也。"

二〇、安公傳等題名

拓本高三尺八寸,寬三尺四寸。五行,行七字。分書,左行,字徑五寸許。

紹興丁丑[一]上春涉七[二]

軍使安公傳,率僚屬

李會源、陳幸叟、土禮(一)、

李□之,同張京山、

尉公顯來游。

【校】

(一)土禮,今拓本似爲"士禮先"。

【注】

〔一〕紹興丁丑,即紹興二十七年(1157)。

〔二〕上春涉七,即人日。韓愈《人日城南登高》詩云:"初正候才兆,涉七氣已弄。"

二一、眉山蔡德方等題名

拓本高二尺二寸,寬一尺一寸。四行,行十一字。正書,左行,字徑一寸五分許。

眉山蔡德方,潁昌孫彦實

武信王先侯邦人唐國用,冉

真卿,乾道庚寅人日[一]同游,尚

恨官長寵德操[二]趨府不與焉

【注】

[一] 乾道庚寅人日,即乾道六年(1170)正月初七日。

[二] 龐德操,據《紹興十八年同年小録》載:"第三十五人龐守,字德操,小名巖郎,小字巖哥,年二十二七,月初四日生。外氏袁具慶下第七。四兄弟,三人闕舉。娶袁氏。曾祖恭,先祖宗越,父愈本。貫合州石照縣墊江鄉浮山里,父爲户。"從籍貫及登第時間推斷,該書所載龐守,恐即題刻所見龐德操。

二二、固陵康性之等題名

拓本高二尺五寸,寬三尺五寸。七行,行五字,正書,字徑四寸許。

固陵康性之、

開封楊處道、

澤城梁國寶、

寧川馮巨濟。

右四人以淳

熙[一]改元甲午

人日[一]同游。

【校】

(一) 淳熙,題刻原作"純熙"。《皇宋中興兩朝聖政》卷五十二乾道九年十一月戊戌載:"詔以明年正月朔爲淳熙元年。初,詔改元純熙,尋以取法淳化、雍熙爲義,改元淳熙"。蜀地道遠,此時或未奉詔,故仍云"純熙",此徑改作"淳熙"。

【注】

[一] 淳熙改元甲午人日,淳熙元年(1174)正月初七日。

二三、袁進叔等題名

拓本高二尺六寸,寬四尺二寸。十一行[一],行八九字。正書,字徑三寸。

袁進叔、馮周翰、刁與道[一]、

張世傑、馮嗣俊、張時傑、
楊彥顯、向覺先，里社
中最相契者，乾道七
載上元後四日[二]，講尋
春故事，訪此遺迹。時
天紓日烘，江色可憐，濯
纓舉觴，陶然一醉，蓋不
啻飲中八仙也。逸興未
盡，日墜乃還。
時傑孫郭僧侍行。

【校】

（一）十一行，底本作“十行”，今正之。

【注】

［一］刁與道，《（嘉靖）雲陽縣志》載其爲雲陽東市里人。
［二］乾道七載上元後四日，即乾道七年(1171)正月十九日。

二四、趙 庚 詩

　　拓本高一尺八寸，寬三尺六寸。十三行，行九字。正書，左行，字徑二寸。

春早江流岸岸深[一]，艤舟
龍脊共登臨。一犁膏雨
知時節，萬里和風快客
襟。麴米杯濃真舊味，竹
枝歌好更新音。飄然自
有凌雲氣，何必鷄占慰
此心。
淳熙丙申歲人日[一]，郡人
宋南、趙庚、馮晨、費公錫、

譚光遠、杜淵、李如瑩^[二]、牟

滂、冉槐卿、冉嵩卿^(二)、譚公

澤^(三)偕游。庚輒留五十六

字^(四)，以識其行。

【校】

（一）“春早江流岸岸深”句，底本原脱“岸”字，今據拓本所見補。

（二）冉嵩卿，《（民國）雲陽縣志》作“冉高卿”。

（三）譚公澤，底本原作譚澤，今據拓本所見改。

（四）《（民國）雲陽縣志》於此處加按語云：“留五十六字，是有七言律詩一首，而拓本無之，蓋已
泐矣。”

【注】

［一］淳熙丙申歲人日，即淳熙三年（1176）正月初七日。

［二］李如瑩，《宋會要輯稿·兵二〇》載有監襄陽府戶部大軍倉者，名李如瑩。另，《（正德）瑞州府
志》卷五載，南宋時有瑞州司户名李如瑩。未知是否即題刻者。

二五、郡人袁進叔等題名

拓本高二尺，寬二尺三寸。七行，行九字，字徑三寸。

郡人袁進叔、馮周翰、刁

與道、馮尋俊^(一)、張時傑^(二)、冉

子文^(三)、楊彦顯、譚翔老，艤

舟^(四)來游，覽昔人墨妙，老

眼爲之增明^(五)。時晝長春

暖，四望融若^(六)，愈可人意，終夕

而歸^(七)。淳熙丁酉人日^[一]題。陳舜英刊^(八)。

【校】

（一）馮尋俊，《（民國）雲陽縣志》作“馬嗣俊”。

（二）張時傑，底本異體作“張旹傑”，張時傑之名已見前題。

（三）冉子文，《（民國）雲陽縣志》作“冉丕文”。

（四）艤舟，《（民國）雲陽縣志》作“檥舟”。

（五）老眼爲之增明，底本原作“老眼爲之渭明”，且“渭”字已加修改符號，今據拓本改。

（六）“四望融若”一句，與前後語句皆不通，今拓本磨泐嚴重，但所存筆勢，似非“四望融若”。

（七）終夕而歸，《（民國）雲陽縣志》作“終日而返”。

（八）陳舜英刊，此四字，底本未見，據今拓本補之。

【注】

［一］淳熙丁酉人日，即淳熙四年（1177）正月初七日。

二六、邑尉權教官韓子展題名

拓本高三尺四寸，寬二尺八寸。七行，行九字。正書，左行，字徑三寸。

邑尉、權教官韓子展，同
幸益茂、宋德恭、袁閑之、
趙西仲、黃國器、王志行、
鄧民望、李茂才、李光庭、
袁平之（一）、馮當時、冉廷直、
冉才甫、王鴻舉［一］，淳熙丁
酉人日前一日游［二］。

【校】

（一）“袁平之”，底本原作“朱平之”，今據拓本改。

【注】

［一］王鴻舉，即《劉甲等題名》所見王翱。《（嘉靖）雲陽縣志》卷下載：“王翱，從善里人，弘治二年
　　貢。”該志言其字鴻舉，今觀題刻，當別是一人。

［二］淳熙丁酉人日前一日，即淳熙四年（1177）正月初六，成於《郡人袁進叔等題名》之前。

二七、邑尉開封賈邎等題名

拓本高四尺二寸，寬三尺二寸。五行，行九字。正書，左行，字徑四寸。

淳熙己亥人日^[一]，郡將

向公委，邑尉、開封賈遜

厚叔，率巡檢、舜都^[二]陳彥

全貫道，巡鋪、丹陽劉植

元直，宴游于此。

【注】

[一] 淳熙己亥人日，即淳熙六年（1179）正月初七日。拓本未見，《軍使鄭國宋涣等題名》有“浚儀賈
議經國”，與此刻相距未遠，未知“開封賈遜”是否即其後。

[二] 舜都，唐李泰《括地志・蒲州・河東縣》云：“河東縣南二里故蒲阪城，舜所都也。”

二八、董伯高等題名^{（一）}

拓本高二尺，寬三尺四寸。九行，行六字。正書，字徑三寸。

董伯高、宋德恭、

冉說道、袁聞之、

趙西仲、譚紹先、

唐紀明、董叔才、

馮當時、胡德載、

張彥模、黄克任、

冉才甫、王鴻舉，

以淳熙己亥人

日後二日^[一]來游^{（二）}。

閑之男仲午侍行。

【校】

（一）此題刻拓本，另見收録於《北京圖書館藏中國歷代石刻拓片匯編・第四三册》，亦作《董伯高等
題名》。

（二）來游，底本原脱“游”字，今據拓本所見補。

【注】

[一] 淳熙己亥人日後二日，即淳熙六年（1179）正月初九日。

二九、郡人張時傑題名^(一)

拓本高二尺七寸,寬一尺九寸。五行,行五字。正書,字徑五寸。

郡人張時傑,
淳熙壬寅人
日後一日^[一],挈家
來游。
陳巽良刊^(二)。

【校】
(一)《地圖集》定名《陳興良題刻》。
(二)"陳巽良刊",《(民國)雲陽縣志》所錄脱此四字。

【注】
[一] 淳熙壬寅人日後一日,即淳熙九年(1182)正月初八日。

三〇、郡人趙庚等題名

拓本高三尺三寸,寬二尺四寸。五行,行十字。正書,左行,字徑三寸。

淳熙癸卯人日^[一],郡人趙庚、
李本^(一)、馮晨、唐鑑、張松、王翱、
李鼎臣^(二),同果山苟中立,登
鰲訪古,俯仰天地間,無一
點塵俗氣^(三),真可人意也。

【校】
(一) 李本,《地圖集》作"李木"。
(二) 李鼎臣,底本原作"董鼎臣",今據《地圖集》及拓本所見改。

（三）“無一點塵俗氣”，《地圖集》脱“塵”字。

【注】

［一］淳熙癸卯人日，即淳熙十年（1183）正月初七日。

三一、西州郭公益等題名[一]

拓本高三尺，寬四尺。八行，行五字。正書，字徑五寸許。

淳熙乙巳春
七日[一]，西州郭
公益[二]，率軍僚[三]
湖北郭誼、
東州劉庚、江西
彭嗣祖、峽中
孫沂[四]同來，修
故事也。

【校】

（一）此題刻，《（民國）雲陽縣志》作《郭公蓋志等題名》。
（二）郭公益，《（民國）雲陽縣志》作“郭公蓋”。
（三）率軍僚，《（民國）雲陽縣志》作“志軍僚”。
（四）孫沂，《（民國）雲陽縣志》作“孫沂”。

【注】

［一］淳熙乙巳春七日，即淳熙十二年（1185）正月初七日。

三二、郡人袁彦選等題名

拓本高三尺，寬二尺四寸。七行，行九字。正書，左行，字徑二寸五分。

郡人袁彦選、常濟民、

符德成⁽一⁾、袁百壽、安廷玉、

幸信道⁽二⁾、李公紹、陳國輔⁽一⁾、

馮正卿、冉叔正，以人日

同游，從古雞子卜⁽二⁾，獲吉

兆，聚歡終日而退⁽三⁾。時

淳熙乙巳歲⁽四⁾謹記。

【校】

（一）符德成，底本原作“符德茂”，今據拓本改。

（二）幸信道，底本原作“李通道”，今據拓本改。

（三）“聚歡終日而退”一句，底本原作“聚飲終日而退”，今據拓本改。

（四）“時淳熙乙巳歲”一句，底本原作“時熙乙巳歲”，脱“淳”字，今據拓本補。

【注】

［一］陳國輔，《關中金石志》卷十三有《瑞巖紀游石刻》云：“温陵盧希韓徵賦海口鎮，公暇至此，同游者陳國輔、顏希道、陳仲宣、李月海、鄭宗晦、上官仲德、陳元才、陳士吉、鄭克裕、僧孤巖，時至正己亥十一月二十一日。”然該題刻所鎸時日，距淳熙相隔既久，其中之陳國輔與龍脊題名者恐非一人。

［二］雞子卜，《月令粹編》引隋杜臺卿《玉燭寶典》曰：“蜀中鄉市，士女以人日擊小鼓，唱《竹枝歌》，作雞子卜。”所謂“雞子卜”，《史記·孝武本紀》張守節正義：“用雞一狗一，生，祝願訖，即殺雞狗，煮熟又祭，獨取雞兩眼骨，上有孔裂，似人物形則吉，不足則凶。”又，《（咸豐）雲陽縣志》卷二載：“以是日之陰晴，卜人事之苦樂，即董勛問禮俗所云：一日爲雞，二日爲狗，三日爲豬，四日爲羊，五日爲牛，六日爲馬，七日爲人。人日爲穀，是也。近又增之曰九日爲麻，十日爲豆。民家輒計日占驗，要惟七八兩日爲重。”

三三、東里遺民段作等題名⁽一⁾

拓本高二尺四寸，寬二尺。五行，行十五字。分書，字徑一寸五分。

東里⁽一⁾遺民段作，以姪謙仲侍親此邑，

同震仲、晋仲偕來省視⁽二⁾。暇日，撑小艇登

龍脊灘，置酒石上。四顧風物一一，曾經

少陵枚拭⁽三⁾，念身世之無常，悵江山之不

改,相與三嘆而去。淳熙丙午十一月望。

【校】

(一)《(民國)雲陽縣志》名此題刻爲《段作題名》,纂修者按語:"此碑隸書頗駿發蒼茂,題語亦慷慨,當爲龍脊諸刻之最,惟'此'字作'㐌',殊爲不典。"

(二)"同震仲、晉仲偕來省視"一句,底本原於"晉"後脱"仲"字,今據拓本補。

(三)枚拭,《(民國)雲陽縣志》引作"扷拭"。唐代宗永泰元年(765)秋,杜甫自忠州携家乘船東下,因肺病復發,滯留雲安,客居於縣令嚴君寓所,翌年五月離雲安赴夔州。杜甫抱病雲安,雖貧病交加,境遇凄凉,但憂國憂民之心不減,此間共作詩四十餘首。其中《十二月一日三首》一詩中有云"今朝臘月春意動,雲安縣前江可憐",爲當時描述龍脊之作。而此題記"曾經少陵枚拭"之説,即本於此。

【注】

[一]東里,又稱"管邑",古地名,在今河南鄭州境内。

三四、郡人黄藻等題名

拓本高一尺八寸,寬一尺四寸。五行,行八字。正書,左行,字徑二寸。

邦人黄藻[一]、冉密、宋輔[二]、
宋梅,同大寧昌[一]□□,以淳
熙戊申正月上元前八
日[三]游此,爲終日欵,聊
書于此,宋梅德操書。

【校】

(一)"同大寧昌"後疑有脱文,似當作"同大寧昌□□",惜今拓本泐損較多,無從辨識。

【注】

[一]黄藻,據後題所鑴,其字明叔。陳道《(弘治)八閩通志》卷五十二載,紹興二十七年,有王十朋榜進士名黄藻,然其爲劍浦人。又,同書卷三十八:"黄藻,延平人,乾道間知清流縣,興學養士,躬課試而激勸之。縣有貼銀鈔鹽錢,素爲民害,藻請於朝,一切蠲免。凡有催科,尤必究其利病,惟恐厲民。歲嘗大歉,藻行勸分之法,民以不飢。鄰寇作亂,自相戒曰'彼有善政,慎勿

犯也'。秩滿而去,老稚攀轅數日,始得出境。"然上述所列,與題名人籍貫均異,恐非同一人。

［二］宋輔,趙善璙《自警編》卷四:"太常少卿陳公,輕財好施,篤於恩義,少與蜀人宋輔游,輔卒於京師,母老子少,公養其母終身,而以女妻其孤。端平使與諸子游學,卒與子忱同登進士第。"此處所言宋輔,時代、籍貫均與題刻中人大體相若,恐即此人。

［三］淳熙戊申正月上元前八日,即淳熙十五年(1188)正月初七。

三五、攝郡職黃藻等題名^(一)

拓本,高二尺,寬三尺五寸。十三行,行十字、十一字不等,字二寸。

郡侯人日游龍脊,與民同樂,以
鷄子卜年慶,邦人未嘗有
可免者。首春^[一]天氣融和,諸
友會間,遂舉其故事而來
觀此景。睹纖羅錦水,浮龍
勢於天邊;峭壁巫雲,擁鳳
壽^[二]於日外。杯興之次,目眺明
媚,不勝快哉。攝郡職黃藻明叔、
李公悦正父^[三],楊堯舉舜舉,幸宥原叔,
鄉友符海巨濟^[四],幸時敏勉叔,譚輔良弼,
紹熙壬子正月念四日^[五],堯舉書。
是日雙舟捧^[六]人,亦經從行。
作頭^[二]陳舜先^[七]刊。

【校】

(一)《(民國)雲陽縣志》纂者於此題刻加按語云:"此刻,文句眉窒,殊饒村氣,以所列郡職其詳,可資聞問,故存之。"

(二)壽,《(民國)雲陽縣志》作"耆"。

(三)正父,底本原作正文,今據《(民國)雲陽縣志》並拓本所見改。

(四)巨濟,《(民國)雲陽縣志》作"□濤",今拓本似作"巨濟"。

(五)紹熙壬子正月念四日,即紹熙三年(1192)。《(民國)雲陽縣志》錄作"紹熙壬子正月二十四日"。

(六)捧,《(民國)雲陽縣志》作"緯"。

(七)陳舜先,《(民國)雲陽縣志》作"陳舜光"。

【注】

［一］首春，即始春，龍脊於人日出水，故云。

［二］作頭，亦即工匠頭目。《唐大詔令集·景陵優勞德音》："京兆府及諸州雇觧玄宫石匠及宫寢作
頭巧兒，雖給庸直，就中辛苦，各賜勳一轉。"蘇軾《與程天侔書》："差一人捍木匠作頭王皋，暫
到郊外，令計料數間屋材"。

<h2 style="text-align:center">三六、郡 人 譚 丙 詩</h2>

拓本高二尺，寬二尺。七行^(一)，行七字。正書，字徑二寸。

地脉英靈元不斷，

人才復起振吾邦。

臨流亦有中興志[一]，

追憶晋臣能誓江[二]。

慶元五禩[三]歲在己

未越上休之一日。

郡人譚丙文父識

【校】

（一）底本原作八行，今據拓本改。

【注】

［一］"臨流亦有中興志"句，典出宋人郭印《臨流》詩："長江一鏡浄，豈但燭須眉。清光瑩我心，雙鬢
任如絲。鷗鷺近人來，游魚亦可窺。不把塵纓濯，身世兩相遺。好觀東去浪，晝夜無休時。學
道正如此，到海以爲期。"郭印，號亦樂居士，成都人。政和中進士。累任雲安縣令，晚始退居，
然不失中興宋室之志。

［二］"追憶晋臣能誓江"句，典出自《晋書》卷六十二《祖逖傳》："逖以社稷傾覆，常懷振復之志。賓
客義徒皆暴桀勇士，逖遇之如子弟。時揚土大饑，此輩多爲盜竊，攻剽富室，逖撫慰問之曰：
'比復南塘一出不？'或爲吏所繩，逖輒擁護救解之。談者以此少逖，然自若也。時帝方拓定江
南，未遑北伐，逖進説曰：'晋室之亂，非上無道而下怨叛也。由藩王爭權，自相誅滅，遂使戎狄
乘隙，毒流中原。今遺黎既被殘酷，人有奮擊之志。大王誠能發威命將，使若逖等爲之統主，
則郡國豪傑必因風向赴，沈溺之士欣於來蘇，庶幾國耻可雪，願大王圖之。'帝乃以逖爲奮威將
軍、豫州刺史，給千人廩，布三千匹，不給鎧仗，使自招募。仍將本流徙部曲百餘家渡江，中流
擊楫而誓曰：'祖逖不能清中原而復濟者，有如大江！'辭色壯烈，衆皆慨嘆。屯於江陰，起冶鑄

兵器,得二千餘人而後進。"

［三］五祼,即五祀,班固《白虎通德論・五祀》:"五祀者何謂也,謂門、户、井、灶、中霤也。所以祭
　　何? 人之所出入,所飲食,故爲神而祭之。"又,《禮記・月令》:孟冬之月,"臘先祖五祀"。此慶
　　元五祼歲在己未越上休之一日,即慶元五年(1199)十月十一日。

三七、李 英 等 題 名

拓本高二尺,寬一尺四寸。六行,行字不等。正書,左行,字徑一寸五分。

李英字雄叔、胡紹昌先、陳林茂先、
何友諒益仲、宋彬德忠[一]、黎樞國器、
李光宅國祥、張祖華堯、文蘭珪
大郎,同往西州,回日謁
忠顯廟[二],退游此龍脊,盡晚
醉歸。嘉泰壬戌[三]二月中旬記。

【注】

［一］宋彬,字德忠,此名另見《宋梅等題名》。
［二］忠顯廟,即今所稱雲陽張飛廟。
［三］嘉泰壬戌,即嘉泰二年(1202)。

三八、郡人馮鎔《如夢令》詞

拓本高二尺,寬二尺二寸。九行,行八字。正書,左行,字徑二寸。

素養浩然之氣,鐵石
心腸誰擬[一]。蒿目縣前
江,不逐隊魚游戲。藏
器,藏器,只等時乘奮
起。
嘉泰壬戌仲春,鄉進
士馮鎔景範[二]游此,因

成《如夢令》一闋書之

于石。

【注】

(一)“素養浩然之氣,鐵石心腸誰擬”,典出《孟子·公孫丑上》:“(孟子)曰:‘我知言,我善養吾浩然
之氣。’(公孫丑曰:)‘敢問何謂浩然之氣。曰:‘難言也。其爲氣也,至大至剛,以直養而無害,
則塞於天地之間。其爲氣也,配義與道;無是,餒也。是集義所生者,非義襲而取之也。行有
不慊於心,則餒也。”這里活用典故,以石擬人,贊石性堅剛不虧。

(二)馮鎔,字景範,夔州人。又,《巴渝詩詞歌賦》(重慶出版社,2004 年,第 235 頁)作者考其爲奉節
人。嘉泰間鄉貢進士,此題刻與前題《李英等題名》作於同時。

三九、知縣忠南酉等題名(一)

拓本高四尺八寸,寬二尺四寸。六行,行十五字。正書,字徑三寸。

開禧改元乙丑人日[一],雲安長吏率僚佐

游龍脊灘,覽(二)石刻,決雞卜,歌竹枝,皆欲(三)

事也。軍吏(四)兼知縣忠南唐酉,主簿、常德

薛鑄,巡檢、永興張珪,縣尉、舜澤續慶祖(五),

鄉人、興州文學康炎,樂温簿吳炎,正奏

名進士[二]巫陽[三]王仲午偕行。

【校】

(一)題刻名爲《知縣忠南酉等題名》,據正文所鎸,題刻者實爲知縣忠南唐酉,當定名《知縣忠南唐
酉等題名》爲是。姑存而不改。

(二)覽,《(民國)雲陽縣志》作“攬”。

(三)欲,《(民國)雲陽縣志》作“故”。

(四)軍吏,《(民國)雲陽縣志》作“軍使”。

(五)續慶祖,《(民國)雲陽縣志》作“續舜祖”。

【注】

[一]開禧改元乙丑人日,即開禧元年(1205)正月初七日。

[二]正奏名進士,宋制,以“及第進士”或“第進士”通稱殿試合格之正奏名進士。正奏名進士之外,

尚有特奏名進士。

[三] 巫陽,即巫山。洪邁《容齋隨筆·四筆》卷十六:"山南爲陽,水北爲陽,《穀梁傳》之語也,若山
　　北、水南則爲陰,故郡縣及地名多用之,今略叙於此。山之南者,如嵩陽、華陽、恒陽、衡陽、鎮
　　陽、岳陽、嶧陽、夏陽、城陽、陵陽、岐陽、首陽、滎陽、咸陽、櫟陽、宜陽、山陽(屬河内郡,太行在
　　北)、廣陽、辟陽、河陽、魯陽、黎陽、樅陽、零陽、巫陽、東陽、韶陽、郴陽、揭陽、戈陽(屬汝南郡,
　　戈山在西北)、當陽、青陽、黔陽、壽陽、麻陽、雲陽、美陽、復陽(在復山之南)。"又,蘇軾《朝雲》
　　詩:"丹成逐我三山去,不作巫陽雲雨仙。"

四〇、幸樵、史彦等題名⁽⁾

拓本高二尺,寬一尺四寸。七行,行十四字,正書。

郡賓房賤司幸樵[一]山父,史彦正父⁽二⁾、
米彭年壽春⁽三⁾,楊大淳德美、符栱子玉⁽四⁾、
冉中行直夫、杜恭子温、常嵩山父⁽五⁾、
使院張仲春德茂⁽六⁾,廳吏趙春,從
太守講人日故事⁽七⁾,訪古嘆息⁽八⁾,抵
晚而退⁽九⁾。是年,開禧改元乙丑[二]識。
正父之子壬仲侍行。⁽十⁾

【校】

(一) 此題刻與《知縣忠南酉等題名》爲一時所題,《地圖集》作《司辛樵等題刻》。
(二) 史彦正父,《地圖集》作"史彦正文"。
(三) 米彭年,底本作"李彭年"。《地圖集》及《(民國)雲陽縣志》均録作"米彭年"。此人之名另見
　　《鄧紹先等題名》《鄧紹先等再題》,亦均作"米彭年",今據以正之。
(四) 符栱,字子玉。《地圖集》作"符拱"。《(民國)雲陽縣志》作"胡拱"。
(五) 常嵩山父,《地圖集》作"常嵩山文"。
(六) 張仲春德茂,《(民國)雲陽縣志》作"張仲春惠茂"。
(七) 據今拓本所見,"從"字後當另有一字,惜泐,當作"從□太守講人日故事"。
(八) 嘆息,底本原作"嘆昔",今據拓本改。
(九) 退,《(民國)雲陽縣志》作"歸"。
(十) 此題刻左下方另有題刻一段,作"有德者到此游春",未知是否同時所書。

【注】

[一] 幸樵,其名另見《鄧紹先等題名》,字山父,時任雲安軍賓房賤司。

[二] 開禧改元乙丑,即開禧元年(1205)。

四一、宋梅等題名^(一)

拓本高二尺,寬一尺二寸。五行,行十一字,行書。

嘉定辛未人日後一日^[一],郡庠
宋梅、宋彬拉姪季巳^(二)、季賢,婿
冉震、符友文,携家來游,嘆前
題倏爾一紀^[二],光陰如駒之過
隙耳,諸親咸^(三)一嘆。孫奎^[三]書。

【校】

(一)《(民國)雲陽縣志》按語云:"題字清跋,極似涪翁所書,一紀前所書不可見矣。'奎'當爲'梅'。
　　　孫侍行承命書石,非孫姓也,蓋梅、彬皆高年矣。"
(二)季巳。《地圖集》錄作"李巳"。
(三)咸,底本原作"戚",今據拓本所見改。

【注】

[一] 嘉定辛未人日後一日,即嘉定四年(1211)正月初八日。
[二] 倏爾一紀,即言時間短暫之語。《地圖集》錄此句作"嘆前題倏爾,一紀光陰如駒之過隙耳"。
[三] 孫奎,《摛文堂集》卷七有承議郎孫奎等"可各轉一官"制文,未知是否即此題刻者。

四二、鄧紹先等題名

拓本高二尺六寸,寬一尺六寸。八行,行十七字,正書。

郡使院典級鄧紹先,金州米彭年^(一)、袁紱^(二)、李光宅、
陳瑞、張永壽、張仲春、張鏞,同客院幸樵、符栱、
冉祺,并符椿、鄧良、符祖、符寅、楊初、安普、何
輔、鄭宗、張丙、金照、夏鑄、張杞^[一]、李京、譚文、安坤
厚、符仲杞,嘉定乙亥元正後四日^[二]來游,幸良

器往西州祠

神,男季乙偕來寓迹,賤司古通彭震[三]、

秦揖以幹續至。鎸工陳仲成、陳公道。

【校】

(一)米彭年,其名已見前刻,底本作“李彭年”,今據拓本改。

(二)袁綬,底本作“李綬”,即後題《鄧紹先再題名》所見者,今據拓本改。

【注】

［一］張杞,《漢濱集》卷十四《潼川修城堤三橋記碑陰》有張杞,子南卿,鄱陽人。紹興丙子(紹興二
　　　十六年,1156)爲梓州知州。又,據《建炎以來繫年要録》卷一百六十,紹興十九年(1149),張杞
　　　曾充大金賀正旦使。又同書載,張杞還曾居右武大夫、知台州,廉州知州,監察御史,秘書少
　　　監,太常少卿、權禮部侍郎等職。

［二］嘉定乙亥元正後四日,即嘉定八年(1215)正月初五日。

［三］彭震,《(雍正)四川通志》卷三十三有元祐進士彭震。又,《(雍正)江西通志》卷五十一,寶祐六
　　　年戊午解試有彭震,廬陵人。

四三、鄧紹先再題名[一]

拓本高三尺,寬一尺。四行,行字不等,正書。

丙子正月人日前一日,鄧紹先、

幸良器、幸樵等同楊松年[一]、

陳全[二]、王祖、袁丙、杜甲再游。

袁綬書,鎸工陳仲吉。[二]

【校】

(一)此題刻在《鄧紹先等題名》左側。丙子正月人日前一日,據前題刻《鄧紹先等題名》,當爲嘉定
　　　丙子年,即嘉定九年(1216)正月初六日。

(二)《地圖集》中“幸良器”、“幸樵”等名,分別作“辛良器”、“辛樵”。“袁綬”作“辛綬”。該書定名《辛
　　　綬題刻》。

【注】

［一］楊松年,據《晦庵集》卷十八,孝宗淳熙間有台州典級名楊松年,未知是否即此人。

[二] 陳全，《(嘉定)赤城志》卷三十三載：“陳全，臨海人，字子卿，芝之子，終新城縣尉。”又，《宋會要
輯稿・刑法六》：紹興二十年“(六月)二十四日，詔武功郎東文、從義郎馮青、陳全、忠訓郎周寧、
成忠郎趙興、承信郎李真，各除名勒停，不刺面，分配逐州軍本城收管。東文韶州、馮青袁州、陳
全建州、周寧洪州、趙興建昌軍、李真邵武軍。以文等並持杖劫奪民財，法當絞，故特貸之”。

四四、邑尉古渝李公輔[一]和韻

拓本高二尺三寸，寬一尺三寸。十行，行十六字，字徑一寸。

界破峽山分兩壁，峽江萬頃誰蠡測。自古韜藏
靈異物，怪石崚嶒蛟龍窟。天矯乍浮還乍没，中
流觸起掀天雪。疑是當年郪劍失，至今猶蛻平
津骨。年年元日至人日，似趁陽春曬靈脊。我來
得得訪古迹，恍疑脚到金沙磧。未睹金沙先兆
吉，但見龍章呈五色。使君有感心聲發，口吮色
筆手和墨。投以月光與明月，一字[一]不容加損益。
大書龍背不漫滅[二]，便似負圖敢弗蹄。早晚一聲
雷霹靂，不信斯文埋草澤。
嘉定丙子人日。[三]

【校】

(一) 一字，底本作“十字”，今據拓本改。

(二) 漫滅，今拓本似作“浸没”，姑仍之。

(三) 嘉定丙子人日，此六字，底本未見，據今拓本補之。嘉定丙子，即嘉定九年(1216)。

【注】

[一] 李公輔，《宋會要輯稿・兵一七》載，隆興元年(1163)“六月九日，詔歸朝千户李公輔特補武德
大夫、果州團練使”。果州，即今南充，與雲陽相隔不遠，題刻所載者，恐即此人。

四五、沈安義等題名

拓本高三尺二寸，寬七尺。十七行，行字不等。草書，左行，字徑四寸許。

古渝之義熙（一），涪陵之石魚[一]，

雲安之龍脊，地維不同，而

古今民之占豐年，則一也。

邑令、開封沈安義子方[二]，

以嘉定辛巳（二）人日率同僚

游龍脊，修故事也。燈夕[三]

後三日，春空開明，晴光

駘蕩，復拉延平廖侃祖

子上、武陽黄烈毅夫、宛

陵李棟子東、大梁高彭伯

季相與亂江再游于此，摩

挲石刻，搜閱各題，插小亭

於平江，酌衆賓於古磧，夫

此州之勝迹莫不因人而重，

顧先後名公鉅卿素傾是

邦，此未始不粹，其乃而爲

一時之巨麗也。歸棹收岸，

斜陽滿舟，刊之以紀，留序

識歲月云，沈安義書。

【校】

（一）題刻“義熙”之前所缺，據拓本所見，當爲“古渝之”三字，今補之。義熙即重慶朝天門豐年碑，
　　碑文曰：“石以二月社日□先鑒傳銘，於圮必泰。今大篆既正，皇晉中興，西寇有獨盡之勢，門
　　洛有可乘之兆，年豐氣和，物寧其極，曠代冥微，復著於今。輒仰奉時，仰協人會，飛衿命旅，宙
　　寧岷夏矣。義熙三年二月八日戊申社日記。”

（二）嘉定辛巳，底本原作嘉定辛丑。嘉定實無辛丑年，今據拓本改之，即嘉定十四年（1222）。

【注】

［一］涪陵之石魚，即今所稱“白鶴梁題刻”。

［二］沈安義，字子方，開封人，《（雍正）廣西通志》卷五十一載：“沈安義端平元年以朝奉郎任（宜州
　　　知州）。”宋洪咨夔《平齋文集》卷二十一亦有《沈安義辟差知宜州制》。

［三］燈夕，即元宵節。燈夕後三日，則爲正月十八日，慮及前有謂“嘉定辛巳人日，率同僚游龍脊”

一句,則知此題刻鎸於嘉定十四年(1221)正月十八日。

四六、杜良金、馮當可詩贊並跋

拓本詩高三尺,寬二尺。五行,行八字。正行,左行,字徑四寸。跋高二尺,寬一尺八寸,八行,行字不等。正書,左行,字約二寸許。

思昔中興日,于今僅
百年。縉雲記龍脊,此
石重燕然。體國存先
見,今人憶古賢。太平
不須卜,萬世可流傳。
建炎初,馮縉雲[一]屢刻詩
于前,斷然有(一)中興太平
之句,其言可驗,真所謂
國之蓍龜,萬世先見之
明,中興以來一人而已,因成
四十字贊之,幸毋以斯言爲僭(二)。
嘉定癸未[二]春,是邦杜良金,
同友李翔父、譚子正題。

【校】

(一)"有"字,底本原作"者",今據拓本改。
(二)僭,底本原作"替",據拓本改。此前有脱"爲"字,今補之。

【注】

[一]馮縉雲,亦即馮時行。所謂"馮縉雲屢刻詩於前",即指前題《判官李造道等題名》、《判官李造道等再題名》。
[二]嘉定癸未,即嘉定十六年(1223)。

四七、李中行等題名

拓本高一尺一寸,寬一尺五寸。七行,行六字。正書,字徑一寸五分。

紹定改元人日^[一]，

李中行^[二]携僚友

黎耕、張酉傳來

游。瞰清流，撫陳

迹，有想乎前輩

之遐躅，時夔將

盧海以攝警輿。

【注】

[一] 紹定改元人日，即紹定元年(1228)正月初七日。

[二] 李中行，其名見《太倉稊米集》卷六十七："紹興辛未，余來江西，至九江，太守李中行置酒庾樓。"然紹興、紹定相隔既久，當別是一人。

四八、譚仲等題名

拓本高三尺六寸，寬三尺六寸。六行，行字不等。行書，字徑四寸。

雲陽^(一)譚仲乙，李仲深父^(二)、清父，

何士常厚父^(三)、坤父，與夔州

張用之^[一]，以人日來游，修親

禊事也。是日，從郡侯三

瀘^[二]李公，與渝江張尉仙，同

盛山^[三]黎判一溥。紹定改元人日書^(四)。

【校】

(一) 雲陽，底本作"黎陽"，今據拓本改。

(二) 李仲深父，原題刻剥落較多，拓本似爲"率仲深父"。《地圖集》連同起始句録作"雲陽譚仲乙年、仲深父"，語句不通，當誤。《(嘉靖)雲陽縣志》有譚仲義，"路陽里人，嘉靖十二年夔州府學貢，任龍游訓導"。《(咸豐)雲陽縣志》卷七謂爲"陝西盩厔縣教諭"。未知其是否爲雲陽譚氏之裔，亦或即此題刻者。

(三) 何士常厚父，拓本似作"鄉士常厚父"。

(四) 底本於"紹定改元人日書"前另有"時"字，拓本未見，今删去。

【注】

[一] 張用之,夔州人,《(嘉定)鎮江志》卷十七有張用之,淳熙五年(1178)任丹陽縣令。但與此題刻
　　相距近五十年,恐別是一人。

[二] 三瀘,即瀘州,楊升庵《南定夜飲》云:“三瀘名號訛千古,二水泯潘會兩津。青箬海商船舫集,
　　紅裝營妓管弦新。”

[三] 盛山,隋開皇十八年(599)改永寧爲盛山縣,後廢,其地即今重慶開州。溥,即卜。言行占卜
　　事。黎判,或即前題《李中行等題名》中所見黎耕,時通判雲安。

四九、袁逢龍龍脊歌(一)

拓本高二尺六寸,寬一丈三尺。三十五行,行字不等。行書,字逕二寸許。

龍脊歌

此龍一年一度出,

砷矼巉巖祇見

脊,二月春光生,九月

江未平,龍雖有脊却

潛行,及乎春漲夏潦,秋

霖測捲,都潢僚夕,除溝

澮涸,雨絕地乾,霜降水落,

萬瀨聲沉,百川繩約,寒

魚依藻,歲蛇委壑,此龍萬召

出滄溟,江心天矯脊梁陳,

前賢述煩映千古,賞游奔

來一世人。是時春正融,春色

咸津津。相約考鷄卜,

願作太平民。太平本是蒼

龍致,龍脊見時占太平。

嗚呼,潛見有時,龍何心也,蓋

之也深,後必鉅藏之也久,

出必奇也。當頹波潰淵,轟

豗澎湃之時,而潛龍勿用,陽

在下也。深藏固閟,光景之不
露,及固陰江寒凌屬刻鏤
之後而見龍在田,德施普也。
行歌坐賞,人世之共趨向,非
有是脊梁而不與世變,波靡
奚至是哉！吾視龍脊之
見,蓋類有道者,故從
而歌之曰：龍乎龍乎,願勿
隨雲非上下,
永鎮峽江,樂太平年。
寶祐乙卯
王正二日^[一],
簿兼軍教
宕渠^[二]袁逢龍
醉書。

【校】

（一）袁逢龍,底本作"袁龍逢",據原刻照片當作"袁逢龍",今改之。此題刻當定名《袁逢龍龍
　　脊歌》。

【注】

［一］寶祐乙卯王正二日,即寶祐三年(1255)正月二日。
［二］宕渠,古縣名,西漢置,治所在今四川渠縣東北。東漢末以後,屢爲宕渠郡治所。南朝宋廢。

五〇、張堅老等題名

拓本高二尺,寬二尺五寸。六行,行六字。正書,字徑三寸。

辛丑正月上休,張
堅老^(一)、陳大年^[一],王
仲山^[二]、仲甫^[三],張濟

卿重來游。

大年之子馬行者

侍行。

【校】

（一）錢保塘録文有夾行小注云：“‘堅’字至小，當大字正書。”

【注】

［一］陳大年，《苕溪集》卷五十一有監潭州合同茶場陳大年，紹興間人。《盤洲集》卷二十有“陳大年循文林郎制”。《（弘治）八閩通志》卷五十二載，紹興三十年庚辰梁克家榜進士，有沙田人陳大年。以上未知是否即題刻者。

［二］王仲山，《輿地紀勝》卷二十九：“建炎中守撫州，及先慈惠，修城訓兵，給事李公以政績聞。”《宋中興紀事本末》卷四十九載：“朱勝非《（秀水）閒居録》曰：‘時宰臣秦檜，王仲山之婿也。’”姑並列於此。

［三］仲甫，即王仲甫，《宋詩紀事》卷二十九：“仲甫字明之，岐公之從子，少年以詞賦登科。”《詞綜》卷八：“王介字仲甫，衢州人，好爲助語詩。”未知孰是。

五一、郡守解至臨等題名

拓本高一尺八寸，寬二尺五寸。七行，行六字。正書，左行，字徑二寸。

郡守解至臨、

邑宰史祥［一］、前

州簽吕玉、軍幕

陳奭［二］、前巴川宰

張仲容［三］、前臨邛

尉胥元矩同游。

壬寅歲人日（四）題。

【注】

［一］史祥，《（至順）鎮江志》卷十九：“史祥字君瑞，其先汴人，宋建炎中徙京口。祥由吏入仕，歷長興州提控案牘，吴江州灡溪縣巡檢，除將仕郎，杭州路總管府提控案牘，兼照磨承發架閣，卒。子文彬，字元章，今福建道帥府令史。次子文昭、文直、文昌。”《（雍正）四川通志》卷三十三載

有寶祐進士，名史祥。當非同一人，姑並列之。

［二］陳奭，《蜀中廣記》卷二十三云雲陽縣有題名：“軍守張吉、監井史澤、判官陳奭，以嘉祐六年五月二十一日至寺下，遇新蓬州司理向宜顏偕游。”《（雍正）江西通志》卷五十有陳奭，安仁人，建州知州。

［三］張仲容，《職官分紀》卷十三載：“太平興國三年，以磁州軍事判官張仲容爲右贊善大夫。”《郎溪集》卷三有《合州巴川縣令張仲容等二人可大理寺丞制》。又，《彭城集》卷二十二有《知趙州杜紳可知濱州，太僕寺丞朱勃可權發遣虢州，知濱州張奕可知趙州，知虢州張仲容可知建昌軍制》。據此可知，張仲容曾居官合州巴川縣令、大理寺丞、知建昌軍等職。

［四］壬寅歲人日，以陳奭行迹論之，此刻當在嘉祐七年（1062）正月初七日。

龍脊石題刻文字補遺

劉興亮　輯補

一、元祐三年題刻

題刻長四十三厘米，寬十四點五厘米。正書，三行，滿行十一字。

元祐三年戊辰歲正月初七，

□□□□□□□□□□□□，

游此龍脊題名記耳。[一]

【注】

[一] 題刻所鎸人名均被人爲鑿損，或與當時元祐黨爭有關。界格之外另有文字二行，作"甲寅孟春，宕渠袁坤仲謹記"，"宕渠袁坤仲"與前題所見"宕渠袁逢龍"籍貫相同，且又同姓，前題鎸於寶祐乙卯，此又見"甲寅"二字，恐是寶祐二年，界格外題刻或亦出自袁逢龍之手。

二、宋師民等題名

題刻長一百三十七厘米，寬九十厘米。正書，九行，行一至六字不等。

春陵[一]周譓季和、

東海田功成師

敏[一]、建康史幹臣

忠輔、太華[二]論延齡思永。宋

紹聖丁丑[三]正

日同游，廣平

宋師民承之書。[二]

【校】

(一) 春陵，古地名，即今湖南寧遠東北。《地圖集》作"春陵"。

(二) 據《□□淳夫、歐陽忠□等題名》，此題刻當鎸於紹聖丁丑正月七日。拓本"和"、"承之"等字均泐，今據該題補入。

【注】

[一] 田功成、史忠輔、宋師民，另見《□□淳天、歐陽忠□等題名》。

〔二〕太華，華山之別稱，古號西嶽，又稱華嶽。在今陝西華陰縣南。此稱“太華論延齡思永”，恐是
　　　謂論延齡，字思永，陝西華陰人。

〔三〕紹聖丁丑，即紹聖四年(1097)。

三、陳似等題名

題刻長一百〇二厘米，寬九十二厘米。正書，十行，滿行十字。

峽束淵流測^(一)益深，砥平鰲
脊^(二)介江心。簿書叢裏逢休
假，雲水光中欣訪尋。拂石
四題鷄子卜，欂舟^(三)三聽竹
枝音。時和攟鼓同民樂，快
喜春陽逐衆陰。
嘉陽^[一]陳似襲卿^[二]，司刑胸
腮四年^(四)，將受代，携家來游，
男槐、枏^(五)、桐^(六)、樟^(七)、檀^(八)、栯^(九)侍行。
宣和丙午^[三]歲人日。桐書。

【校】

（一）測，《(乾隆)雲陽縣志》作“澤”。

（二）脊，《(乾隆)雲陽縣志》作“極”，《地圖集》作“背”。

（三）欂舟，《(乾隆)雲陽縣志》作“移舟”。

（四）司刑胸腮四年，《地圖集》作“司刑胸月忍腮四季”。《(民國)雲陽縣志》“四年”二字脱。

（五）枏，《地圖集》作“楠”。

（六）桐，《地圖集》脱。

（七）樟，《(民國)雲陽縣志》作“梓”。

（八）檀，《地圖集》脱。

（九）栯，《地圖集》作“舟”。

【注】

〔一〕嘉陽，《(民國)雲陽縣志》纂者云：“嘉陽，當即宋之嘉州，今嘉定府，宋人仕宦尚不避本路也。”

〔二〕陳似，字襲卿。其名亦見於涪州石魚題名。建炎己酉(建炎三年，1129)正月二十一日，曾官涪

州，爲憲屬。《(咸豐)雲陽縣志》作"陳似襲"。《(乾隆)雲陽縣志》稱"宣和嘉平陳似襲"。

[三] 宣和丙午，實即靖康元年。據《靖康要録》所載，"宣和八年正月一日改爲靖康元年"。此稱宣
和丙午，據詔書所頒僅六日，恐雲陽尚未奉改元之詔。

四、曹嘉父等題名

題刻殘長九十九點五厘米，寬七十七厘米。正書，六行，行九字。

宣和乙巳之人日[一]，游於鰲脊灘，郡人畢集，酒酣樂作，爰命鷄子卜云，其告相與一
笑，逮晚乃歸。曹嘉父[二]、郭敦叔、劉元景、馬樂道、張虞卿[三]、張温叔▢

【注】

[一] 宣和乙巳之人日，即宣和七年(1125)正月初七日。

[二] 曹嘉父，王洋《東牟集》卷二有《亭寄曹嘉父》一文，中有云"子官向西蜀，萍迹飄泊"一句，時代、
仕履均符，恐即題刻中人。

[三] 張虞卿，《(萬曆)湖州府志》載其建炎三年爲湖州知州。又李心傳《建炎以來繫年要録》卷二十
一云，建炎三年"張虞卿等十九人上疏，亦以藩鎮爲言"。並稱"虞卿，齊賢遠孫也。"

五、張子文等題名

題刻長一九五厘米，寬九十六厘米。正書，十八行，左行，行六至十字不等。

人日後三日，吾人得
五人。雲浮龍脊曉，波
曳鳳山[一]春。日月光天
宇，塵埃洗客巾。不須
鷄子卜，會作太平民。
建炎戊申歲初，
張子文[二]同表姪
陶顯祖彥昌，謁
武烈公祠[三]，邂逅
毋丘元望[四]、劉德

受、馮當可,相與

放船過龍脊灘,

時天氣和悦,有

中興太平之象,

客懷得少紓云。

後六日,四人復來,汲江煮

茗,三椀而歸,當可偶不至。

小兒慶孫從行,彭門子文。

【注】

[一] 鳳山,即飛鳳山,又名鳳凰山。《(咸豐)雲陽縣志》云"在(縣)治南","相傳有鳳凰孕於石中,石破飛去,至今嘴、爪、翎、翅,行迹宛然"。又《雲陽縣鄉土志》云"西北之山曰武成山,是界開縣,東爲鳳凰山"。

[二] 張子文,《宋詩紀事小傳補正》卷三:"西秦人,(張)俊之子。紹興中,朝議大夫知漳州。劉才邵《檆溪集》有《與張子文交代啟》"。前題見有《毋丘知縣題名》,中有句云"知縣朝奉毋丘使轄匠刻張待制詩石",其中張待制恐即張子文。

[三] 武烈公祠,即張桓候廟。

[四] 毋丘元望,時任權知雲安縣。南宋時,夔州領奉節、巫山、雲安三縣及雲安一軍使。毋丘元望之名另見《判官李造道等再題名》。

六、蔡德方等題名

題刻長七十九厘米,寬三十八厘米。正書,四行,行十至十一字,左行。

眉山蔡德方、潁昌孫彦實、

武信王先侯,邦人唐國用、冉

真卿,乾道庚寅人日[一]同游,尚

恨官長龐德操[二]趨府不與焉。

【注】

[一] 乾道庚寅人日,即乾道六年(1170)正月初七日。

[二] 龐德操,據《紹興十八年同年小録》載:"第三十五人龐守,字德操,小名巖郎,小字巖哥,年二十二七,月初四日生。外氏袁具慶下第七。四兄弟,三人闕肇。娶袁氏。曾祖恭,先祖宗越,父

愈本。貫合州石照縣墊江鄉浮山里,父爲户。"從籍貫及登第時間推斷,該書所載龐守,恐即題
刻所見之龐德操。

七、趙南峰等題名

題刻長七十二厘米,寬四十二厘米。下半泐損,正書,存四行,滿行十字。

淳熙庚戌歲[一]孟春有四日□
游龍脊。時於七□
□□□,趙南峰、秦述先□
袁中孚□

【注】

[一] 淳熙庚戌歲,即紹熙元年(1190)。淳熙十六年二月,孝宗下詔內禪,光宗即位,次年改元紹熙。

八、幸 宥 題 詩

題刻長七十厘米,寬四十厘米。豎排,正書,九行,滿行七字。

開天闢地有石龍,
古今題記永無窮。
誰道雲陽非勝境,
龍舟一望見仙峰。
五峰嶺對玉林天,
森森陰檜已千年。
先賢得道皆顯著,
尚有□仙在□前。
幸宥[一]。

【注】

[一] 幸宥,字原叔,其名亦見《攝郡職黃藻等題名》,該題刻鐫於南宋淳熙間,故此刻亦當在其時,今
　　姑附於此。

九、劉甲等題名

題刻長二百二十七厘米，寬一百一十四厘米。正書，二十行，滿行十字。

紹熙庚戌正月三日，郡侯
東平劉公[一]講故事，延客出
郊，泛舟游龍脊。是日，春雨
崇朝，午後晴，江山鮮麗。公
步武觀前賢題迹。少焉，復
會而飲。先是，公申去替月
日於朝，適郵音至，被
命從請諸生酌酒爲賀，且
致惜別之意云。侯名甲，字
師文，新辟四川茶馬司幹
辦公事。與席者李木茂才、
苟中立從道、王翺鴻舉[二]、李
光朝紹先[三]、李鼎日新、胡
戊彥範、冉謁庭直、馮鎰景
運，巡檢楊顏仲回簿，仙井
韓植子建[四]記並書。
公人日復游，鷄卜得
豐年之兆，愛民之念
不忘，可謂仁矣，於是
並書云。

【注】

[一] 劉公，即劉甲，字師文，據《（乾隆）雲陽縣志》載，淳熙中知雲陽，“勞心民務，嘗同夔州楊輔游古
書巖，有留題焉”。《（咸豐）雲陽縣志》載：“淳熙中，知雲安軍。”其名另見涪州石魚題刻。
[二] 王翺，字鴻舉。《桂苑筆耕集》卷十三有《前宣州當塗縣令王翺攝揚子》一文，所見當塗縣令王
翺，與題刻中人時代較近，未知是否爲同一人。

［三］李光朝,字紹先。《宋會要輯稿·選舉一八》:"(紹興)十年七月二十九日,詔前東京留守司效士夏穎達、孫定、張漢、吕彌文、李光朝並與免文解一次。"題刻所鑴李光朝,或即此人。

［四］韓植,字子建。《蜀中廣記》卷九十六載韓植曾爲《龍門志》作序。另據《蜀故》載,韓植曾官遂寧府通判,吴曦叛,楊輔時爲四川制置使,"輔自以不習兵事,且内郡無兵可用,遷延不發,曦移輔知遂寧府,輔遂以印授通判韓植,棄成都而去"。

一〇、陳直方等題名

題刻長七十二厘米,寬三十二厘米。正書,四行,行五至八字不等。

幸安子善、陳直方[一]、

陳南仲[二]游此,

時紹熙三年正月廿四並書,

陳直方醉筆□□。

【注】

［一］陳直方,陳秀明《東坡詩話録》載:"陳直方之妾,本錢塘妓人也,丐新詞於蘇子瞻。子瞻因直方新喪正室,而錢塘人好唱《陌上花緩緩曲》,乃引其事以戲之,其詞則《江神子》也。"據此可知,上文之陳直方與蘇軾友善,然與題刻時代較遠,恐非一人。

［二］陳南仲,據《(嘉靖)仁和縣志》卷八載,淳祐七年進士有名陳南仲者,未知是否即題刻者。

一一、宋天一等題名

題刻長九十八厘米,寬六十二厘米。正書,九行,滿行十六字。

鄉士宋天一拉友人馮景述、袁子隆,

□道濟、道應、道勝,子上安、子善,黎

文叔、李瞻父、譚德潤、符子厚、褚濟道,

泛舟步龍脊,酒酣樂極。回視岷山、蜀江,

瞰赤甲、白鹽,一目萬里,不覺心生羽翼,融

□有登瀛之心。因拂石咀味先朝馮郡侯[一]墨妙,

感慨時變迎遷,迺知名賢千古,遺迹長寫

此灘,相頡頑而不隨大江東注也,時慶元己
未[二]正月人日後五日識。

【注】

[一] 馮郡侯,即指馮時行。

[二] 慶元己未,即慶元五年(1199)。

一二、慶元丙辰題刻

題刻長五十四厘米,寬三十一厘米。正書,局部被鑿毁。四行,行七至八字。

□□□□□□□□慶元
丙辰上巳[一],□□同□
□□□□携手
游龍脊,抵暮而退。

【注】

[一] "慶元丙辰上巳"句,慶元丙辰,亦即慶元二年(1196)。上巳,即上巳節,又稱元巳節、修禊節,
最初在每年農曆三月的第一個巳日,宋時已固定爲農曆三月初三。此題刻所鎸人名,被人所
鑿損,幾無可識者。

一三、鄧紹先等再題

題刻長四十五厘米,寬三十八厘米。正書,九行,滿行十一字。

丁丑歲正月六日[一],鄧紹先等
同前題内諸兄,拉未來諸友
冉中行、安鐸、張琰、范炳、王昌
盛、幸爲愛、李桂、魯庚、張震
庚、胡才美、符仲,辛同、許宗再游。
鄧紹先、米彭年識。

范炳書。鐫工陳仲成。

常嵩人日從

太守來游。^[二]

【注】

［一］丁丑歲正月六日，《地圖集》作丁丑正月六日，脱"歲"字。雲陽龍脊石有鄧紹先題名共三段，前
　　兩段均成於嘉定丙子（嘉定九年，1216），此或相距不遠，當鐫於嘉定丁丑（嘉定十年，1217）。

［二］此句在題刻左下角，另作兩行，書風與以上諸句極似，或爲其後補刻。

一四、黄震等題名

題刻長三百二十厘米，寬一百二十厘米。行數、字數不詳，今據三峽文保資料
引録。

春日融融浮霽色，山聳□□水澄碧。酒酣一笑且掀髯，手捫龍頭跨龍脊。寶祐甲
寅^[一]歲前六日，蓋春後五日也，郡將錦江黄震^{（一）}，喜邊庭之少寬，樂民生之漸遂，偕友
泛舟於此，訪雞卜故事，作詩以紀勝游。簿掾、宕渠袁□龍奉命書。與會者：□□尉
池王文、大寧董庚、孫浮光、王十英、合陽李廷峰、學正羅西發、宕渠□君用，侯之、三英
侍行，時二子亦在其行，渠州都縣多來里劉□刊。

【校】

（一）黄震，《（民國）雲陽縣志》作"黄震喜"，定名《黄震喜詩刻》，且録文顛倒，詩後跋文未見録。詩
　　作："手捫龍頭蹽龍脊，山聳螺饕水澄碧。酒酣一笑且掀髯，春日融融浮霽色。"纂者按語："震
　　喜題字，磧上約三四處，多剥蝕難辨，此詩尚完好可誦，'蹽'字不典，名人詩文中亦少見。"

【注】

［一］寶祐甲寅，即寶祐二年（1254），題刻言"寶祐甲寅歲前六日"，當爲甲寅之上一年，即寶祐癸丑
　　（寶祐元年，1253）十二月二十四日。

一五、沈安義題詩

題刻尺寸、行數等均不詳。拓本，照片均未見，今據三峽文保資料引録。

鷄卜已得豐穰兆,寄語吾農勿用愁。沙面尋詩現古刻,江邊酌酒龍脊游。民風更賞新年好,人□聊將故文修。亂石□□幾百□,宛如龍脊介中洲。□□歲開封沈安義[一]書。

【注】

[一] 前題《沈安義等題名》云"開封沈安義子方,以嘉定丁丑人日率同僚游龍脊",此題刻亦當成於其時。另,《(嘉靖)雲陽縣志》載有沈安義《龍脊》詩一首:"龍脊灘頭春已歸,舊章重舉到江湄。玉簫金縷民風樂,麥隴桑疇農事熙。猶記去年來求酒,又還今日再題詩。桃花三月歸帆過,此地江濤漸渺彌。"題刻區域未見此詩,姑錄於此。

一六、幸謙仲題名

題刻長三十五厘米,款十六厘米。正書,泐損嚴重,今存二行,首行可識者八字,次行六字。

時淳祐乙巳[一]人日後□□,
同里賢幸謙仲□□。

【注】

[一] 淳祐乙巳,即淳祐五年(1245)。

一七、黎文之題名

題刻長三十五厘米,款三十二厘米。正書,磨泐甚多,僅存三行。

淳祐庚戌[一],雲陽石匠黎文之游此。
皇極開昌運,
春風鼓太和。[二]

【注】

[一] 淳祐庚戌,即淳祐十年(1250)。
[二] "皇極開昌運,春風鼓太和"兩句楹聯,在黎文之題名行之左,中有界格,書風迥異,似爲另一題刻,今姑附於此。

一八、張同□等題名

　　題刻長一百五十厘米,寬一百二十厘米。正書,存十五行,石面不整,行字不等,今據三峽文保資料引錄。

龍脊,雲陽勝景也。郡僚每歲拉□
臨流賦詩,與民同樂,不知其幾年□
范□,公餘鼓棹泛舟,與客來飲。是日□
不興,舉酒相酬,此□何報。州官於□
之樂也,盍不歌詩以紀其行。學官陳□
灘,何怕春風刮面□。拂不著詩尋好□,
舳艫莫惜從交錯。歌舞無休取□,
年贏□□再來觀。學府□
潛時見兮,是曰龙脊□
日。聖元舉人□
何報憮有□之,吏張同□
山□,
吏目□,
至元四□[一]。

【注】

[一] 至元四□,恐即至元四年(1338)。此題刻泐損嚴重,且題刻較低,常年浸於水下,至今未見全
　　拓存世。

一九、袁 仲 午 題 詩

　　題刻長一百〇四厘米,寬四十厘米。正書,五行,行十四字。

至正壬午歲[一]初十日,袁仲午南卿□游於此,故作一詩。
略待秋風開王桂,乘吾展翼上青天。

湍流轉處何驚起，潺吼歸東不動眠。

頭現五峰朝北極，身橫三峽鎮西川。

蒼龍露脊幾經年，占斷江心萬丈淵。

【注】

[一]　至正壬午歲，即至正二年（1343）。今存拓本"至"字已泐，此據方志所載補。

二〇、吕紳等題名

　　題刻長一百三十六厘米，寬五十五厘米。正書，二十六行，滿行十九字。

余於永樂七年夏奉

朝命使是邑。惟時水落石出，邑之前有石巖，許砥

中流，詢諸邑人，咸曰龍脊。歲時官民游賞，

雞卜以兆年豐，醉酒以賦歌詩，乃雲陽

十二景之一也。今年春正月吉日，予以公暇，

同使者姜公勉、邑侯劉公英泪諸文友拿舟

携酒，游賞於斯，效前人之盛事。是日也，

天朗氣溫，惠風和暢，與游者列坐其次，

接杯舉觴，樂永樂之雍熙，覽前人

之文詞，醉酒忘懷，各賦一絕，書刻於

石，以紀一日之良會，爲後遇張本

云耳。時大明永樂八年歲次庚寅孟春

人日，監生吕紳、姜勉書。

承

恩來此度新春，同使相邀過水濱。此景

號爲龍脊石，新詩聊寫勝前人。

欽差監生□□姜勉，字士學，湖廣戊子科舉人。

老龍化石卧江中，遺脊巍然氣勢雄。今

日游觀多美意，新詩吟就興無窮。

欽差監生吕紳，字忠行，山東戊子科舉人。

牧民十載令雲陽，幾度游觀公務忙。今日

得陪

朝使至，須當痛飲倒壺觴。

宣義郎、雲陽知縣劉英[一]，北京人。

儒學生員龍克志、付忠、免智同刊。

雲陽儒士黎良，字仲吉。邑人景□□、冉克讓[二]。

【注】

[一] 劉英，《（民國）雲陽縣志》卷七作"直隸人"，雲陽縣知縣。

[二] 冉克讓，《（嘉靖）雲陽縣志》載有冉克良："永樂五年貢，任云南善化縣知縣。"冉克良爲雲陽東市里人，此冉克讓與其恐爲兄弟行。

二一、冉克良等題名四段[一]

　　題刻長五十厘米，寬三十厘米。由四段組成，前三段正書，末段草書，石面有剝落，行數不一。

書吏張彬因

縣尉段朝議

借監視刊字，

戊申孟春記。

姑蘇金應耀游記

天池澤九州，

冉克良[一]造。

我本清溪士，

同□□□州。自有

☒，

何須此地游。

雲陽邑生

李□。

【校】

（一）此四段題刻書體不一，恐非同時所題，今可考者僅"天池澤九州，冉克良造"一段，爲明永樂間題刻，姑附於此，以備識者稽核。

【注】

〔一〕冉克良，名見《（嘉靖）雲陽縣志》卷下："東市里人，永樂五年貢，任湖廣善化縣知縣。"

二二、馬廷漢、□元等倡和詩

題刻長六十一厘米，寬四十六厘米。正書，十三行，滿行十字。

時弘治己未歲端月人

日游此。醉中偶成胡説，

觀者勿哂，幸幸：

共君同志許多時，離愁百

結不堪題，一窗燈火工休

搖，定擬⁽一⁾來秋入風池。

雲陽舍人游，於時書。

馬廷漢⁽二⁾。

余素不工，强而和之，勿哂：

值此融和日暖時，觀瀾對

景任君題，故人話別匆匆處，

叮嚀相約赴天池。

□元和。

【校】

（一）擬，《地圖集》作"疑"。

（二）馬廷漢，《地圖集》作"馮廷漢"。

二三、姚南庠等題名

題刻長八十厘米，寬四十厘米。行書，十行，滿行五字。

龍脊灘名久，

靈形冠蜀東，

日臨雲彩助，

風起霧光籠。

高臺千嶂列，

遠浦如帆蓬。

江湖憂國念⁽一⁾，

何以報

宸聰⁽二⁾。雲陽簿

古姚南庠黃爝⁽三⁾。

【校】

（一）“江湖憂國念”一句，《地圖集》作“江湖憂國年”。

（二）宸聰，《地圖集》作“寰聰”。

（三）黃爝，《地圖集》作“黃爵”。《（嘉靖）雲陽縣志》載，黃爝，浙江余姚人，曾任雲陽縣主簿。

二四、沈子俊題詩并序

題刻長一百五十一厘米，寬六十八厘米。正書，序四行，行四至十字不等。詩七行，行六至十字。

□□孟春，余偕

萬里彭公[一]、天奇施公[二]游□

勝地，談笑盟柏，作此以爲

它日陳迹。

老龍化石障狂瀾，久蟄江

心歲月殘。波浪觸□聲以
吼,雪霜依骨勢如蟠。天□
潛伏珠宫净,河伯奔馳玉
竇寒。爲感昔人游□地,作
詩留迹後來看。
雲陽儒學訓導沈子俊[三]告。

【注】

[一] 萬里彭公,即彭萬里。《(雍正)四川通志》卷三十五載其爲"弘治年舉人",中江縣人。然後題
《彭萬里題詩》則載其爲瀘州人。原石紀年被人爲鑿損,恐鐫於明弘治、正德前後。
[二] 天奇施公,即施天奇,四川成都人。
[三] 沈子俊,雲陽儒學訓導。

二五、彭萬里題詩

題刻尺寸等均不詳,今據三峽文保資料引録。

蒼龍戲脊砥長淮,滾滾澄江怒若雷。朝吼清風翻雪浪,夜吟明月射珠胎[一]。玉淵[二]
蟄起鯨鰲伏,錦水形馳鳥雀猜。縱步勝游清客具,石鐫狂斐紀重來。瀘州彭萬里
續貂。

【注】

[一] 珠胎,亦稱胎珠,即珍珠。舊説蚌孕珠如人懷妊,故名。漢揚雄《羽獵賦》有云:"方椎夜光之流
離,剖明月之胎珠。"
[二] 玉淵,泛指深潭,此處蓋指龍脊灘。

二六、施天奇題詩

題刻尺寸等均不詳,今據三峽文保資料引録。

水爲屯雲一旗潜,見留有時桃花浪。□群蟄起一□霜,□飛□□□天池。錦城[一]施
天奇。

二七、張　鼎　題　記

題刻長四十厘米，寬三十厘米。正書，四行，行六至九字不等。

雲陽縣吏張鼎、

譚自松引男譚一

天偕游此脊記，

正德七年正月二日書。

二八、盧　雍　等　題　名

題刻長一百九十厘米，寬五十厘米。隸書，十行，行三字。

大明正

德己卯[一]

正月十

日，監察

御史吳

郡盧雍[二]、

瑞昜[三]熊

相[四]，按蜀

竣事，東

歸同游。

【注】

［一］正德己卯，即正德十四年(1519)。

［二］盧雍，即盧雍，《明詞綜》卷三："字師邵，吳縣人。正德六年進士，官監察御史，有《古園集》。"

　　　又，《萬姓統譜》卷十一："盧雍，字師邵，常熟人。正德進士，四川副使。弟襄，字師陳，嘉靖進士,山西參議。兄弟皆有文學。"今重慶豐都、璧山、北碚等地仍有其詩刻存世。

[三] 瑞易,即瑞州,今江西高安。

[四] 熊相,《(雍正)四川通志》卷三十載其爲"高安進士……正德中任(清軍御史)"。又,同書卷十五下:"蜀封内今錢法盛行海内,而蜀反缺焉,豈卓王孫、鄧通能富饒於漢,王建能經制於唐,今之蜀獨異耶。成化間御史屠鏞,正德間御史熊相,皆倡議行之,而究中阻。"

二九、楊 鸞 題 名

題刻長四十八厘米,寬四十三厘米。行書,六行,行九至十三字不等。

分符[一]民牧鎮雲陽,四載勤

勞許國長。撫字一心還自信,

艱難百補備經嘗。廉名敢

望方先哲,清守寧忘結苦

腸。春日登龍鷄子卜,占人預(一)慶

舊(二)巖廊。雪峰楊鸞[二]縣令。

【校】

(一) 預,《地圖集》作"欲"。

(二) 舊,《(咸豐)雲陽縣志》作"奮"。

【注】

[一] 分符,猶剖符,謂帝王封官授爵,此處謂獲授雲陽縣令之職。

[二] 楊鸞,號雪峰,《(乾隆)貴州通志》卷二十八載其爲"威清人,筮仕雲陽縣令,未幾,即乞休歸家,居四十餘年,以舌代耕,子孫多顯者"。又,《天一閣書目》卷二:"《雲陽縣志》二卷,刊本。明知縣楊鸞序,訓導施繼宗序,嘉靖辛丑,邑人李覺修并序。"據此可知,其在嘉靖辛丑(嘉靖二十年,1541)尚任雲陽縣令。《(嘉靖)雲陽縣志》作"楊鑾",該志卷下載:"貴州威清衛人,嘉靖十七年任。"又,同書亦載其曾任雲陽縣主簿。

三〇、典 史 題 詩(一)

題刻長四十七厘米,寬四十四厘米。正書,七行,滿行七字。

人云龍脊景，登臨

始見之。浪涌平羌

水，江連飛鳳肢。曉

霽光芒見，春潮頭

角微。乾經幾許□，

□□乃如斯（二）。

典史□□（三）。

【校】

（一）此題刻另見收於《（咸豐）雲陽縣志》，名《龍脊》，題爲楊鸞所作。

（二）"乾經幾許□，□□乃如斯"一句，泐損較爲嚴重，《（咸豐）雲陽縣志》作"乾坤經幾許，亘古乃如斯"。

（三）"典史□□"，《（咸豐）雲陽縣志》未見，然據該志所記，其作者爲楊鸞，此處所泐文字，恐正爲"楊鸞"二字。

三一、"廉官天下行"題刻

題刻長四十厘米，寬二十厘米。正書，三行。前兩行，行十字。末行，行十一字。

廉官天下行，將去王道平。

實政心中幹，出來民懷耿。

嘉靖壬寅歲正四日[一]前人書。

【注】

[一]嘉靖壬寅歲，即嘉靖二十一年（1542）。

三二、黎拱題詩

題刻長七十五厘米，寬五十五厘米。行書，八行，行八字。

養高瀛[一]得據波心，一

臥滄江歲月深。萬里

中流堪砥柱，百年嘉

會此登臨。雲霄蕩蕩

還勝踏，風雨時時且

嘯吟。昨夜分明曾^(二)有

見，光芒直與斗牛侵。

邑人黎拱^[一]。

【校】

（一）瀛，《（乾隆）雲陽縣志》、《（咸豐）雲陽縣志》均“贏”。

（二）曾，《（乾隆）雲陽縣志》作“魯”。

【注】

［一］黎拱，《（咸豐）雲陽縣志·人物志》有黎拱之名，云“嘉靖二十五年丙午科舉人”。然該志卷十二《藝文志》引錄此詩，又云“朝代未詳”。龍脊灘另有《游龍脊題名記》刻石，亦見有黎拱之名，據其所載，黎拱，字端夫，北宋元祐三年官雲陽，據此知該題刻所載黎拱與此處所見或非同一人，《（咸豐）雲陽縣志》纂者誤。另，《（嘉靖）雲陽縣志》卷下有黎拱：“東市里人，正統三年貢。雲南布政司都事。”該志所載，當即此題刻者。

<h2 style="text-align:center">三三、黎　拱　再　題^(一)</h2>

　　題刻尺寸、行數等均不詳。拓本、照片均未見，今據三峽文保資料引錄。

嘉靖壬寅人日，予游此，剔淤尋古，得“心”字，和而成之。丁卯人日復來鐫於此，乃續前韻，因□之石以誌年月云。邑人黎拱。

仙舟蕩槳渡浪心，不怕心寬更水深。枕石漱流一勝□，尋芳載酒來登臨。磐陽鷺浴參差落，上漱竹枝款乃吟。弱水蓬萊只如此，孔□隔岸不相侵。

神龍化石此江心，開雨才□此江心。吊古不□□燕會，古□何惜共雲臨。酒杯且枚呼□酌，詩句聊成信口吟。況是重游舊□□，五□俗氣沒毫侵。

【校】

（一）此題刻鐫於隆慶丁卯（隆慶元年，1567），與前題所用韻字一致，此題所見二詩，與前題恐作於同時，即《黎拱題詩》雖未載年月，亦當於隆慶丁卯鐫成。

三四、黄　玉　題　詩

　　題刻長七十一厘米，寬五十四厘米。正書，九行，滿行八字。

一中時復聖之清，
醉里仙洲別有瀛。變
態風雲渾入思，可人
花鳥足怡情。裁書寄
遠雙投鯉。把褉還
渠更卷鯨。明日東飛
又晴旭，即令雖晚不
爲曛。
致政經歷邑人黄玉[一]。

【注】

[一] 黄玉，《（嘉靖）雲陽縣志》卷下載其“弘治十三年貢，任袁州府經歷”。其名另見《（正德）夔州府
　　志》。此云致政經歷，或謂其已辭官歸鄉。

三五、黄　封　題　詩

　　題刻長五十六厘米，寬四十八厘米。行書，七行。前六行，行九字，末行八字。

碧潭千尺耀金清，也泛
輕航學步瀛。龍脊灘占
尋勝迹，抽黄對白瀉高
情，腰纏十萬誰騎鶴，水
擊三千我跨鯨。回首不
禁餘興逸，狂吟猶自對
晴曛。邑人雙泉黄封[一]。

【注】

［一］黄封，《（嘉靖）雲陽縣志》載其“字伯勛，西市里人，嘉靖庚子科（舉人）”。又，同書還載其爲“嘉靖沈坤榜進士”。《（乾隆）雲陽縣志》則載其爲“嘉靖甲午科舉人”，後任兵部主事。《雲陽縣鄉土志》稱其爲“嘉靖進士，官兵部郎中，端方有守”。《（乾隆）雲陽縣志》卷三載雲陽有進士坊，以表“黄春、王彦奇、黄封”。

三六、張一鵬題詩

題刻長八十七厘米，寬七十厘米。行書，九行，滿行八字。

斜枕江流夜氣清，
五更飛夢到滄瀛。
淘餘九里不見潤，
情順萬物而無情。
爲靈已凝丹山鳳，鼓
鬣還奔碧海鯨。 幾度
日來珠唾頷，山川多少
竊餘曛。
汴人張一鵬^[一]書。

【注】

［一］張一鵬，《（嘉靖）雲陽縣志》稱爲“河南封丘人”，曾爲雲陽縣主簿。又，《（咸豐）雲陽縣志》載：“張桓侯廟，在治江南飛鳳山麓。漢末建，元順帝敕修。國朝重修。嘉靖十八年知縣楊鷟、主簿張一鵬重修。”

三七、潘瑜題詩

題刻長一百三十厘米，寬七十七厘米。正書，行數不詳。拓本照片均不存，今據三峽文保資料引録。

融和風景十分清，雅趣幽然宛似瀛。石刻可稽興廢事，江流不盡古今情。丹山喜見朝陽鳳，碧水驚聞鼓浪鯨。笑語同游諸士子，大家迭咏到西曛。叙人慎齋潘瑜^[一]書。

【注】

［一］潘瑜，《（嘉靖）雲陽縣志》云“四川叙州府人”，嘉靖間曾爲雲陽縣教諭。

三八、潘 瑜 再 題^{（一）}

題刻長一百一十六厘米，寬九十二厘米。行書，七行，滿行十四字。

次五峰先生韻一律
錦水滔滔擁碧瀾，飛龍垂象臥河干。
雲消川泛歸鰲極，霜落痕收倚鳳山。
出没每從江變化，禎祥還與氣相
關。一朝獲際風雲會，高聳金鱗等士
攀。
叙人慎齋潘瑜書。

【校】

（一）《（乾隆）雲陽縣志》、《（咸豐）雲陽縣志》將此詩列於五峰先生名下，今據石刻拓本所見
　　正之。

三九、何 冠 題 詩^{（一）}

題刻長一百四十厘米，寬一百二十五厘米。草書，六行，行字不等。今據三峽文
保資料引録。

次王五峰先生^{［一］}韻
龍川川上漫觀瀾，龍跨晴瀾聳若干。
幾見騰波吞瀲湅，有時行雨殢巫山。
一眸清接鳶魚地，半壁椎當
虎豹關。計日超過溟渤□，遺轅田付
野人攀。仙泉何冠^{［二］}書。

【校】

（一）此題刻左鄰另有詩一首，約四行，惜泐損較多，可識者僅"龍州春水如沂水"一句。因處同一界格内，亦或同時所書。

【注】

［一］王五峰先生，《（咸豐）雲陽縣志》存其《龍脊》詩一首。但纂者於其後云"未詳姓字"。又，明張邦奇有《雲安仙客行贈王五峰都憲》詩云："緯緗雲摇三峽影，微茫月照萬川城。"張邦奇於正德間曾提學四川，此詩即作於當時，據此知王五峰正德前後亦曾官四川。

［二］何冠，據《（嘉靖）雲陽縣志》載："四川羅江人，升四川達、昌教授。"

四〇、何 冠 再 題⁽一⁾

題刻長一百二十厘米，寬七十五厘米。正書，七行，行字不等。存世照片不清，今據三峽文保資料引録。

一卜龍洲渡碧清，龍洲風
景類蓬瀛。鏤金刻玉千年
句，廊廟江湖萬古情。山川
五峰騰彩鳳，浪翻三級起
神鯨。登臨共盡豐年醉，簫
鼓笛天日來曛。
司州汶江仙泉何冠次韻。

【校】

（一）題刻末句云："司州汶江仙泉何冠次韻"，而據全詩韻字與前詩一樣，爲次王五峰詩韻而來，故恐與前詩爲一時之作。

四一、褚 鼎 題 詩

題刻長、寬各五十厘米。正書，八行，滿行九字。

試濯塵緣挹彼清，漢

侯祠下水如瀛。事循

故迹隨民俗，詩讀前朝閲世情。

雙壽稔知山是

鳳，一蟠誰刻石爲鯨。紅

顔春樹君如識，浮白何

妨到日曛。

涇陽褚鼎[一]次韻。

【注】

［一］褚鼎，《（嘉靖）雲陽縣志》稱爲“陝西涇陽人”，嘉靖時爲雲陽縣典使。

四二、明佚名次五峰先生韻二首[一]

題刻長七十厘米，寬五十九厘米。正書，拓本、照片均不存，行數不詳。今據三峽
文保資料引録。

水落江潭瀉碧清，登龍人擬勝登瀛。衣冠宴樂一時盛，江漢風流萬古情。東震海門連
大衆，西撑鯤極跨長鯨。登臨會際風雲旺，關拍龍頭日未曛。
石脊嶙峋摩漢清，時引携我到蓬瀛。細推石刻□□□，不画□波草木情。冠休好彈□
鶻劍◻。

【校】

（一）此題刻尾句泐損，據全詩用韻來看，與《褚鼎題詩》同，均爲次五峰先生韻所題。另，從《潘瑜題
詩》“笑語同游諸士子，大家迭咏到西曛”一句推斷，此題刻與前録諸和詩均當作於同日，姑繫
於明嘉靖間。

四三、毛經題詩

題刻長九十厘米，寬八十一厘米。正書，拓本不存，行數不詳，今據三峽文保資料引録。

龍脊時高江水清，共登臨處若登瀛。已憑鷄卜名佳兆，漫川涇歌極遠情。雨霽敢言身
是鶴，川吞任取飲如鯨。靈辰天氣時有泰，真指輕陰昨日曛。學訓滇人毛經[一]次韻。

【注】

［一］毛經,《（嘉靖）雲陽縣志》載:"雲安嵩明人",曾爲雲陽縣訓導。

四四、知縣楊東山題詩

題刻尺寸、行數均不詳。拓本、照片未見,今據三峽文保資料引録。

蜿蜒雄踞上游清,氣勢棱棱礙礙瀛。砥柱久懸超海志,占年頻切爲民情。當同龜吻並爲獸,不學蒲勞解畏鯨。慣見沙頭千古日,幾番東出復日曛。知縣楊東山[一]詩。

【注】

［一］楊東山,據《（嘉靖）雲陽縣志》卷下記載:"雲南嵩明州人,嘉靖十二年（1533）任（雲陽知縣）,有才幹。"另據新修《雲陽縣志》記載,雲陽"城南側一段面臨長江,洪水常將城牆沖圮。知縣白雲鳳、陳憲綱、潘瑞、楊東山等牛繼命人修餙"（四川人民出版社,1999年,第444頁）。

四五、楊 東 山 再 題

題刻長七十二厘米,寬六十九厘米。草書,七行,滿行十字。

占得龍頭氣便清,飄如
羽化上蓬瀛。都憑麴米百
壺酒,盡釋功名兩字情。悉
化可驅當路鼉,浩歌驚起
隔江鯨。春暉明解游人定,
虹掛疎林不肯曛。
楊東山。

四六、楊 東 山 三 題[一]

題刻長一百一十厘米,寬八十厘米。正書,六行,滿行十二字。

龍脊雲晴天宇清，神仙流品會
登瀛。滿州魚鳥詩家料，萬里湖
山客子情。愛重勸君休打鴨，酒
狂愧我欲騎鯨。殷勤共惜千斤
刻，記取朝昕與夕曛。
滇人楊東山再次韻。

【校】

（一）此詩並前二詩，均爲楊東山次王五峰詩韻之作。又，前注已言，楊東山於嘉靖十二年（1533）任
　　雲陽縣知縣，而饒陽縣地方志編纂委員會編《饒陽縣志》云，嘉靖十五年（1536）楊東山已爲饒
　　陽知縣（方志出版社，1998年，第149頁）。據此可知，以上三題刻詩詞均成於嘉靖十二年至嘉
　　靖十五年之間。另外，從《潘瑜題詩》"笑語同游諸士子，大家迭咏到西曛"一句推斷，自《黃玉
　　題詩》而後諸次韻王五峰之作，均成於此時。

四七、翁　鏜　題　詩

題刻長六十厘米，寬四十厘米。草書，九行，滿行八字。

龍脊春游一賞心，
春花浪暖碧波深。
江山自古留形勝，我
輩於今復步臨。潮
汐川流從隱見，推敲
詩句漫沉吟。飛龍送
酒多佳興，雲蕩青
衫冷氣侵。
邑人翁鏜[一]

【注】

［一］翁鏜，《（道光）濟南府志》卷二十八言其爲"陝西西安人，監生"，此題刻翁氏自云"邑人"，故或
　　別是一人。另據《明代遼東檔案匯編》所存嘉靖十五年（1536）四月二十日《山東德州爲解發犯
　　人劉通查撥墩臺照徒事給山東總督郭的申文》載，曾有德州同知名翁鏜（遼沈書社，1985年，
　　1075頁）。又，據《（嘉靖）雲陽縣志》載，翁鏜曾主持纂修縣志。

四八、屈 表 題 詩

　　題刻尺寸、行數等均不詳。拓本、照片均未見,今據三峽文保資料引録。

　　昂然形勢卧江心,吞吐波濤百丈深。天上風雲時際會,人間霖雨便施臨。沙鋪石甲分鱗次,水激龍頭聽夜吟。鷄卜行盧吾道在,管教泰運與時侵。屈表[一]。

【注】

[一] 屈表,雲陽人,曾參與纂修《(嘉靖)雲陽縣志》,且該志末存其跋語。據此知,此題刻約成於明嘉靖間。

四九、王以升等題記

　　題刻長一百五十五厘米,寬七十五厘米。"佳客時來"四字横排雙鈎,行草。餘字正書,五行,行五至十二字不等。

　　佳客時來
　　大明萬曆二十六年歲次
　　戊戌正月穀日,邑人經歷屈堂[一]、
　　太學生[二]王以升[一]、庠生向均恩、
　　□□王大補□□□□游此,
　　書以紀勝云。

【校】

(一) 屈堂,《(萬曆)順天府志》卷四載其嘉靖間曾任三河縣典史。
(二) 太學生,《地圖集》作"大學生"。

【注】

[一] 王以升,《(咸豐)雲陽縣志》載其爲明"縣學貢生"。

五〇、"胸腮世家"題刻

　　題刻長七十八厘米，寬六十厘米。"胸腮世家"四字，篆書，橫行。餘字豎行，正書，九行。前八行，行十字；末行七字。

胸腮世家
萬曆廿玖年辛丑歲春正
月望日，五峰山下玄修八
十老，叨教官職邑人譚
篆^{（一）}携當年貢士長男譚惟
一，四子生員譚元一、道一、
純一，偕一二知己，放舟登
龍，麴米盤桓，興盡而歸，勒
石以紀行樂，記此使續後
來游者發笑嘆耳。

【校】

（一）譚篆，《地圖集》録作"潭篆"。以下譚惟一作"潭惟一"、"譚元一"作"潭元一"。據《（乾隆）雲陽縣志》載，譚惟一，明萬曆間雲陽人，貢士。譚篆，明貢士。

五一、湯承光題名

　　題刻長七十九厘米，寬二十八厘米。行書，三行，行四至七字不等。

任雲陽湯承光^{［一］}，係
河南閱鄉^{［二］}人。升行^{［三］}。
管家湯勤。

【注】

［一］湯承光，據《（民國）雲陽縣志》卷七載爲河南人，明萬曆時爲雲陽縣知縣。

〔二〕閺鄉，即古閺鄉縣，今河南靈寶縣。

〔三〕升行，後題《吳加禄等題名》有"吳騰龍升行書"等字，故二題刻或鎸於同時，此"升行"，亦即吳
騰龍。

五二、劉登俸等題名

題刻長三十厘米，寬二十厘米。正書，四行，行二至九字不等。

崇禎五年正月廿七日，

記糧廳門□

葉俊、

劉登俸。

五三、吳加禄等題名^(一)

題刻長九十三厘米，寬八十六厘米。行書，十行，行八至十字不等。

五峰如指翠相連，撐起

炎洲^(二)半壁天。夜浣銀

河濯星斗，朝探碧落

弄雲煙。雪堆玉笋空

中現，月出明珠掌上點。

想是巨靈伸一臂，遙從

海外教中原。

任雲陽吳騰龍升行書，

崇禎八年孟春吳諫同記，

蜀竹人明國、龍管家應治^(三)。

【校】

（一）此題刻前有"同父吳加禄，石匠方友貴"一句，書風迥异，或別爲一刻，今姑附於此。

（二）炎洲，《地圖集》作"炎州"。

（三）應治，《地圖集》作"應法"。

五四、楊震仲題詩

題刻長八十四厘米,寬六十五厘米。正書,十一行,行八至十二字不等。

鳳山楊震仲元傑、盛山張當時,己丑春待對

天庭,道過雲陽日,蒙友人宋俊卿、龍應長[一]載

酒過江,謁

忠顯原祠,就游龍脊,因得遍觀諸[一]公石刻佳

製,相與游覽終日,興盡而返,題五十六字

於石,因以識歲月云。

二月春光已半酣,名流相約步

層嵐。虎以祗謁千年廟,龍脊深

游百丈潭。花變山容真疊錦,風

牽江色似挼藍,片帆直下皇州

去,應把雲陽勝事談。□瑓恭刻。

【校】

(一)諸,原題刻書作"諆",爲"諸"之別體。《地圖集》録爲"談"。然若釋爲"談"字,則文意不通,且
　　此題刻末另有"談"字,當誤。

【注】

[一]龍應長,《(嘉靖)雲陽縣志》載有龍聰,字應長,湖廣人,曾爲雲陽鹽課司大使。《吴加禄等題
　　名》有龍管家應治,未知二人是否爲兄弟行,若是,則此題刻當成於明末。

五五、張應法等題名[一]

題刻長四十厘米,寬十五厘米。豎排一行,"張應發"等四人名於中並列。

崇禎八年正月記。張應法、譚文魁、馮□府、張秀,弟兄四人同計。

【校】

（一）題刻右上角另有題刻文字若干，惜磨泐嚴重，今可辨者僅"馮遷□"、"叔□"等字。

五六、黄道燁題詩

題刻長二百二十九厘米，寬六十六厘米。正書，十三行，滿行十三字。

每歲郡侯人日與民游樂龍脊，以

鷄子占卜一年之慶（一），諸友因初春

天氣融和，閒步語次，同約而來

觀此景。

胸膃城頭錦水

溶（二）。乘舟江上問

蒼龍（三）。今朝剩

有風雲氣，好

灑甘霖遍五

峰。

明崇禎己巳[一]春日，

邑庠生、稟生黄

道燁[二]題。

【校】

（一）慶，《地圖集》作"兆"。

（二）錦水溶，《地圖集》作"錦水客"。

（三）問蒼龍，《地圖集》作"河蒼龍"。

【注】

[一] 崇禎己巳，即崇禎二年（1629）。

[二] 黄道燁，字夢梅，雲陽縣人。《黄道燁五題》有詩後跋語，云其爲"（黄）息深子"。《（民國）雲陽縣志》載其爲雲陽縣貢生。《（咸豐）雲陽縣志》作"黄道曄"。該志另存其龍脊題詩一首，名《崇禎丁丑人日游龍脊》，然不見於石刻，全詩云："晴日尋男喜得陪，登龍人在錦江隈。十分春色惟看柳，百種花魁却讓梅。講武愧無良將略，題詩誰是謫仙才。石間歌舞難爲罷，習習和風到酒杯。"

五七、黄道煒再題

　　題刻長六十五厘米，寬六十厘米。行書，九行，石面不整，行五至十二字不等。

明崇禎丁丑人日[一]用十三元韻

一碧波光静不澤，鄰上砥

柱石常存。群依龍脊思雲

際，准取驪珠到海門。東瀼

波連清水岸，南枝梅發緑

煙村。逢人嘗話登程日，行□

蕭蕭未可論。

邑人恩選夢梅

黄道煒題。

【注】

［一］明崇禎丁丑人日，即崇禎十年(1637)正月初七日。

五八、黄道煒三題

　　題刻長五十四厘米，寬四十八厘米。行書，八行，滿行十二字。

明崇禎丁丑人日用十二文韻

元白才思迥不群，停舟小坐好

論文。流鶯百轉迎春歲，鮮鰣

多沉避絳裙。畫局敲抒争一

着，望風懷古恨三分。淡池戎馬

何時净，來對澄洲卧白雲。

邑人恩選夢梅黄道

煒題。

五九、黄道燁四題

　　題刻尺寸、行數均不詳。拓本、照片均未見,今據三峽文保資料引録。

明崇禎丁丑人日用十三真韻
暉暖城南送早春,龍頭緐步就雲凌。沙邊司馬詩仍舊,廟裏桓候氣若新,賈客鳴鉦當晚照,漁翁曬網在江津。明月携酒重來醉,雷雨盈盈錦水邊。邑人恩選夢梅黄道燁題。

六〇、黄道燁五題

　　題刻尺寸、行數等均不詳。拓本、照片均未見,今據三峽文保資料引録。

皇明崇禎丁丑人日用十四寒韻
石上家君有句刊,登曛尋人日客懷寬。青雲雅調生春色,緑酒狂情咏激端。天暖解衣堪靈臂,風采舉足如乘□。奚□不識催歸去,免賦千章真未闌。
家君□黄瑋儀鳳咏此處有青雲縹緲之句。
滄浪東去聽潺潺,携手龍盤暢客顔。麴米能浮□柏葉,平河晴靄見青灣。淮歌□山如桃花,調關馮唐鬢髮斑。行餘從容歲薄暮,分明收得好春還。
邑人恩選息深子夢梅黄道燁題。同男生員黄景甲即武舉光國,黄景憲、景魁,景官令刻。

六一、黄道著題詩

　　題刻長五十厘米,寬四十五厘米。正書,四行,題名二行,滿行五字。

冷煙纏山腰,
瘦水漱石骨。
遙望盪舟人,
往來驚出没。

邑庠黄道著[一]

題。

【注】

[一] 黄道著,雲陽縣邑庠生。邑庠,爲明清時期縣學之別稱。前題有《黄道燁題名》,黄道燁亦爲邑
庠生,恐與道著爲弟兄行,故此題刻亦或鐫於明崇禎時。

六二、黄道著再題[一]

題刻長四十九厘米,寬四十五厘米。正書,六行,滿行五字。

清心不可俗,
撫景一沉吟。
應憐黄絹語,
冷落見江潯。
黄道著。

【校】

(一) 此題爲接前題所作,首行有"雲陽"二字,略小,其下鐫"又"字,則明言續題也。

六三、曾傳一等題名

題刻長六十二厘米,寬四十四厘米。行書,七行,滿行六字。

龍脊何突兀,首
尾尚泥潛。因有
飛龍去,恭扶
御九天。
崇禎戊寅除夕
日[一],署縣事舉人
黔寧曾傳一[二]題。

【注】

〔一〕崇禎戊寅除夕日，即崇禎十一年(1638)臘月三十日。

〔二〕曾傳一，題刻自云“黔寧人”。《新纂云南通志》載：“字奇齋，緬寧人，庠生。博學多才，敦尚孝
友。父母早故，與弟誠一恒對燈讀。專務實學，質疑問難，互相師友。後誠一應猛角董土司
聘，月餘，思念至廢寢食，促令歸，坐起必偕。而生平輕財重義，樂善急公。遇鄉人有争執、
他人百計不能解者，得傳一片言，莫不折服。卒年七十餘。”(云南人民出版社，2007 年，
第 401 頁)

六四、諶有常等題名^(一)

題刻長六十厘米，寬三十二厘米。正書，十一行，行三至七字不等。

風日相携

崇禎十四年新正八日^{〔一〕}，喜

遇此景，□子□耳。

諶□□、黃□、

諶思□、諶恩、

黃□弟、劉二、

諶有常。

避迹蒼江不記秋，

昂然形勢據中流。

吞雲滿腹無饑渴，

潛藏出見乘時候。

【校】

(一) 此題刻字體較爲拙惡，泐損嚴重，其右另有題刻四行：“□山□，王□至□。張卯□此。黃□。”
左下部有題刻一行“存庵、幸大禄”，餘皆泐去。存庵爲陽岊之號，史載陽岊，字東翔，後更字曰
存子，號存齋、存庵，南宋理學家陽枋之侄，長居雲陽、涪陵等地，人稱“小陽先生”。故此行題
刻當鑴於南宋時。姑附於此。

【注】

〔一〕“新正八日”，即正月初八日。

六五、黃 光 國 題 詩

　　題刻尺寸、行數等均不詳。拓本、照片未見，今據三峽文保資料引録。

天造江心一片石，往來何故多留題。願將洗净貪污膽，壓碎奸臣骨似泥。武科舉子斌全、黃光國[一]書於崇禎庚辰[二]春日吉旦(一)。

【校】

（一）"吉旦"，《地圖集》作"去旦"。

【注】

［一］黃光國，《（乾隆）雲陽縣志》、《（咸豐）雲陽縣志》均稱其"明武舉，科不詳"。其名另見《黃道燁五題》，據該題刻所載，其人字景甲，於崇禎十年與黃道燁同游龍脊，餘事未詳。惟此題刻後另有一題，僅五字，字體舒朗有致，其文作"可笑，斌全書"，姑不獨列。

［二］崇禎庚辰，即崇禎十三年(1640)。

六六、潘 兢 題 名

　　題刻長六十四厘米，寬二十八厘米。正書，今存六行，滿行十二字，末兩行剥落幾盡。

固陵從事潘兢坦之[一]權守雲陽(一)，
政清訟簡。以暇日命僚佐游龍
脊灘，觀鷄子卜，追古人班春[二]故
事。時也，宿雨初霽，天淡▨，
▢層巒縈紅繚(二)▨
▨遠民▨。

【校】

（一）權守雲陽，《地圖集》脱"權"字。
（二）繚，《地圖集》作"僚"。

【注】

[一] 潘兢，字坦之，明時爲雲陽縣知縣，名見《（民國）雲陽縣志》卷七《官師志》及《（咸豐）雲陽縣志》卷七《秩官志》，然兩志均誤作“潘兢坦”。

[二] 班春，宋代何耕《錄二叟語》曰：“立春日，通天下郡邑設土牛而磔之，謂之‘班春’。”

六七、向文奎題詩^(一)

題刻長六十五厘米，寬六十厘米。楷書，七行，滿行十字。

天然鼇極介江心，砥柱中
流測海深。桃浪雨時神^(二)變
化，鷄占人日快登臨。風雲
就底隨波起，雷鼓翻濤
徹夜吟。田見定知吾道泰，
扳^(三)龍還與衰顏侵。
邑人向文奎和^[一]。

【校】

（一）雲陽龍脊石，向文奎詩共存三首，此爲其一，此題邑人，後題則稱“壽籠”，未知何故。

（二）神，《（乾隆）雲陽縣志》《（咸豐）雲陽縣志》均作“常”。

（三）扳，《（咸豐）雲陽縣志》作“拔”。

【注】

[一] 向文奎，據龔篤清編著《湘人著述表》（岳麓書社，2010年，第298頁），向文奎“字研秋，清桃源人。諸生，候選訓導”，著有《大谷山人詩文集》，然此題刻作“邑人”，恐別是一人。《（咸豐）雲陽縣志》載，明時有縣學貢生向奎，方志傳刻或脫“文”字。今姑錄此，以備稽核。

六八、向文奎再題^(一)

題刻尺寸、行數均不詳。拓本、照片均未見，今據三峽文保資料引錄。

臥龍障浪揔澄清，氣勢巍峨類錦瀛。誰□龍須屬老手，只恐鷄卜切民情。時潛時見呈

圖馬，舟往舟來駕海鯨。應覽前賢金玉迹，令人醉賞不知曛。壽麓向文奎和[二]。

【校】

（一）《地圖集》定名《何文奎詩刻》，然題刻者則録爲“向文奎”，定名當誤。

（二）“壽麓向文奎和”一句，《地圖集》脱“壽麓”二字。下題云“邑人”，此云“壽麓”，然雲陽之地，未見有此稱，今拓本不存，姑仍之。

六九、向 文 奎 三 題

題刻長六十二厘米，寬四十四厘米。正書，六行，滿行十二字。

昂然雄據擁中央，頭角崢嶸

不久藏。化石作珠時繼稔，懸河

噴浪日初陽。九淵長襲神球[一]

壯，千嶂連交彩鳳翔[二]。歲事

已徵歌樂胥，何須鷄卜更

占祥。邑人向文奎和。

【校】

（一）球，《地圖集》作“裘”。

（二）翔，《地圖集》作“祥”。

七〇、向 文 奎 四 題

題刻尺寸、行數等均不詳。拓本、照片均未見，今據三峽文保資料引録。

訖回吞海壍，萬古鎮封疆。鼇極嶙峋峙，滄浪蕩漾長。錦鱗隨石砌，鐵鬣任彼揚。翻浪掠雷鼓，會沙雍碧湯。肯同蚩吻舞，不效蒲牢狂。文明呈有象，田見起湛□。向文奎次韻。

七一、楊 谷 題 詩[一]

題刻尺寸、行數不詳。拓本、照片均未見，今據三峽文保資料引録。

奇迹真龍脈,悠悠障斷江。秀靈隱地久,元氣渾天長。亂石芳嶙砌,明沙翠鬣揚,蒼頭迎錦浪,火尾帶金湯。常使山三合,猶令江雨狂。年年種變化,隱見任汪洋。楊谷書。

【校】

(一) 此題書者楊谷,事迹方志未見。然此詩與《向文奎四題》所見韻字相同,恐是一時之作,或亦成於明末。姑附此。另,龍脊石有《陽谷題詩》二段,方志又有稱"羊谷",曾母官雲陽,亦或即此人,唯録文誤也。

七二、朱　宸　題　詩

題刻長六十厘米,寬五十五厘米。行書,五行,行四至八字不等。

人日登臨一卜年,無
邊風景滿江前。願
將咳唾爲霖雨,斗
米三銖遍海埏[一]。
朱宸[二]再書。

【注】

[一] 海埏,即海邊。清趙翼《漳州木棉庵懷古》:"門高戚裏連宫掖,朝倚長城奠海埏"。

[二] 朱宸,《(咸豐)雲陽縣志》卷八"隱逸志"載其爲明貢生,並稱其"恬淡不仕,家居葆光"。

七三、羅八極題五言古風

題刻長六十四厘米,寬三十三厘米。行書,十二行,滿行六字。

五言古風
龍脊盤地軸,虹
氣映天繩。珠射
星河覆,柱砥浪
花平。隱見隨序

轉,浮沉幾度增。

鷄豐傳猶幻,鳳

瑞時獨恒。往迹

千年在,沉碑俟

後憑。

明楚人羅八極

題。

【注】

［一］ 羅八極,清彭孫貽《平寇志》卷七載:崇禎間流寇起,"總兵高傑,鄖陽監紀推官朱翼辨,監都司羅八極,自房縣進兵白馬洞",若此處羅八極即題刻者,則此題刻當鑴於明崇禎間。

七四、陳如珪題詩[一]

題刻長一百二十五厘米,寬一百一十六厘米。正書,剥落嚴重。行數不詳,無存世拓本,此據三峽文保資料引録。

陽澤煦春半,長江漲新流。行樂肆芳辰,孤灘行扁舟。駕言跨龍脊,倏爾□□□。山回林壑瞑,日□雲□收。天澄氣惟朗,花明春色幽。朝波躍芳鯉,豪木嬌鳴鳩。急觴蕩清志,往歌□□休。纏牽□終日,曠志惟□游。同懷渺何□,□望增□□。□謂誰爲□,明月難暗投。俯仰談華宴,□□□□□。行□□□駕,重兹結綢繆。

余以國子□□□調佐雲陽,顧覽□□□□□□□□甲子二月十有八日,□□□與税使劉惟仁希孟□□會,是日丙戌,縣貳天台陳如珪識。

【校】

(一) 此題刻泐去文字較多,紀年僅知"甲子二月十有八日"。題刻後云"縣貳天台陳如珪識",據《(道光)漳平縣志》卷七《選舉志》載,明時有陳如珪,爲台州經歷。合下文《陳如珪題名》所見,此刻當作於明洪武十七年二月十八日。

七五、陳如珪題名

題刻尺寸、行數均不詳。拓本、照片均未見,今據三峽文保資料引録。

洪武乙丑正月穀日[一]，縣貳天台陳如珪借稅使劉▨。

【注】

[一] 洪武乙丑正月穀日，即洪武十八年(1385)正月初八日。稅使"劉"後所脱，當爲前題所見"惟仁"二字。

七六、魯楚郡人題刻

題刻長一百七十五厘米，寬九十五厘米。正書，三行，行四字。

大明闌辦[一]
魯楚郡人
游此記耳。

【注】

[一] 闌辦，明顧起元《客座贅語·辨訛》："民間辦治官物曰'闌辦'。"

七七、孫父樹碑題刻

題刻長九十五厘米，寬四十厘米。正書，五行，行五字。

故鄉添生日，
闊別二十載。
糧舟渡龍脊，
孫父樹碑畢。(一)

【校】

(一) 此題刻僅四句，時代未詳。右側另有文字一行："吾雲在明盛時。"此行文字與《孫父樹碑題刻》書風極似，或爲一時所題，故暫附於明刻之末。

七八、梁國禎題詩

題刻長六十厘米，寬五十三厘米。正書，七行，行字不一，末兩行有漶損。

奉命堤防遇龍頭，

漁舟迫岸觀水流。

雖然不是瑛林客，

位列標名屬□

侯。

順治己亥[一]春月，

欽命向化爵標副將[一]梁國禎[二]書。

【校】

（一）副將，《地圖集》脱“將”字。

【注】

［一］順治己亥，即順治十六年（1659）。

［二］梁國禎，據《（民國）續修僊縣志》載，僊縣人，曾官僊營千總。

七九、梁國禎再題

題刻尺寸、行數等均不詳。拓本、照片未見，今據三峽文保資料引録。

石龍永定在江心，未展飛騰萬古春。多少英雄無長志，惟我□喜風雨霖。□邑梁國禎游此一律。

八〇、戊戌人日題記[一]

題刻長三十厘米，寬十厘米。正書，存三行，行七字，多磨泐。

戊戌人日訪此，閶

□張□，順治十

□、太尉□。

【校】

（一）此題刻泐損較多，從“戊戌人日”、“順治”等所存文字推斷，當鐫於順治十五年（1658）。

八一、陽谷題詩

題刻長六十九厘米，寬五十厘米。草書，十行，滿行八字。

佳致天開錦水

央，蜿蜒神物自昂

藏。根逼玉壘通三峽，

勢接浮雲鎮五陽。

歲事遙聞⁽一⁾鷄子卜，人

文頻⁽二⁾見鳳毛翔。太

平有象貽磐石，

長發雲安萬古

祥。

陽谷［一］子封書。

【校】

(一) 聞，《(咸豐)雲陽縣志》作“分”。

(二) 頻，《(咸豐)雲陽縣志》作“憑”。

【注】

［一］陽谷，《(咸豐)雲陽縣志》作“羊谷”，所收此詩名《龍脊留題》，據方志所載推斷，此人或是清雍正間擔任雲陽縣知縣的徐暹。徐暹，字陽谷，貴州貴定縣人。幼時家貧，好學能文，性穎異。參加道、縣、府考試均獲第一，雍正五年(1727)選内閣中書，差辦四川丈量。次年到四川重慶、保寧、順慶諸府，經劃得宜，官兵均感悦，故得任命爲雲陽縣知縣，居官僅七十日，除民夫徭役，萬民感戴，離任時百姓夾道歡送。雍正七年(1729)，又任江津知縣，亦有政績。

八二、陽谷再題

題刻長八十二厘米，寬五十二厘米。草書，五行，左行，滿行九字。

四裘功名早致然，得來

此地遂肯游。水鮮

山危長年在，羨爲幽

人解鬱愁。

陽谷。

八三、單 行 舉 題 詩^(一)

題刻尺寸、行數均不詳。拓本、照片均未見，今據三峽文保資料引録。

水落石出^(二)

江峰攬不盡，雲樹自年年。蒼龍如可駕，我欲問青天^(三)。乾隆辛未^[一]初春，曾同北平甘氏昆仲^[二]宴游於此。癸酉^[三]仲春，獨自臨眺，殊感於懷，遂漫題云。北海單行舉^[四]。

【校】

(一) 此詩刻另見收於《(咸豐)雲陽縣志》、《(民國)雲陽縣志》，二志均名《龍脊留題》，然僅見“江峰攬不盡，雲樹自年年。蒼龍如可駕，我欲問青天”四句，不録跋語。

(二) 水落石出，《地圖集》作“水落日出”。

(三) 青天，《地圖集》作“青山”。

【注】

[一] 乾隆辛未，即乾隆十六年(1751)。

[二] 甘氏昆仲，《石芳珩等題名》有名“甘登貴”者，曾於乾隆辛亥年登龍脊，與此題刻相距不遠，恐或甘氏昆仲中之一人。又，《(民國)雲陽縣志》卷二十載有甘龍泉、甘龍貴兄弟，乾隆時人，亦或即題刻者。

[三] 癸酉，即乾隆癸酉年(乾隆十八年，1753)。

[四] 單行舉，新修《雲陽縣志》載其爲山東高密人，乾隆間舉人，曾任雲陽縣令。《雲陽縣鄉土志》載其事云：“乾隆二十八年知縣事，秉政剛方，吏畏民懷。捐廉重修文廟，每逢月課，考校勤勞。”

八四、單 功 權 題 名

題刻尺寸、行數均不詳。拓本、照片均未見，今據三峽文保資料引録。

癸酉歲日，余來省兄，戌春結宴於此，歲題此石。時乾隆十有九年也。山右單功榷[一]書。

【注】

[一] 單功榷,據題刻所載,當爲單行舉弟,山東高密人。《乾隆朝上諭檔》(第十七册)載,乾隆五十

八年三月二十四日《查各省道員内除現任河道要缺外,别無河工出身之員,謹將河工出身之知

府開列進呈謹奏》(中國檔案出版社,1998年,第711頁)一文,其中有名單功榷者,時爲直隸布

政使,其子單銘陸。未知是否即其人。

八五、石芳珩等題名

題刻長二百五十一厘米,寬一百一十三厘米。正書,"中流砥柱"四字横列。餘共

五行,行十一字。

砥柱中流

人日同友人宋閬中、熊志德、

鄒平治、胡量廓、喬瑛、桂旀遠、

甘登貴、彭應龍、馬學信,堂弟

芳鐘暢飲於此。時乾隆辛

亥年[一]也,雲安石芳珩[二]書。

【注】

[一] 乾隆辛亥,即乾隆五十六年(1791)。

[二] 石芳珩,《(正德)夔州府志》卷三十六《雲安書院碑記》云:"辛亥七月,拙文主人來視雲事,知有

所謂雲安書院者,邑明經汪紹祖、國子生石芳珩理其産。"據此知石氏時爲國子生,理雲安書

院事。

八六、瑶　峰　題　詩

題刻長二十八厘米,寬二十四厘米。行書,詩文四行,行七字,題名一行三字。

龍脊占年疇作俑,

隔靴大抵涉無稽。

若人事盡天須應，

何必牛刀枉割鷄。

瑤峰[一]題。

【注】

[一] 瑤峰，清代有東閣大學士兼户部尚書梁國治，號"瑤峰"，然未見其有蜀地行迹，未知是否即題
　　刻者。

八七、閔輔勤題記

　　題刻尺寸不詳。"潛見自如"四字，楷體，横書。餘字二行，行九至十字。

潛見自如

嘉慶乙亥[一]春月人□宴游，

洪都懋□、閔輔勤手書。

【注】

[一] 嘉慶乙亥，即嘉慶二十年(1815)。慮及龍脊歷代所題，多本於人日占鷄卜之故事，故此題刻人
　　字後所泐，恐即"日"字。姑仍之。

八八、楊 文 題 詩

　　題刻尺寸、行數均不詳。拓本、照片均未見，今據三峽文保資料引録。

龍脊天生一片石，平分江水如維屹。春深不見真龍面，冬日依然附鳳立。時大清乾隆
辛卯乙巳[一]邑人□□書，楊文[二]題。

【注】

[一] 乾隆辛卯乙巳，即乾隆三十六年(1771)二月。

[二] 楊文，《(咸豐)雲陽縣志》卷七《秩官志》載其曾爲雲陽縣典使，"湖廣武岡州人"。

八九、許玉春題名

　　題刻長七十八厘米，寬四十九厘米。草書，八行，行字不等。

郡人安懷憲、
張明遠、許玉
春與雲廠[一]義
友郭在禮晏
游，於抵暮而
歸。
嘉慶丙子歲新春望
八日[二]。玉春題。

【注】

[一] 雲廠，據《四川鹽法志》卷三十一載，即爲距雲陽縣城三十里之雲安廠。
[二] 嘉慶丙子歲新春望八日，即嘉慶二十一年(1816)正月二十三日。

九〇、周錦雲《龍潛石詩》

　　題刻長一百五十厘米，寬一百厘米。"龍潛石"三字橫排，餘字豎排。行書，十五行，行九至十字不等。

龍潛石
城南多佳迹，石鱗似龍潛。
江河左右闊，山坡夾岸連。
白接千艘水，青飲萬灶煙。
森森山色净，一一鐘聲傳。
影澈依霞彩，波澄返照鮮。
遠陰垂巫峽，清響答巖泉。
丘壑豁胸次，閭閻樂事遍。

人安間談内，鳥度忘機天。

瞻景固怡爾，觀風自晏然。

詞章來責刻，願續《甘棠》篇。

時

道光癸未年履端月望前

三日^[一]，雲陽縣尉雯婁

周錦雲^[二]題。

【注】

［一］道光癸未年履端月望前三日，即道光三年(1823)正月十二日。

［二］周錦雲，史澄《(光緒)廣州府志》卷二十九載其爲"四川人，(咸豐)九年任(花縣知縣)"。題刻言雯婁，則當爲河南商城人。亦或別是一人。

九一、"雲龍"題字

題刻長一百一十三厘米，寬七十八厘米。"雲龍"二字篆體，自右至左橫列，餘字三行，竪列，滿行十字。

雲龍

光緒辛丑人日^[一]，與遂寧

何今雨^[二]來游，書此以紀歲

月，奉節彭聚星^[三]并記。

【注】

［一］光緒辛丑人日，即光緒三年(1877)。

［二］何今雨，四川省遂寧縣人，清末篆刻家。生於道光中葉，卒於光緒二十九年(1903)。少時讀書，不久輟學，改拜石工學藝，專攻石刻。藝成後外出攬活謀生，光緒初輾轉至雲陽寓居。張桓侯廟住持瘦梅上人，聞今雨大名，雇其進廟篆刻來往香客所贈詩詞。光緒中，學部主事、書法家彭聚星回縣養病，常去張桓侯廟休養，驚嘆瘦梅涵養、今雨精藝，三人遂成莫逆之交。彭將多年收集、珍藏古今名人書畫精品悉數交今雨勒石。今雨受此厚待，日夜加工，周靈王符碑、金廣延母子碑、徐氏紀産碑、鄭子真宅舍碑、金君闕、金恭碑、金恭闕、朱博碑、劉爽碑、東漢仙集題字、富貴昌磚、責邑侯印、扶氏磚、蕭衍造像題字、李陽冰"聽松"二字石刻等一大批漢唐名碑逐一刻出，前後歷十餘年。"於是張祠金石甲於蜀東"，名聲遠播。

［三］彭聚星，新修《雲陽縣志》載其字雲伯，號綠筠庵居士，別號蓮花峰樵、雲道人。雲陽縣城厢（今雲陽鎮）西坪人。又，據《（民國）雲陽縣志》卷首，彭聚星曾任該志編纂學部主事。今奉節白帝城存其《夔門銘》刻石。《（民國）新修合川縣志》存其所撰《莫高山墓誌》。

九二、葉慶榜題詩

題刻長八十六厘米，寬五十六厘米。隸書，十行。前九行，行七字，末行五字。

光緒三年歲在疆
圍赤奮若[一]人日，知
縣仁和葉慶榜[二]、會
僚佐賓友，洎家兄
候銓部郎[三]叔達，家
弟候選知縣子燮
同來游此，賦詩紀
事而去，叔達因書
於石。叔達名慶垣，
子燮[四]名慶從。

【注】

［一］疆圍赤奮若，《爾雅·釋天》：太歲在丁曰疆圍，在丑曰赤奮若。此即謂丁丑也。
［二］葉慶榜，據徐世昌《晚晴簃詩匯》卷一百六十八：“字誠齋，仁和人，官雲陽知縣，有《蘆聞室詩稿》。”又，王懿榮《王文敏公遺集》卷七載：“雲陽令葉慶榜，家有《魏鶴山大全集》，宋刊足本。”《（民國）雲陽縣志》卷七載，其於同治十年、光緒二年、光緒十二年三任雲陽知縣。
［三］銓部郎，清人褚人獲《堅瓠集》云：“吏部曰銓部。嘉靖末創立掣簽之法，則改爲簽部可矣。”銓部郎，爲吏部屬官，主管吏部銓選事物。叔達，即葉慶垣，時爲候選吏部郎。
［四］子燮，即下題子義，葉慶從，仁和人，時爲候選知縣。

九三、葉慶榜再題

題刻長九十厘米，寬六十五厘米。正書，九行，行八字，左行。

光緒丁丑正月廿有

二日[一]，知縣仁和誠齋

葉慶榑，偕同縣王

益仲西溥，郫縣蕭

湘帆煦[二]、武進余雲墀

恩鴻[三]、訓導岳池陳齡[四]、

陳長錫興叟[五]、山陰孫子相

鈺、家兄達夫慶垣、家弟

子義慶從，同游於此。

【注】

[一] 光緒丁丑正月廿有二日，即光緒三年(1877)正月二十二日。

[二] 蕭湘，字帆煦，郫縣人，清光緒二十八年(1902)中舉，次年進士及第，授法部員外郎。

[三] 余雲墀，字恩鴻，武進人，據楊恩壽《坦園日記》："廿五日晴，午後微雨。文安兩次來談，並坐終日。岳秋、和籬過訪。廿六日晴。晤文安。着衣冠拜張文心、程履齋、吳印川三明府、姚藹亭太守、張力臣、程少炳、孔六笙司馬。是午，居停招飲，同座敵峰、亦欣、紫升、江錫九、饒新泉少府、余雲墀二尹。廿七日晴。致書皮筱嶺、黃翰仙兩君。夜訪余雲墀，未晤。廿八日陰，晚微雨。姚藹亭、余雲墀來談。"(上海古籍出版社，1983年，第63頁)此處稱余雲墀爲二尹，二尹在清代爲縣丞別稱，與主簿分掌糧馬、徵稅、戸籍、緝捕諸職，正八品。故推知余雲墀曾任某縣縣丞。另據《瀘州文史資料選輯》(第十二輯)所載《拳師余良弼先生傳略》：其家早年自武進玉帶橋遷瀘州，子名余子静，孫名余良弼。

[四] 陳齡，四川岳池人，雲陽縣訓導。

[五] 陳長錫興叟，原題刻此段有漶損。據《(民國)雲陽縣志》卷七載陳長錫，號興叟，光緒初爲雲陽縣訓導。

九四、葉慶榑三題

題刻長一百二十六厘米，寬八十四厘米。正書，十三行，滿行十二字。

江干龍脊執如虹，隱見飛潛德

出中。大澤震雷蘇衆蟄，溥天霖

雨仰神功。素書凝受圯橋叟，紫

氣遙瞻玉扃翁。蛻骨千秋留胸

朓，至今雲龕望猶崇。

夔龍撐脊大江中，萬里鯤鱣拜

下風。緼玉含珠偏自異，祥麟威

風豈能同。雲雷訶護千年骨，爪

甲騰挐百丈虹。想是負圖昭

聖澤，故將雞卜報年豐。

光緒丁丑人日同沈叔眉[一]、陳

齡九來游留賦，

武林葉慶樨題。[二]

【注】

[一] 沈叔眉，字少潭，別署少潭居士。錢塘（今浙江杭州）人。清後期著名篆刻家，名其居爲"目耕
齋"。宗浙派，貌在陳鴻壽、趙之琛之間，印款尤爲工秀。

[二] 《雲陽縣鄉土志》載葉慶樨雲陽事迹云："同治十年任縣事，清平苞政，惠愛及民，去年七月江水
大溢，沿江地方率被沈灾。倡辦城鄉積穀九千八百六十餘石，永濟平糶，灾荒有備，修復治所
南垣及桓侯廟前殿亭臺，以工人代賑，民無菜色。增月課膏獎，購萬卷書，開通漢學，復以廉俸
千金倡置賓興，歲入田租百七十石。嚴懲教匪，四民有懷。"

九五、葉慶垣題詩

題刻長九十五厘米，寬七十一厘米。草書，九行。前八行，滿行十二字，末行十
三字。

借得閒雲一片閒，橋門宛在此

河間。飛翔定待吹噓力，潛伏應

占世運艱。魚尾年年頭欲雪，攀髯

往往泪猶潸。爲霖作揖平生志，願

駕龍驤取白環。寰區倏見聚姝

徒，敢戲驪龍頷下珠。哽爾脊梁空

自豎，愧采心膂已金掾。胸中鱗甲難

平鑱，石上之面定有無。我欲釣鰲

滄海去，竿絲何處拂珊瑚。葉慶垣。[一]

【校】

（一）此詩尾題葉慶垣，慶垣爲慶樗之兄，故知爲清末之作。

九六、葉慶從題詩

題刻長八十一厘米，寬五十六厘米。草書，十九行，行字不等，今據三峽文保資料引録。

灩澦僅如牛，神龍獨此留。擊
開千尺浪，截斷萬川流。噓氣
雲成采，揚鬐日射眸。□□春
正好，初見兆先陬。蜿蜒奇
如脊，江畔胚肩肩。變化應天
迹，飛騰不計年。鷄占欣出
震，龍德久乘乾。離卧南陽
客，何日早見田。奇石如
龍形，江流石經上。雲噓千
丈白，山擁四圍青。唐宋猶
餘字，波濤尚有腥。乾嘉諸
老盡，誰誦顯忠銘。今之桓侯祠，即古顯忠廟。又稱武烈公祠。碑碣盡亡，賴宋人題此石考得。
龍脊常如此，風
霜任去來。石鱗排浪出，仙骨
自然開。人唱春光好，詩宜舊
雨裁。凌霄如有便，平臂到蓬萊。
光緒丁丑人日，陪□□□□兩兄來游(一)，
越旬復至，因題四律以記一時之盛。
杭州葉慶從子義並識。

【校】

(一)“陪□□□□兩兄來游”一句所泐文字，據文意，並《葉慶樗題詩》、《葉慶垣題詩》所載，恐即慶垣、慶樗之字，“達夫”、“誠齋”。

九七、黄應泰題詩

題刻長一百六十六厘米，寬一百厘米。隸書，十二行，行六至七字。

墨池香氣通三
清，煙雲落石認
蓬瀛。偶謫塵寰
出巖穴，領取奇奇
怪怪情。衣冠漢代
羞走狗，胭膃鼓盪
吞玉鯨。群芊妄肆
忽度水。我將叱仍復。
本來面含脯^(一)，鼓腹
醉斜醺。
光緒十二年春正月丙戌
歲權雲陽縣黄應泰^[一]書。

【校】

（一）"本來面含脯"句，《地圖集》於"面"後衍"目"字，拓本未見。

【注】

［一］黄應泰，據《善化館志》記載："字霓笙，四川知縣，署雲陽縣知縣，加同知銜。"（嶽麓書社，2012年，第130頁）

九八、陳翔軒等題名

題刻長八十厘米，寬六十厘米。"雲安八景，滄海一龍"八字較大，二行，草書。餘字較小，行書，三行，行六至十三字不等。

雲安八景，

滄海一龍。

光緒廿八年二月與至好陳翔軒[一]、

朱同人同游於此,故誌之。

雲泛夏雲青[二]書。

【注】

[一] 陳翔軒、朱同仁之名,另見後題《劉子允等題名》。由此推斷,二題刻恐爲一時所題。

[二] 夏雲青,《劉子允等題名》有夏集安,集安爲夏雲青字。史載夏雲青爲湖北人,居四川新都,供職四川將軍署,善作詩、古文辭,長書法。此云雲泛,或謂客居雲陽故也。

九九、劉子允等題名

題刻長一百五十五厘米,寬八十厘米。行書,五行。前四行,滿行十一字。末行二十五字。

龍脊石,古迹也。冬末春初,

水落石出,乃□諸君玩賞古

人陳迹,不敢弄文舞墨,所留

數字,不過鴻泥認爪耳。

光緒二十八年二月劉子允[一]、陳翔軒、朱同仁(一)、向輔臣、夏集安同游。

【校】

(一) 朱同仁,前題有朱同人,此云朱同仁,二題爲一時所作,當即同一人,姑並存之。

【注】

[一] 劉子允,《(民國)石屏縣志》卷三十四所載《來鶴亭記》存其名,事未詳。

一○○、張宜鈞等題名

題刻長一百五十三,寬八十四厘米,"乘龍"二字橫排,餘字豎排,行書,"歲次己酉"四字居右緣獨列。另六行,滿行十二字。

歲次己酉[一]

乘龍

宣統元年春二月，予與廖騰芳、

謝良臣、趙耘谷、王維之、李子衡、

吳繼周、賀錫麟、孫明發同游，

書此以紀歲月，姚仁壽[二]刊，

邑人張宜鈞[三]並書。

【注】

[一]歲次己酉，即宣統元年(1909)。

[二]姚仁壽，雲陽人，清末民初雲陽縣篆刻名家何今雨弟子，師徒題刻均有見於龍脊石。

[三]張宜鈞，曾國藩《續保攻克金陵之水陸等軍及隨營籌餉各員弁》存其名，"請以外委盡先拔補，賞戴藍翎"(《曾國藩全集》第八冊，嶽麓書社，2011 年，第 108 頁)。

一〇一、姚仁壽"龍"字題記[一]

題刻長三百七十四厘米，寬一百五十厘米。其中"龍"字，草書，長二百厘米，寬一百五十厘米。餘字行書，"顧皆携酒"四字後皆剝落行數不詳，今據三峽文保資料引錄。

龍

壽常性嗜山水，有絕特奇怪處，不辟險難。顧皆携酒□□□□□□□□，雲陽姚仁壽鎸石。

【校】

(一)題刻中段被人爲損毀，覆刻"11.27 死難烈士永垂不朽"等字。另有石刻篆字"金鵝醉叟"四字附其後。

一〇二、琅琊伯玉等題名

題刻長八十厘米，寬六十八厘米。正書，五行，滿行八字。

鳳山[一]琅琊伯玉、魯國

東父、同郡子先、隴西

榮叔、弘農君甫、武盛

山甫同玩，登此記耳。

時癸未上元前五日刻。

【注】

［一］鳳山，古所謂“鳳山春色”爲雲安八景之一。《（咸豐）雲陽縣志》載有雲陽邑庠生楊堉《鳳凰山
訪唐殿撰李公神道碑不得》一文，中有“欲采白蘋何處薦，鳳凰山下石嶙峋”句。

一〇三、申 步 衢 題 詩[一]

題刻長五十厘米，寬四十四厘米。正書，十行，滿行十字。

龍脊臥江勢崢嶸，兩水夾

立當中橫。渺渺青天乘一

帆，滔滔白練奔千兵。龍欲

攔江橫過水，石如□筆

倒書空。登臨一覽無餘

事，只聽水聲離棹聲。

龍脊橫中自何年，應[二]是

洪蒙勢已然。時潛時見

含變化，蒼龍豈肯困林泉。

古晋[一]申步衢題。

【校】

（一）《申步衢題詩》另見録於《（乾隆）雲陽縣志》、《（咸豐）雲陽縣志》，所録僅後一首。

（二）應，《（乾隆）雲陽縣志》、《（咸豐）雲陽縣志》均作“想”。

【注】

［一］古晋，此代指山西。

一〇四、丁 丑 殘 題

　　題刻殘存部分長一百三十二厘米，寬五十二厘米。行書，五行，行字不等。

高
斗文到
▢二十丁丑正月▢日，付等十八人記。
爾作應書之星，爾形有君子▢
▢出兮，世事生▢

一〇五、"國正天心順"題刻[一]

　　題刻尺寸不詳。正書。五行，行五字，"國泰要民安"五字橫列。

國正天心順，
官清民自安。
妻賢夫禍少，
子教父心寬。
國太要民安。(一)

【校】

(一) 國太，即"國泰"，"太"和"泰"古人常混用。另外，"要"字，泐損大半。

【注】

[一] 此題刻詩文，另見於《六十種曲》其文作："國正天心順，官清民自安。妻賢夫禍少，子孝父心
　　寬。"又，明都穆《都公談纂》卷下亦有引録："吳優有爲南戲於京師者，門達錦衣奏其以男裝女，
　　惑亂風俗。英宗親逮問之，優具陳勸化風俗狀。上命解縛，面令演之。一優前云：'國正天心
　　順，官清民自安'云云。上大悦，曰：'此格言也，奈何罪之。'遂籍群優於教坊，群優耻之。駕
　　崩，遁歸於吳。"據以上可知，此爲明時俗句，故姑繫於明時。又，末尾一句"國太要民安"橫列，
　　且與全詩文字迥異，文亦未見它書有載，恐爲後人附會之作。

一〇六、陳憲長等題名^(一)

題刻長一百九十四厘米,寬五十一厘米。正書,三行,餘六至十九字不等。

□□□□十五年丙午正月初八日。縣尹馬□,少尹饒顧魏同

▨藩伯、陳憲長、楊封君,梁庠生、二古、二錢

游此,行老陳刻。

【校】

(一) 此題刻後另有文字“丁丑正月初八日,江記”,以及“二十五年十二月”等題字兩行,字體甚拙,
似爲另一題刻。

一〇七、“春日游龍”題刻

題刻長六十二厘米,寬三十七厘米。行書,十行,滿行七字。

春日游龍

天造^(一)山河壯益都,

□江□梁首魚□。

肇□□吸吞三峽,龍

脊崢嶸詩^(二)海□。春

日艤舟^(三)群濤□,豐

年鷄卜兆靈符。□

□游□宗□□,願往中流鎮禹圖。

□□人陽□黃□□於人日。

【校】

(一) 造,《地圖集》作“選”。

(二) 詩,《地圖集》作“峙”。

(三) 艤舟,《地圖集》作“艣舟”。

一〇八、"醉眼昏花"題刻

　　題刻長一百六十厘米,寬七十厘米。行書,行數不詳,拓本無存,今據三峽文保資料引録。

醉眼昏花意不盡,胡寫幾句混話。嘆世道薄□,恨人情淺□。所存者刻薄,所行者奸詐。無心田捐,除□奸奸巧巧,欺騙人金銀鈔,全不怕天地報應丟差。誅的是不仁不義,不忠不孝,□奢淫□家。何不回岸反思,下講此厚道,夫良順人法有錢也。由他白眼□□□□行,禮義廉恥,忠孝仁慈,哀此[一]冷語爲害大。有恩終恩報,有憂休記他,忍忍耐耐强,樂喜自得化。不貪名利,煙塵不染,潔白自去[二],自然福降於家。千年萬古誰□□,此世□□□□吓,西日昏旦携手霞。

【校】

(一)哀此,《地圖集》作"裝此"。
(二)潔白自去,《地圖集》作"浩自白去"。

一〇九、王 德 行 題 記

　　題刻長五十七厘米,寬三十五厘米。行書,八行,滿行六字。

王德行題記
登臨佳麗處,
龍脊勢崢嶸。
水發千江秀,
山含萬古雲。
□護江淹筆,
孅□杜老春。
桃香浪正暖,
雷雨□飛□。
西望王德行。

一一〇、佚 名 題 刻

題刻尺寸不詳,四行,行二至三字。書法拙劣,似非士大夫手筆。

水落龍
脊現,
官升衙
門在。

一一一、劉朝陽等題名

題刻長三十厘米,寬二十厘米。正書,石面多剝落,拓本未見,行數不詳,今據三峽文保資料引錄。

壬寅正三日,貴州威[一]清衛楊□立,同伊親蔣文焯、文煥,門子王尚志、劉朝陽。

【注】

[一] 威清衛,明代始置,即今貴州省清鎮縣。據此推斷此題刻當鑴於明代以後。

一一二、佚 名 題 詩

題刻長七十九厘米,寬四十八厘米。行書,甚拙。九行,行七字,拓本無存,今據三峽文保資料引錄。

三十年前好用功,
爲人立志在豪雄。
一元造化由心事,
萬卷詩書作一功。
詩能正義賢士上,
哭□莫入小人書。

□□□□無他意，

三十□錢□□□。

□清河子張海邑。

一一三、范載修等題記[一]

　　題刻長八十厘米，寬六十厘米。行書，上部殘缺，六行，行字不詳。

▢歲在壬辰孟春之初，

▢膺尉仙，范君載修踏磧

▢飲於兹。

嘆人日之梭飛，

▢龍脊鷄卜，漣漪浼浼，峰

▢人，所謂仰看雲天

▢收江海入蓑衣。

【注】

[一] 題刻上部脱落，僅餘下部，題名者無考。

一一四、朱宬 二 題

　　題刻長四十八厘米，寬三十一厘米。行書，六行，行十一字。

春潭蕩漾碧波清，龍卧江干

景類瀛。隱顯不常非着意，豐

凶有驗若關情。騰雲露脊相

親鳳，鼓浪潛踪却興鯨。砥柱中

流隨變化，不知經過幾曈曛。

朱宬[一]。

【校】

[一] 朱宬，原題刻此二字有剥落，三峽文保資料記作"朱表"，《（咸豐）雲陽縣志》卷八存其名，列"隱逸志"，稱其爲"歲貢生"。本書前録有《朱宬題詩》，末句作"朱宬再題"，即言此前龍脊灘另有題刻。另，據二詩文句風格，並拓本文字殘存筆勢來看，多有相似處，故此刻即爲其所題，姑定名《朱宬二題》單列於全書之末。

主要參考文獻（以時代先後分類排序）

（唐）房玄齡等撰：《晋書》，中華書局，1974 年。

（宋）晁公遡撰：《嵩山集》，永瑢、紀昀等纂修：《景印文淵閣四庫全書》本，臺灣商務印書館，1986 年。

（宋）鄧椿著：《畫繼》，人民美術出版社，1963 年。

（宋）胡宿撰：《文恭集》，永瑢、紀昀等纂修：《景印文淵閣四庫全書》本，臺灣商務印書館，1986 年。

（宋）黃庭堅撰：《山谷別集》，《叢書集成初編》本，中華書局，1985 年。

（宋）李昉等撰：《太平御覽》，中華書局，1960 年。

（宋）李燾撰：《續資治通鑑長編》，中華書局，2004 年。

（宋）李心傳編撰：《建炎以來繫年要錄》，中華書局，2013 年。

（宋）李心傳撰：《建炎以來朝野雜記》，中華書局，2000 年。

（宋）李埴撰，燕永成校正：《皇宋十朝綱要校正》，中華書局，2013 年。

（宋）梁克家纂修：《（淳熙）三山志》，《宋元珍稀地方志叢刊》本，四川大學出版社，2007 年。

（宋）劉攽著：《彭城集》，《國學基本叢書》本，商務印書館，1937 年。

（宋）劉克莊撰：《後村集》，永瑢、紀昀等纂修：《景印文淵閣四庫全書》本，臺灣商務印書館，1986 年。

（宋）陸游著，蔣方校注：《入蜀記校注》，湖北人民出版社，2004 年。

（宋）羅濬撰：《（寶慶）四明志》，《中國方志叢書》本，臺灣成文出版社，1983 年。

（宋）歐陽修撰：《歐陽文忠公文集》，《四部備要》排印本，中華書局，1920 年。

（宋）歐陽修撰：《新五代史》，中華書局，1976 年。

（宋）彭百川撰：《太平治迹統類》，江蘇廣陵古籍刻印社，1990 年。

（宋）潛說友纂：《咸淳臨安志》，浙江古籍出版社，2012 年。

（宋）史能之纂修：《（咸淳）重修毗陵志》，《宋元珍稀地方志叢刊》本，四川大學出版社，2007 年。

（宋）司馬光撰：《涑水記聞》，中華書局，1989 年。

（宋）談鑰纂修：《（嘉泰）吳興志》，《宋元方志叢刊》本，中華書局，1990 年。

（宋）汪應辰撰：《文定集》，學林出版社，2009 年。

（宋）王象之撰：《輿地紀勝》，四川大學出版社，2005 年。

（宋）魏了翁撰：《鶴山先生大全文集》，《四部叢刊初編》本，商務印書館，1922 年。

（宋）徐光溥編：《自號錄》，《叢書集成初編》本，中華書局，1985 年。

（宋）徐夢莘編：《三朝北盟會編》，上海古籍出版社，2008 年。

（宋）陽枋撰：《字溪集》，永瑢、紀昀等纂修：《景印文淵閣四庫全書》本，臺灣商務印書館，1986 年。

（宋）楊仲良撰：《皇宋通鑑長編紀事本末》，黑龍江人民出版社，2006 年。

（宋）佚名編：《紹興十八年同年小錄》，永瑢、紀昀等纂修：《景印文淵閣四庫全書》本，臺灣商務印書館，1986 年。

（宋）佚名撰：《皇宋中興兩朝聖政》，北京圖書館出版社，2007 年。

（宋）岳珂編，王曾瑜校注：《鄂國金佗稡編續編校注》，中華書局，1989 年。

（宋）周必大撰：《文忠集》，永瑢、紀昀等纂修：《景印文淵閣四庫全書》本，臺灣商務印書館，1986 年。

（宋）周應合撰：《（景定）建康志》，《南京稀見文獻叢刊》，南京出版社，2009 年。

（南朝·宋）范曄撰：《後漢書》，中華書局，1963 年。

（元）馬端臨撰：《文獻通考》，浙江古籍出版社，2000 年。

（元）蘇天爵編：《元文類》，上海古籍出版社，1993 年。

（元）脫脫等撰：《宋史》，中華書局，1977 年。

（元）張鉉纂修：《（至正）金陵新志》，《宋元珍稀地方志叢刊》本，四川大學出版社，2007 年。

（明）曹學佺撰：《蜀中廣記》，上海古籍出版社，1993 年。

（明）崔銑等纂修：《（嘉靖）彰德府志》，《天一閣藏明代方志選刊》影印本，上海古籍書店，1964 年。

（明）郜相修，樊深纂：《（嘉靖）河間府志》，《天一閣藏明代方志選刊》影印本，上海古籍書店，1964 年。

（明）黃仲昭等纂修：《（弘治）八閩通志》，《中國史學叢書三編》本，臺灣學生書局，1987 年。

（明）康河修，董天錫纂：《（嘉靖）贛州府志》，《天一閣藏明代方志選刊》影印本，上海

　　古籍書店,1962 年。

（明）雷禮撰:《國朝列卿記》,臺灣文海出版社,1984 年。

（明）李賢等纂修:《大明一統志》,永瑢、紀昀等纂修:《景印文淵閣四庫全書》本,臺灣商務印書館,1986 年。

（明）淩迪知撰:《萬姓統譜》,《四庫類書叢刊》本,上海古籍出版社,1994 年。

（明）王光蘊等纂修:《(萬曆)温州府志》,永瑢、紀昀等纂修:《景印文淵閣四庫全書》本,臺灣商務印書館,1986 年。

（明）翁相修,陳棐纂:《(嘉靖)廣平府志》,《天一閣藏明代方志選刊》影印本,上海古籍書店,1963 年。

（明）楊鸞修,秦覺纂:《(嘉靖)雲陽縣志》,《天一閣藏明代方志選刊》影印本,上海古籍書店,1963 年。

（明）楊慎等纂修:《(正德)四川通志》,永瑢、紀昀等纂修:《景印文淵閣四庫全書》本,臺灣商務印書館,1986 年。

（明）趙瀛、趙文華纂修:《(嘉靖)嘉興府圖記》,永瑢、紀昀等纂修:《景印文淵閣四庫全書》本,臺灣商務印書館,1986 年。

（明）周瑛、黄仲昭著:《重刊興化府志》,福建人民出版社,2007 年。

（明）朱睦㮮、曹金纂修:《(萬曆)開封府志》,永瑢、紀昀等纂修:《景印文淵閣四庫全書》本,臺灣商務印書館,1986 年。

（清）畢沅撰:《山左金石志》,《續修四庫全書》本,上海古籍出版社,1996 年。

（清）陳錦撰:《勤餘文牘》,《清代詩文集彙編》本,上海古籍出版社,2010 年。

（清）陳文述撰:《秣陵集》,南京出版社,2009 年。

（清）丁立中編:《八千卷樓書目》,國家圖書館出版社,2009 年。

（清）端方輯:《陶齋藏石記》,《石刻史料新編》本,臺灣新文豐出版公司,1977 年。

（清）甘桂森等纂修:《雲陽縣鄉土志》,《四川大學圖書館館藏珍稀四川地方志叢刊》,巴蜀書社,2009 年。

（清）顧祖禹撰:《讀史方輿紀要》,中華書局,2005 年。

（清）許鴻磐著:《方輿考證》,《山東文獻集成》影印本,山東大學出版社,2007 年。

（清）黄廷桂等纂修:《(雍正)四川通志》,永瑢、紀昀等纂修:《景印文淵閣四庫全書》本,臺灣商務印書館,1986 年。

（清）黄宗羲撰:《宋元學案》,中華書局,1986 年。

（清）江錫麒等纂修:《(咸豐)雲陽縣志》,《中國地方志集成・重慶府縣志輯》,巴蜀書社,2016 年。

（清）蔣良騏輯：《（康熙朝）東華錄》,臺灣文海出版社,2006 年。

（清）金鉷等纂修：《（雍正）廣西通志》,廣西人民出版社,2009 年。

（清）李瀚章等編纂：《（光緒）湖南通志》,嶽麓書社,2009 年。

（清）劉錦藻纂：《清朝文獻通考》,浙江古籍出版社,1988 年。

（清）劉士緡等纂修：《（乾隆）雲陽縣志》,《故宮珍本叢刊》,海南出版社,2000 年。

（清）劉於義、沈青崖等纂修：《（雍正）陝西通志》,臺灣華文書局,1969 年。

（清）陸心源撰,鄭曉霞輯校：《儀顧堂集輯校》,廣陵書社,2015 年。

（清）陸心源撰：《宋詩紀事補遺》,山西古籍出版社,1997 年。

（清）陸增祥撰：《八瓊室金石補正》,《石刻史料新編》本,臺灣新文豐出版公司,
　　　1977 年

（清）呂紹衣等修：《（同治）重修涪州志》,清同治八年（1869）刻本。

（清）繆荃孫撰：《藝風堂金石文字目》,光緒三十二年（1906）刻本。

（清）閔爾昌編輯：《碑傳集補》,臺灣文海出版社,1980 年。

（清）平翰等修,鄭珍、莫友芝纂：《（道光）遵義府志》,《中國地方志集成》本,巴蜀書
　　　社,2006 年。

（清）錢曾撰、丁瑜點校：《讀書敏求記》,書目文獻出版社,1984 年。

（清）慶桂等撰：《欽定剿平三省邪匪方略》,中國書店,1989 年。

（清）沈葆楨、吳坤等纂修：《（光緒）重修安徽通志》,《中國地方志集成》本,鳳凰出版
　　　社,2011 年。

（清）王昶著：《金石萃編》,陝西人民美術出版社,1990 年。

（清）王鑒清、施紀雲等纂修：《涪陵縣續修涪州志》,臺灣學生書局,1971 年。

（清）王夢庚等纂修：《（道光）重慶府志》,國家圖書館出版社,2011 年。

（清）王培荀撰：《聽雨樓隨筆》,巴蜀書社,1987 年。

（清）吳熊光撰：《伊江筆錄》,《續修四庫全書》本,上海古籍出版社,1996 年。

（清）徐松輯：《宋會要輯稿》,中華書局,1957 年。

（清）姚覲元、錢保塘撰：《涪州石魚文字所見錄》,《古學匯刊》本,廣陵書社,2006 年。

（清）葉昌熾著：《語石》,浙江大學出版社,2018 年。

（清）尹繼善、趙國麟等纂修：《（乾隆）江南通志》,《中國地方志集成》本,鳳凰出版社,
　　　2011 年。

（清）于成龍等修：《（康熙）江西通志》,《中國地方志集成》本,鳳凰出版社,2009 年。

（清）張寶琳等纂修：《（光緒）永嘉縣志》，《中國地方志集成》本，上海書店出版社，
　　2011 年。

趙爾巽撰：《清史稿》，中華書局，1977 年。

朱世鏞、劉貞安等纂修：《（民國）雲陽縣志》《中國地方志集成・四川府縣志輯》，巴蜀
　　書社，1992 年。

曾超撰：《三峽國寶研究——白鶴梁題刻匯録與考索》，中國文史出版社，2005 年。

國家文物局主編：《中國文物地圖集・重慶分册》，文物出版社，2010 年。

黃海輯：《白鶴梁題刻輯録》，中國戲劇出版社，2014 年。

王曉暉撰：《白鶴梁題刻文獻匯集校注》，天津古籍出版社，2015 年。